明治維新の国際舞台

鵜飼政志 *Ugai Masashi*

有志舎

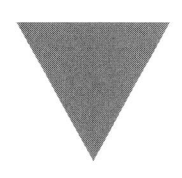

明治維新の国際舞台

《目　次》

はじめに　1

明治維新史という国民の物語　1
現実の明治維新史　3
明治維新史（研究）の学問的問題点　3
「王政復古史観」と戦後の明治維新史　5
明治維新史研究の進展　8
古典的な明治維新期の対外関係史研究　9
明治維新の世界史的位置　12
半植民地化の危機論争　13
寸　暇　17
明治維新の国際的環境　18
ペリーの顔と幕末・明治初年の国際環境認識　23
求められる学際的・多角的理解　25
明治維新の国際舞台　28

第一章　「限定的」開国？ 30
「幕吏無能説」から「幕吏有能説」へ 30
ペリーへの批判 33
ペリー来航をめぐる国際関係 35
日米和親条約の欠陥 40
イギリスとの条約 44
ロシアとの条約 45
オランダとの条約 48
第二章　通商条約調印 50
和親条約から通商条約へ 50
アメリカ全権ハリスの来日と日米協約 53
日蘭・日露追加条約 55
ハリスの江戸出府と日米修好通商条約の調印 56

ロシア・オランダとの通商条約　61
イギリス・フランスとの通商条約　63
安政五ヵ国条約の評価　67

第三章　開港をめぐる国際関係――69

神奈川・長崎・箱館の開港　69
来日した外国人は誰なのか　70
華僑社会の形成　73
軍関係者と旅行者・一時滞在者　74
幕末の開港場　75
金貨流出・貨幣交換問題と価格革命　86
日本人貿易商と流通の混乱　88
外国人殺傷事件の頻発　89
軍事的圧力の不在　92
ロシアの動向とポサドニック号事件　93

ポサドニック号事件に見る日本人の歴史観　96

第四章　攘夷運動の高揚と国際関係の転換　99

国内政局の混乱と幕府遣欧使節の派遣　99
ロンドン覚書調印　100
第二次東禅寺事件と日本沿岸封鎖計画　102
生麦事件の発生　104
イギリス政府の強硬策　108
京都政局と日英断交の危機　108
幕府の鎖港使節派遣と長州藩の外国船砲撃　112
薩英戦争の描かれ方とその問題点　115
薩英戦争の実態と講和の矛盾　118
生麦事件・薩英戦争をめぐる言説とその評価　124
オールコック帰任と対日軍事行動の決定　126
下関戦争（一）　129

下関戦争（二） 133
講和交渉 139
「下関取極書」調印 145
下関賠償金と下関開港問題 147
下関戦争をめぐる言説 148
オールコックの本国召還 150
ウィンチェスターの賠償金減免提案 153
ハリー・パークスの日本赴任 154
四ヵ国連合艦隊の兵庫沖遠征と条約勅許 155

第五章　政権交代と国際関係 158

関税額軽減問題と当時の幕府権力 158
パークスの対応と外国商人たちの意見 161
「江戸協約」の調印 163
パークスと薩摩藩 166

サトウの「英国策論」　169
薩摩藩遣欧使節団とパークスの西南諸藩訪問　173
大君外交の展開と国際環境の変化　177
新港開港をめぐる期待と虚像　182
兵庫開港と王政復古クーデタ　186
内乱の発生と諸外国の態度　189
政権交代と外国人殺傷事件の頻発　190
局外中立と新潟開港問題　196
榎本軍の箱館占領と局外中立解除問題　198
「デ・ファクト」の政府？　202
第六章　明治政府をめぐる国際関係の展開――207
開国和親と万国対峙　207
明治政府と外国貿易　210
明治政府の西洋化政策をめぐって　211

明治政府の条約改正志向　219
新条約の調印　220
諸外国にとっての条約改正問題　222
清国・朝鮮との関係　229
幕末・明治初年の日露関係と樺太国境問題　235
明治初年の日本沿岸　240
岩倉使節派遣と明治政府の交渉方針　244
アメリカ国内の下関賠償金返還運動　251
下関賠償金残額支払い放棄の画策　255
条約改正交渉の現実　258
外国人国内旅行の実現と下関賠償金残額支払い問題の解決　261
転機としての一八七五年　266
アジア問題との交錯　267

総　括　272

おわりに 279
参考文献 284
付録表 298
あとがき 302

凡　例

地名について

幕末期には、蝦夷地・箱館、大坂を、一八六九（明治二）年以降は、北海道・函館・大阪の呼称を使用する。

西暦・元号、年月日について

慶応四年は、九月八日から明治元年と改元される。

明治政府の太陽暦採用により、明治五年一二月三日が一八七三年一月一日となった。これ以前については、陽暦・陰暦の月日を併用する。

表現

王政復古クーデタにより成立した天皇政権について、第五章では、新政府を、第六章では明治政府と呼称する。

その他は、適宜使い分ける。

参考文献・史料について

本書の読者対象は、一般読者も想定しているため、本文中における文献は必要最小限に留めている。詳細は、巻末の参考文献を参照されたい。また、史料典拠も、特に明記したものや、引用したもの以外は、基本的に明示していない。ただし、比較的閲覧が容易な活字史料や復刻史料を抄出のうえ、文末に提示している。

イギリス外務省文書について

イギリス国立公文書館所蔵のイギリス外務書文書を略号表記のうえで引用している。以下のとおり。

F.O. 46.

一八五九年の開港から二〇世紀初頭までの、本国外務省が所蔵していた日本関係公信群。

F.O. 391.

一九世紀後半に長期間にわたり外務事務次官であったエドマンド・ハモンドの私文書群。外務事務次官は、在外機関の代表や他省と頻繁な折衝を重ねたため、外務大臣よりもイギリスの対外関係に通じていた。公信（Despatch）に添附されたハモンド宛の私文書（Private Letter）は、公信が印刷されて議会に公表される可能性があるため、慎重を期するような内容については、公表される可能性のない私文書として伝えられることが多く、史料的価値が高い。そのため、半公信（Semi-Official Letter）とも呼ばれる。

F.O. 93/49.

一九世紀中にイギリス政府が締結した対日条約の批准書原本。イギリス国立公文書館蔵。

はじめに

明治維新史という国民の物語

明治維新の歴史は、近代日本の始まりとして、幕末変革のドラマとして、近代化を達成した歴史物語として、長く語り継がれ、国民の間に定着している。老人・中高年・青年、若者はおろか、子供の語る明治維新史のイメージにそれほどの差はない。

また、世界史のなかでも、後進国型近代化のモデルとして、アジアで最初に近代化・工業化を達成した国家として評価されることがしばしばである。

一八五三（嘉永六）年のペリー艦隊（黒船）来航に始まり、日米和親条約調印によって日本が開国し、それに続いた一三代将軍家定の後継争いと、アメリカ全権ハリスとの通商条約調印問題に国内が揺れる。孝明天皇が条約調印に反対して勅許をださなかったにもかかわらず、一八五八（安政五）年、大老井伊直弼が独断で通商条約調印を指示した。翌一八五九（安政六）年の開港後、国内の物価は高騰して社会が乱れる。一八六〇（万延元）年、通商を容認した井伊は桜田門外の変で殺される。

欧米諸国の圧力と、幕府の失政ぶりに危機感を抱いた志士たちは、尊王攘夷を唱え、天皇のもとに新たな政治体制の構築を主張する。混乱する社会のなかで、薩摩藩と長州藩は欧米軍事力と戦火を交えるも、その圧倒的な力の差に敗れ去る。欧米世界との国力差を悟った、一部の薩長藩士と岩倉具視ら一部の公家が結託して倒幕派を形成する。そして、幕府権力の再興をはかる将軍徳川慶喜と抗争を繰りひろげるが、一八六八（慶応四）年の王政復古クーデタによって、天皇政権の樹立に成功する。さらに、明治新政府は戊辰戦争に勝利して、近代統一国家の形成を目指して歩んでいったのである。

史実の正確性を棚上げにして、何の参考文献も手元におくことなく、思いつくままに、明治維新の物語はすらすらと描けるものである。内容の差こそあれ、誰もがこのような物語を語れるのではないだろうか。

また、明治初年については新政府の近代化政策が強調され、その矛盾として士族反乱などもとりあげられるが、総じて近代化の成功物語《サクセスストーリー》となっている。

しかし、これではほんとうに物語である。あまりに都合がよすぎる。そして、勝者の物語でしかない。戊辰戦争時における東北諸藩や旧幕臣による抵抗軌跡は、敗者の物語として強調されるが、それとてアンチ勝者の意味合いが強い観念的な物語でしかない。

現実の歴史は、必ずしもそのようなものではなかった。

現実の明治維新史

明治維新の歴史は、複雑な経緯をたどった国内政治抗争の所産であり、その背景として、一八五九（安政六）年の開港以降の社会的混乱があった。そして、こうした変革の流れを大きく後押ししたのが欧米諸国との関係であった。

それは、日本にとって近代化（西洋化）への道程であったかもしれないが、必然の道のりであったわけでもなく、さまざまな偶然やいくつかの選択肢のなかから日本が選んだものであった。その決断のためには、選択の誤り・誤算もあったし、多くの犠牲者が存在したことはいうまでもない。近代化だけに話題を限定したとしても、明治維新の歴史は、成功物語というよりも、結論のみえない苦難の歴史であったというべきであろう。なぜなら、日本が近代化を達成したといえるのは、明治維新期（一九世紀後半）ではなく、概ね明治後期以降、すなわち二〇世紀のことだからである。

※明治維新（史）の時期区分には、さまざまな見解があるが、本書の叙述は、概ね一八五〇年代から一八七〇年代まで、すなわち、幕末・明治初年＝明治維新（史）とする理解に拠っている。

明治維新史（研究）の学問的問題点

近代の出発点として、詳しく究明されてきた明治維新史も、現在は曲がり角に直面している。

近代史研究者が執筆した明治維新史の叙述は、専門書であろうと、一般書であろうと、ほとんどが数十年、もしくはそれ以上前の歴史認識に拠っている。

特に、それは幕末史の部分において顕著である。近年の幕末史研究は大きく進展・変貌しており、その詳細さを考えると、ほぼ近世史研究の領域になっているといっても過言ではない。そうであるからか、多くの近代史研究者が幕末の領域にふみこむことは少なくなっている。

そうした傾向が正しいかどうかはともかくとして、明治維新史の歴史認識を概観した時、そこには甘受できない問題が存在している。

明治維新の歴史は、いわば近代の起源神話（宮澤誠一『明治維新の再創造』青木書店、二〇〇五年）として、物語のように考証されてきたわけであるが、歴史研究者たちもそれに合致するかのような考証をおこなってきた。戦後になっても、明治維新史の叙述は、その後の研究で明らかになった史実と矛盾することが明らかな場合でも、修正されないことが少なくない。また社会も、伝統的な明治維新史の叙述を歓迎してきたところがある。

現在でも、政治家たちが「維新」の言葉を繰り返す。なぜなのだろうか。やはり、明治維新の歴史が、見事な（都合のよい）物語だからであろう。

明治維新の歴史について、その性格をいかに評価するかはともかくとして、今日でもなお見うけられる、日本史のなかにいくつかあった転換期以上の意味をもたせるかのような特別扱いは、もはや不要なのかもしれない。しかし、だからといって忘却してしまっては、必ずしも客観的に叙述されてきたといはいえない、約一五〇年前における日本社会の大転換を、歪んだままの歴史として認識してしまうことになる。

「王政復古史観」と戦後の明治維新史

王政復古史観と表現すれば、とても難解な学術用語にきこえるかもしれない。しかし、その内容は、世間一般の誰もが知る、明治維新の歴史叙述にほかならない。既に本書でも、冒頭において、漠然とだが、そのシナリオを描いている。

あらためて、いささか違った表現でもって繰り返せば、次にようになる。すなわち、ペリー来航以降、幕府の無策ぶりに対して、一九世紀初頭あたりから発達した国学の影響をうけて、尊王攘夷思想が誕生した。この、尊王攘夷思想を原動力として、天皇の下、世界に対峙できる統一国家形成を目指して幕府を倒し、近代国家を建設していったというものである。いわば、明治維新と天皇制国家の出現は歴史の必然だとする歴史観である。

多少でも歴史に関心がある人なら、これは戦前の皇国史観そのものだということに気がつくはずである。たしかに、王政復古史観は天皇制国家創出の歴史的必然性を物語る。そして、その物語には、維新の登場人物を総花的に英雄として顕彰できる演出構成が施されている。誰もが日本の将来を憂えた時代、つまり憂国の志があったと定義すれば、国政の指導者も、反乱のリーダーも、幕末の抗争における勝者も敗者も、要人暗殺の犯人（テロリスト）もみな、国のために尽くした、つまり憂国・報国の志があったとして顕彰し、語り継ぐことができるのである。

皇国史観は、一部の保守層を除けば、敗戦によってその価値観が否定されたのであるから、王政復古史観もまた戦前の思想にすぎないと思われがちだが、実際には、現在にまで継承されていることを強調しておかなければならない。それどころか、天皇制イデオロギーから解放されて、科学的見地のもと発展したといわれる歴史学研究は、多くがマルクス主義歴史学（唯物史観）の分析手法によっておこなわれ、戦後の反体制イデオロギーと強く結びついていたが、明治維新史に限ってみれば、多くの新たな史実が解明される一方で、客観的にみた時、描かれるその歴史叙述は、戦前の王政復古史観と何ら変わることがなかった。

一九世紀後半の世界情勢のなかで、天皇制国家創出のための革命（明治維新）が必然であったと説く王政復古史観と、戦後の、歴史における進歩と発展的要素を高く評価するマルクス主義（歴史学）者や近代化論者たちの歴史観／明治維新史観は、その政治イデオロギーを抜きにして考えれば、ほぼ同一の歴史観といえるのである。

これは、戦後約二〇年が経過した明治百年祭（問題）の頃になって漸く指摘されたことである。国民も、歴史学者もなぜか王政復古史観と戦後の明治維新史が包括する共通点を自覚しえないでいたのである。そして、現在でもなお克服されたとはいえない（拙稿「明治維新の理想像」『きのうの日本』

有志舎、二〇一二年)。

例えば、吉田松陰である。ペリー艦隊に乗り込んでアメリカ密航を企て、また老中・間部詮勝《まなべあきかつ》の暗殺を、松下村塾の弟子と画策するなど、幕府や長州藩からみれば犯罪者にほかならず、長州藩士のすべてが彼を尊敬していたわけではない。しかし、彼の教え子たちから多くの明治国家指導者を輩出したこともあり、戦前社会のなかで松陰は顕彰された。

ところが、戦後、マルクス主義歴史学の立場にたった明治維新史家までもが、松陰を高く評価した。彼の思想の革命性に注目したのである。周知のように、松陰は、一八五九(安政六)年の安政大獄で処刑されており、前述した突出的出来事を除けば、彼が幕末史のなかで具体的な何かをおこなったわけではない。歴史の発展・進歩を歴史観の根底におくマルクス主義歴史学者たちにとってみれば、打倒されるべき天皇制国家指導者たちの思想的源泉たる彼らの恩師を、革命の人物、進歩の担い手として高く評価せざるをえなかったのである。

総じて戦前から、坂本龍馬や新選組のような、どこまで史実か不分明な存在までもが、憂国・報国の志あるものとして顕彰されてきた。志士顕彰である。すべては、国家のためと位置づけることができれば、多くの人物が顕彰されたのである。この傾向は戦後も同じであった。

本来、国家のためといっても、戦前と戦後では価値観が異なるはずである。しかし、思想的制約から解放され、民主的な発展を歴史のなかに見いだそうとした戦後の歴史家たちは、その進歩性に注目するあまり、多くが無自覚的に、戦前と同じ歴史を描いてきたのである。

結局、王政復古史観という、壮大な明治維新史のシナリオに、国民ばかりか、研究者までもが呑み込まれてしまっているのである。私たちは、明治維新を一つのドラマ（物語）として信じてきたのである（拙稿「明治維新の理想像」）。

そこには、明治以来の、人びとの同時代認識、国家や地域社会による歴史顕彰活動の変遷が関係している。本書では、この点について詳しく述べることは控えるが、東洋の島国である日本にとって、近代化（西洋化）社会の実現は、国民が共有しなければならない半ば永久的な課題であり続けた、否、あり続けている。そして、そのためには、欧米人たちがもたらした、近代の価値観を受容すべきかどうか苦悩し、模索し、決断した幕末・明治初年の歴史を、日本人の歴史物語として、さらに日本における近代化の起源神話として語り継がなければならなかったのである。また、ほとんどの日本人も、生きてきた時代の違いや、思想の違いを乗り越えた次元で、明治維新の歴史を物語として、無自覚的に受容してきたのである。

明治維新史研究の進展

明治維新史の物語受容に、必然的な背景があったとしても、一人の歴史学者としては、そのまま容認することはできない。歴史の結果や評価に、ただ史実をあてはめる行為は、往々にしてありがちなこととはいえ、極論すれば、人間でなくてもできることだからである。将来的に、人間の歴史をコンピュータプログラムが作成するという、SF的な戯れ言も、あながち虚言でないかもしれない。しかし、歴史叙述は、感情のない作文ではない。歴史とは、人が解き明かすものであると同時に、時々の社会のなかで、人が過去をみつめた表現にほかならない。ならば、歴史認識は変化しても何ら不思議ではない。変化するものである。

近年の明治維新史は、新たな史実究明という研究成果を数多くもたらしている。そして、それらは明治維新のシナリオを大きく書き換えるだけのものがある。一部の研究者は、この行為に挑戦し続けている。

例えば、薩長同盟成立の場に坂本龍馬はいなかった。薩摩藩は、藩として倒幕に賛同したわけではなかった。これらは、妄想ではない。究明された史実である。しかし、明治維新史のシナリオは容易に書き換えられることがない。世間の明治維新史認識は不変である。これでは、ジレンマを覚える。

古典的な明治維新期の対外関係史研究

本書の主題から脱線しすぎた。本書は、明治維新期の対外関係、およびその国際環境についての歴史像を提示するものである。

あえて長々と脱線してきたのは、明治維新史の歴史叙述に本質的な問題があったとしても、一部の分野では大きな研究成果がでてきているのであり、叙述との関係に不整合が生じていることを強調したかったからである。

ところが、明治維新期の対外関係史研究は、その方法論においても、実証面においても、多くの研究者が古典的理解に固執している。総じて保守的である。

明治維新の方向性が近代化（西洋化）であった理由は、対外関係（国際環境）がそのように規定させた要素が強いからである。独立した国家として存立するためには、西洋の価値観を是認し、欧米諸国と同じ秩序意識を保持し続けなければならなかったからである。これこそ、明治日本が近代化への道を歩み続けた理由である。しかし、現実にはその理念だけが強調され、一人歩きして伝統的な明治維新史の歴史叙述を支えてしまっている。

幕末・明治初年の日本と欧米諸国、欧米人たちとの関係が、実際にはいかなるものであったのか。この点については、史料的に制約が多かった国内政治史研究に比べても、二〇世紀初頭（明治後期）の早い時期から、海外史料も利用しながら盛んにおこなわれてきた。

だが、いかに対外関係の実態を詳細かつ多角的に究明したとしても、いかにインパクトある新たな研究成果が発表されたとしても、明治維新史研究全体の枠組みには、あまり影響を与えることができていない。対外関係の叙述は、物語としての明治維新史に花を添えるような、脇役的な表現でなければ受容されない傾向が存在している。明治維新史研究者にとって、対外関係、国際環境の実態は、特定の問題を除けば、関心外の歴史事象といっても言い過ぎではないのである。

日本（史）中心史観といってしまえばそれまでだが、欧米世界との関係は、近代国家形成の外圧的存在であればそれで十分なのであろうか。

一例をあげる。近年、幕末政治史研究の進展はめざましい。特に、若手（といっても世間的には中年層に相当する）研究者の活躍がめざましい。さまざまなミクロ的史実を発掘・解明している。しかし、彼らの描く対外関係像はとても古典的かつ一面的である。彼らにとって、欧米諸国との関係は、まさに一次史料が記す「外夷」、または外圧でしかなく、国内政治に圧力を与える存在としか理解していないところがある。たしかに、国内の政局に関わったほとんどの人びとは、外圧を無限の脅威と考えたのも事実である。しかし、それはあくまでイメージであって事実ではない。また、そうした一面的な歴史認識は、ほぼ対外関係史研究の成果を無視することになる。否、知らないか、関心がない、そのどちらかといったほうが正しい。彼らにとってみれば、ミクロな部分に至る政局解明が最大の関心事であり、政局に関係する出来事や影響を与えた対外関係の推移や実情は、言い方は悪いがどうでもよいのであろう。これでは、政局に関する史実を究明する一方で、一次史料にのみ込まれてしまっているといわれてもしかたがない。

幕末・明治初年の同時代から、日本（社会）は欧米諸国との関係を強く意識しながらも、むしろ恣意的に都合よく扱おうとしてきた。例えば、慶応年間（一八六五〜六八年）における、薩摩藩や長州藩とイギリス（外交団および本国政府）との関係などは、その実態と異なり、親密とまではいえないことが明らかにされて既に久しいにもかかわらず、世間一般どころか研究者も、まるで意図的に忘却していることが多い。そして、都合のよい明治維新史の解釈に固執し、それに合わせた実証研究をおこなっている。ほんとうに日本人は、明治維新の物語が好きなようである。

しかし、明治維新史のなかでも、およそ対外関係（外交）と関係のない政局史などありえない。これは、現在に至る近代日本の歴史全般にもいえることである。しかし、日本でよく耳にする政治外交史（研究）という概念は、欧米世界ではありえない。そもそも訳出不可能（酒井哲哉『近代日本国際秩序論』岩波書店、二〇〇七年）な概念である。対外関係の実態は、あらためて究明すべき問題なのである。

明治維新の世界史的位置

「明治維新の世界史的位置」――かつて、このようなタイトルの学術論文（歴史学研究会編『世界史と近代日本』青木書店、一九六一年）が学界で注目され、その後、それをもとにした新書（『世界史のなかの明治維新』岩波新書、一九七七年）や研究書（『日本近代化の世界史的位置』岩波書店、一九八一年）が世間を賑わせたことがある。著者である芝原拓自（一九三五―）は、一九六〇～七〇年代前後の日本で、明治維新史や日本資本主義に関する数多くの業績を発表し、高い評価を得た歴史家である。
芝原の意図したことは、唯物史観（マルクス主義歴史学）の方法論に拠った明治維新の世界史的性格規定にほかならず、一八五〇～七〇年代の東アジア諸国にとっての命運は、（半）植民地化の危機か、経済的ヨーロッパ化（近代国家建設）か、という二者択一の選択肢しかなかったが、日本の場合、前者の可能性を排除して、短期間に「革命的中央集権（民族）国家」である明治政府が成立したことを高く評価することであった。芝原の見解は、一九六〇～七〇年代前後の研究成果に基づいたものであるが、それに賛成するかどうかに関係なく、現在においても、明治維新史研究の世界では、一つの標準的な世界史的理解になっているように思われる。

また、芝原の研究は、戦後の代表的な日本近代史家・明治維新史家である遠山茂樹（一九一四―二〇一一）と井上清（一九一三―二〇〇一）の論争を継承・発展させたという側面もあった。もう少し、時代を遡ってみたい。

半植民地化の危機論争――遠山茂樹・井上清・芝原拓自――

幕末の日本に、欧米諸国による植民地化または半植民地（市場＝経済的従属地）の可能性が実際にあったのかどうか。現在でも、明治維新の世界史的理解の中核を占める問題である。

この問題は、戦前から服部《はっとり》之総《しそう》（一九〇一―一九五六）や羽仁五郎（一九〇一―一九八三）らマルクス主義歴史学者によって議論がかわされていた。

戦後になると、遠山茂樹が『明治維新』（岩波全書、一九五一年）を刊行し、そのなかで植民地化の危機を否定、半植民地的市場の段階にとどまるものとする見解を発表した。これに対して、同年に『日本現代史Ⅰ　明治維新』（東京大学出版部─現・東京大学出版会）を刊行した井上清が、遠山（の見解）を批判したことで、当時のメディアでも注目された論争となった。

井上の明治維新論は、欧米資本主義に対する日本（人）のナショナリズム的行動を強調した、羽仁五郎の人民史観を継承している。そして井上は、唯物史観の発展段階説（世界史の基本法則）に拠った遠山の維新史像に、日本人の主体性が欠如しているとして、本書でも言及する、一八六一（文久元）年の対馬・ポサドニック号事件や、一八六四（元治元）年の下関戦争における現地民衆の抵抗を、愛国主義的なものとして高く評価したのである。

これに対して遠山は、もっぱら学問的見地から反論した。しかし、占領期の日本社会は、国家の独立とその将来が、大きく激変する世界情勢のなかで積極的に論じられた時代でもあった。そのため、当時の明治維新史研究も、変革の主体やナショナリズム分析に関心が傾斜しており、井上の主張を支持する傾向が強かった。このことは、後年、遠山が『明治維新』の改訂版（一九七二年）を刊行した際、「たしかに外圧それ自体の中に植民地化の危機を包蔵していたと思うべきである」と自説を修正する背景となっていく。

こうした学問的背景の延長上に登場したのが芝原拓自だったのである。芝原の明治維新史、特にその世界史的理解には、羽仁五郎と井上清の人民史観を発展させ、世界史の基本法則との整合性をはかったものであると同時に、中ソ対立など、一九六〇年代前半におけるアジア情勢の変化を意識しながら、戦前の日本資本主義論争のなかで服部之総が提唱した、東アジアの命運論にこたえようとしたものであった。

それは、一九世紀後半の東アジア情勢のなかで、日本が独立を維持して近代化を達成したのに対して、中国（清国）は欧米資本主義の半植民地的市場となり、朝鮮は日本の植民地になった。その理由と命運の分岐点を問うたものである。これには、現在でも説得力のある包括的な見解が存在しない。

芝原は、幕末、特に慶応年間の徳川幕府とフランスの接近に植民地化の危機を認めるも、明治政府の成立によって回避され、その後、一八七三（明治六）年以降の大久保独裁政権（筆者はこの表現に違和感を覚える）による近代化策の展開と、天皇制国家が絶対主義化することで、国家としての独立が維持されたと説く。その一方で、清国は、国内近代化の動きである洋務運動が権力闘争により挫折したことで、欧米資本主義の半植民地的市場になったと主張した。

芝原の主張に対して、遠山は、基本的に賛意を表しながらも、当時の東アジアがおかれた状況を、半植民地化の危機か近代国家建設（経済的ヨーロッパ化）かといった二者択一的発想で理解することは正しくなく、太平天国の乱に代表される反欧米闘争の結果、外圧が相対的に緩和されており、日本の大久保政権も、中国の洋務運動も、質とテンポの違いこそあれ、資本主義化とブルジョア的民族運動が発展し続けたのだと、芝原の主張を批判した。

これに対して芝原は、中国の洋務派は買弁的(=欧米資本主義に従属的)であったとする主張を中心にした反論を展開し、洋務派と性格が同じなのは幕末の幕府権力であると自説を繰り返した。

遠山が後年に回顧(『戦後の歴史学と歴史意識』岩波書店、一九六八年)するように、芝原の主張は、高まる「外圧」のなか、幕府を打倒した明治新政府を「革命的中央集権国家」と評価することにあった。ゆえに、遠山の批判は、芝原の論点の核心を衝いたものとならず、論争がかみ合うことはなかった。ただし、この論争に関連して、遠山が、世界史の基本法則を再検討するため、日本・中国・朝鮮の三ヵ国を含めたアジア地域史の概念を提唱したことは注目すべき出来事であったといえる。

その後の日本では、社会の安定と経済成長により、明治維新に対する興味が減退したことに加え、遠山・井上・芝原、ともに研究対象を、明治維新以降の時代を含めた、日本近現代史全体に拡げたことで、論争は結論をみなかった。また、遠山の提唱したアジア地域史の発想も、一九六〇年代の研究者たちが意図したようなかたちで現在の学問に継承されているとは言いがたい。

遠山=井上論争、遠山=芝原論争、ともに明治維新期における国際環境の実態についての論争というよりも、その性格規定に関する論争といったほうが正しい。特に後者はその傾向が強い。ゆえに三者は、明治維新期の対外関係に関する実証研究者として知られた石井孝(一九〇九—一九九六)によって、「主観主義的」であると、それぞれ批判されることになる。これについては、後述する。

寸暇——思い出——

かつて、「遠山茂樹氏の世界史認識」と題して、遠山＝井上論争、遠山＝芝原論争を手がかりとした、明治維新期の国際環境に関する学会報告をおこなったことがある。

著者に、現在ほどの問題意識があったわけではないが、論争が、必ずしも実態を表しているわけではないと、本書と同様の見解を主張した。これに対して、とある大学院生から、「実態と違うからといって批判してよいものか」というような批判を受けたことを思い出す。その大学院生は日本古代の対外関係史を専攻していた。確かに、史実を列挙して国際環境の実態を展開するよりも、国際環境の性格規定を前面にした歴史評価のほうがわかりやすいこともある。史料的に限界がある前近代の歴史で、著者のように、実態がどうのと批判することに違和感を覚えたのかもしれない。

しかし、明治維新期に相当する一九世紀後半は、現在ほどではないにせよ、世界が一つにつながり、膨大な情報が共有された時代である。究明できる史実も、場合によっては時間単位で可能なほど、関係する一次史料が国内外に残されている。特に、明治維新期の対外関係史料は、開港以降の混乱もあって世界中から注目された。そのため、日本国内だけでなく、イギリス、アメリカほかの条約国に膨大な関係史料が存在している。

そうであるならば、明治維新の世界史的位置も、理論的な研究成果にもっぱら傾倒するだけでなく、内外の一次史料をふまえた、実態面に関する実証研究の成果にも依拠しながら、その性格規定を更新し続けたほうがいいのではないだろうか。やはり、そのように考えてしまう。

明治維新の国際的環境

明治維新期の対外関係史研究は、戦前では大塚武松（一八七八―一九四六）の研究をあげることができる。維新史料編纂会の編纂官であった大塚は、『概観維新史』（一九四〇年）の執筆者としても知られるが、同時に歴史学者による外交史研究の嚆矢でもあった。

大塚は、維新史料編纂官としておこなった、海外（フランス）史料蒐集経験などをふまえ、戦前の外交史研究の水準を上昇させたことで知られる。そして、大塚の業績は、彼の没後、後学の遠山茂樹らによって、『幕末外交史の研究』（宝文館出版、一九五二年、新訂増補版、一九六七年）として纏められている。

在外史料をふまえた研究となると、現実的に（現在では、横浜開港資料館などでも一次史料を閲覧できるが）、維新史料編纂会やその後継である東京帝国大学史料編纂所の関係者でなければ不可能であった。遠山茂樹も井上清も東京帝国大学文学部国史学科を卒業後、維新史料編纂会に関わった経験のある人物である。

大塚の外交史研究を、さらに経済史・貿易史にまで拡大し、戦後における明治維新期の対外関係史研究に一つの金字塔を築いたのが石井孝である。彼もまた、東京帝国大学国史学科卒業後、維新史料編纂会で勤務した経験のある研究者であった。石井もまた、時代的にマルクス主義歴史学を方法論とする研究者にほかならなかったが、遠山や井上と異なる点は、彼が在外史料を駆使した、明治維新期の国際環境、その実態に関する研究をおこなったことである。

石井の分析も、遠山や井上がそうであったように、幕末の日本と欧米諸国との関係が、世界史的見地からみた時、いかなる状態であったのかを究明しようとした点では同じであった。このことは、石井の学位論文が、明治維新史理解（理論分析）に関する学説を整理し、それを批判した『学説批判明治維新論』（吉川弘文館、一九六一年）であることからもわかる。

しかし、石井の研究は、理論分析とともに、日本国内では閲覧できる場所の限られていたイギリス議会史料や、アメリカ議会刊行の外交史料を利用して、明治維新期の国際環境を、その実態面から明らかにしようとしたことに特徴があった。こうした石井の業績は、『明治維新の国際的環境』（吉川弘文館、一九五七年）として刊行されている。また、その新書版として『明治維新の舞台裏』（岩波新書、一九六〇年）がある。

ただし、石井が今日に至るまで、明治維新史研究にその名を刻んだ理由は、戦後、東京大学史料編纂所（維新史料編纂会の後継）が所蔵することになったイギリス外務省、アメリカ国務省、フランス外務省の各外交文書を駆使し、これに日本国内の史料を重ね合わせて、前著の内容を大幅に増補・改訂した『増訂　明治維新の国際的環境』（吉川弘文館、一九六六年）を刊行したことである。『増訂　明治維新期の国際的環境』は、一八六一〜六二年の両港両都（兵庫・新潟、大坂・江戸）の開港開市問題から始まり、一八六八〜六九年の局外中立問題までを対象としていたが、その後、石井は研究対象を明治維新期全般の国際関係に拡大させていった。これにより、幕末外交交渉の推移や、欧米諸国による対日政策の立案過程など、日本国内の史料だけでは不分明であった史実が究明されたのである。

同じく内外の一次史料を用いて、ペリー来航前後から和親条約と通商条約の調印に至る時期を扱った『日本開国史』（吉川弘文館、一九七二年）、岩倉使節欧米派遣前後の条約問題を扱った『明治初期の国際関係』（吉川弘文館、一九七七年）、明治初年の日清・日朝関係の展開を扱った『明治初期の日本と東アジア』（有隣堂、一九八二年）を刊行し、明治維新期の国際環境に関する学問的分水嶺を築いている。石井がいなかったら、明治維新史研究としての対外関係史は成熟しなかったかもしれない。

もちろん、今日からみた時、既に石井の研究からも長い時間が経過しているので、修正された史実や異なる評価も少なくない。それはさておき、ここでは、遠山・井上・芝原らによる明治維新期の国際環境に関する方法論的論争を、石井が個別に批判し、それぞれ「主観主義的」であると結論づけたことについて言及しておきたい。

　石井も、半植民地化の危機説にこだわりながらも、遠山・井上・芝原らの議論を批判し、最後は「当時のわが国際的地位は、いまだ半植民地というべきではなく、パクス＝ブリタニカという国際体制のもとで、不平等条約により資本主義の市場たるべく規制された従属国というのが適当である」（『明治維新と外圧』吉川弘文館、一九九三年）との結論に至っていった。明治維新期の国際環境の実態を、内外一次史料を用いて究明してきた石井にしてみれば、当然のことであったといえよう。これら論争における石井の主張の一部は、『明治維新と外圧』に転載されている。

　しかし、同時に石井が「主観主義的」であると批判した遠山・井上・芝原の見解こそ、戦前の王政復古史観と結びつきながら、今日でも主流となっている明治維新史認識そのものであった。そのため、石井の研究は、もっぱら史実の実証面においてのみ評価され、必ずしも彼の明治維新史論が受容されたとはいえないところがあった。それは、現在でも同様のように思われる。

　今日でも、外国語が不得意なことや、国際関係に関心がないことを専攻の動機とする日本史研究者は数多い。石井の研究は、そうした彼らにとっては、対外関係に言及するための貴重な素材提供の機会であったのかもしれない。また、論争好きともいわれた石井は、積極的（精力的）に自身の専門分野に触れる研究を批判したことでも知られる。間違いなく保守化している明治維新史研究者にとって、こうした石井の研究態度は好まれなかったのかもしれない。

しかし、唯物史観（マルクス主義歴史学）の分析手法がすっかり影を潜めてしまった現在、いかなる方法論をとるにせよ、明治維新期における国際環境の実態を実証的に究明し続けた石井の主張は、後学にとって傾聴すべきものではないだろうか。

でなければ、私たちは、明治維新期の国際環境を、日本にとって、日本人にとって、そして、日本史研究者にとって、石井が「主観主義的」だと警告したように、きわめて都合よく描くことしかできなくなると思わずにはいられない。

※宮地正人『幕末維新変革史』（全二巻、岩波書店、二〇一二年）は、近年において最も体系的な明治維新史の通史であり、国内政治史と国際政治との統一的な叙述が試みられている。理路整然としたその叙述は見事なものであるが、主観主義的な明治維新史研究の流れを拡充させたものとの印象を否めない。またそもそも、本書とは視点が異なり、描きたいことも違う。宮地が描いたのは、世界システムあるいは国際政治のなかにおける明治維新史の展開といったほうが正しいだろう。たしかに、宮地の指摘するように、「世界資本主義」「不平等条約体制」といったシステムや理念的秩序を圧力（「外圧」）と受けとめた結果が、日本の為政者たちによる維新変革であり、さらにいえば国民（民族）創出革命であったといえるが、それは伝統的な日本史の視点である。著者が「国際環境」という言葉を使うのは、欧米世界によって秩序づけられた資本主義や国際政治のシステムは均一的な形で世界各地に拡散したわけでもなければ、各地に影響を均しく与えたわけでもないからである。特に、明治維新期にあたる開港からの十数年、「世界資本主義」（例えば、欧米政界とつながる金融ネットワークや物流システム）や「不平等条約体制」（例えば、領事裁判制度）を支えるような環境が日本で整備されていたわけではなかったし、また欧米世界との関係が、よくいわれるように、中国やアジア各地と均質的に存在していたわけでもなかった。たとえ、「世界資本主義」「不平等条約体制」といった表現を用いるとしても、それ

がいかに受容されたのか、されなかったのか、具体的な国際環境の変化のなかで、明治維新の変革を描くことこそ重要と著者は考えている。

ペリーの顔と幕末・明治初年の国際環境認識

現在に限らずとも、同時代の日本（人）さえもが、幕末・明治初年の日本をとりまく国際環境を、きわめて都合よく理解し、主観的にその歴史を描いてきたことに違いはない。

例えば、前述した、幕末における薩長とイギリスの接近などは、そもそも薩長の側からの演出であり、意図的な政治利用を目的とした流言にほかならなかった。また、幕府とフランスの結びつきとて、基本的には一部の人間のつながりにすぎず、虚飾に過ぎないといっても過言ではない。

遠山・井上・芝原、そして石井までもがこだわった、（半）植民地化の問題にしても、実態面からすれば、その可能性は（ほとんど）ないといってよい。そもそも、こうした問題設定じたいが時代性を感じるし、今ではこじつけ的な印象を否めない。

しかし日本は、欧米諸国からの外圧を主張し、危機を訴えることで、統一国家の形成に成功した。その後も、同様の弁法を繰り返し国内社会に訴えることで近代化を達成した。かくして、欧米諸国による圧力、そして危機の可能性は、往々にして、幕末・明治初年の日本を物語る重要な演出装置として、明治日本の近代化神話に説得力を与えるための言説として、絶えず持ち出されたのである。

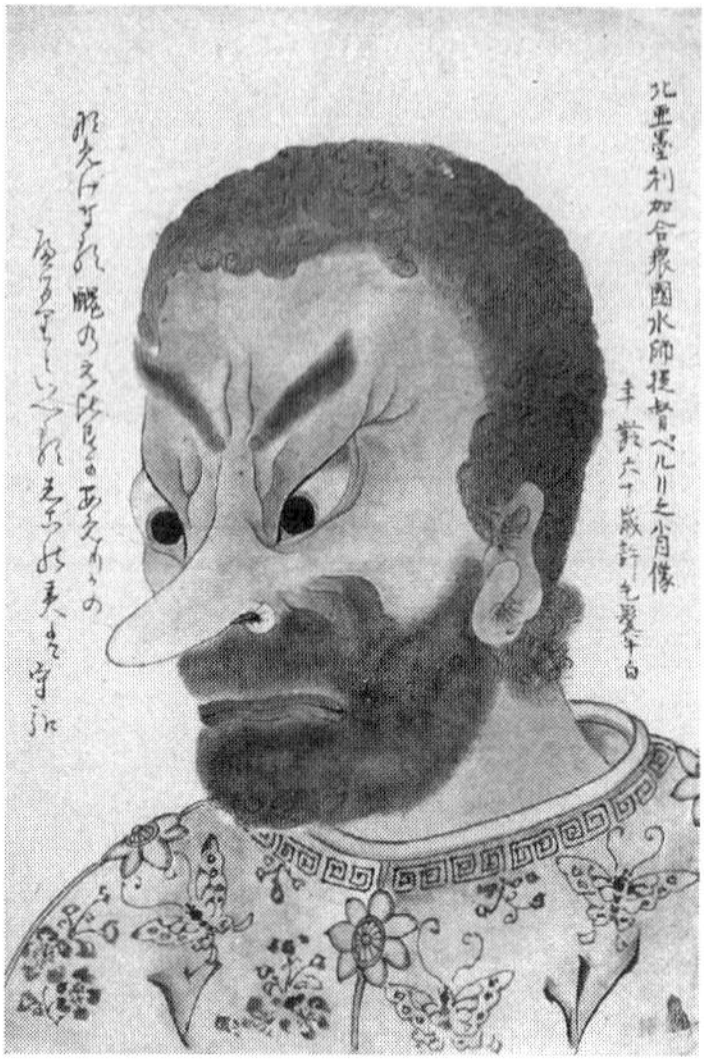

1　**天狗に描かれたペリー**
「北亜墨利加合衆国水師提督ペルリ之肖像」神奈川県立歴史博物館蔵・丹波コレクション。

ここで、（半）植民地化の危機の可能性を取り沙汰しても意味はない。「歴史は繰り返す」といわれるように、人間社会の歴史には必然的な発展傾向があるが、同時に歴史の偶然を否定できるものでもない。幕末・明治初年の日本に外圧が存在したのか、しなかったのかという命題が今日においてもなお問われる。このことが、（半）植民地化の危機論争の核心であることは、繰り返し述べてきた。そうした二者択一的な質問には、「あった」と答えるしかないであろう。「危機」の可能性など否定できるはずがないからである。こうした命題（発想）じたいは、歴史の遺物と化すべきである。

実態面の研究が明らかにしているように、半植民地化であろうと植民地化であろうと、その可能性はきわめて小さいものであった。歴史家であるならば、そうした可能性がゼロだなどと断言することはできない。ゆえに、日本社会では、「外圧」「危機」といった言説が利用されてきたのである。この点は、あまり指摘されることがないが、明治維新史研究の本質であり、そして問題点ではないかと痛感せずにはいられない。

これでは、幕末・明治の日本に流布したペリーの肖像画と同じではないだろうか。日本来航時、ペリーは戦略的に、決定権を有する幕府高官以外の日本人に面会することを避けることで、交渉に圧力をかけようとした。しかし、それにより、さまざまな憶測を抱かせる結果となり、日本人のなかでイメージが錯綜し、鬼や天狗の形相をしたペリーの顔が肖像画として描かれていった。

後年、こうしたペリーの肖像画や黒船来航に関する明治の錦絵に興味を覚えた、新潟県柏崎市の呉服屋「花田屋」主人・吉田正太郎のコレクション（現在は、同市郊外に設立された「黒船館」で公開されている）は、間違った情報も、連鎖するとまったく別の情報になるという、社会的警告を教えてくれている。なお、ペリーの天狗絵は、神奈川県立歴史博物館なども数多く所蔵している。

明治維新期（幕末・明治初年）の対外関係史・国際環境にも、同じことがいえるのではないだろうか。多くの研究者がその実態面に関心を示していない、または知らないという現状を考えれば、そのように思えてならない。

求められる学際的・多角的理解

それでも明治維新史研究は進展し、数多くの新たな史実が明らかにされてきた。外交・貿易・軍事などの対外関係・国際環境面も、明治維新史研究が盛んであった一九五〇～六〇年代と比べれば、かなり豊富な歴史像が提示できるようになっている。

その背景には、まずは国内史料の公開や発掘、在外史料調査とその成果公表を挙げることができる。次に、戦前・戦後のマルクス主義歴史学全盛期には、必ずしも顧慮されることがなかった社会科学の方法論を用いた実証研究や、さらには数量データなどを駆使した研究が、幕末・明治初年の日本を分析対象としておこなわれたことである。

これらのうち、近代経済学の理論を用いた数量経済史研究や経営史研究の手法は、明治維新期における日本の経済発展と近代化策を高く評価する傾向にあっただけでなく、その前提として江戸時代の社会を肯定的に評価していたため、一九五〇～六〇年代の日本では、歴史の発展段階に固執する多くのマルクス主義（歴史学）者たちによって、時として激しい批判の対象になることがあった。しかし、その研究手法は、確実に一部の社会科学研究者たちによって、日本国内の学問にも浸透していた。

明治維新史研究者たちが、こうした理論をどこまで正しく理解したか、しているかはともかくとして、幕末・明治初年の日本に関する歴史像に一定の変化を与えていることだけは確かである。

例えば、開港直後の物価高騰を、金銀比価の内外格差から生じた金貨流出や、貿易の影響による国内の物資不足に直結させるような叙述は少なくなっている。数量経済史研究の成果により、金貨の流出量も大きく下方修正され、物価高騰の原因が、国内正貨の金をアジア国際通貨の銀に平準化させるためにおこなった、幕府の貨幣改鋳策（価値を三分の一に減じた万延小判発行）にあることがより明確になっている。これにより、物価が三倍になり、その後も決して下落することがなく、まさに「価格革命」的状況になったのである。少なくとも、貿易を直接の原因にするのは適当でない。詳しくは第三章で言及している。

貿易の実態についても、石井寛治（『近代日本とイギリス資本』東京大学出版会、一九八四年）や杉山伸也（『明治維新とイギリス商人』岩波新書、一九九三年）によって、ジャーディン・マセソン商会やグラバー商会の研究がおこなわれるなどして究明が進み、外圧の先鋒そのものと理解されてきた外国商人（資本）たちの存在は、条約の規定する居留地貿易の枠組み（国内に出向いて取引できない）に制限されて、従来考えられていたほど大きなものでなかったことが明らかにされている。また、日本商人たちの積極的なナショナリズム的対応も、いくつかの事例ではあるが明らかにされた。

これらの成果は、明治維新期の国際環境を大きく書き換えるだけの可能性がある。

ずいぶんと古典的な明治維新史研究の理解にこだわってきたが、本書では、新しい研究成果に依拠しつつ、国際関係面を中心とした、著者みずからの明治維新史論を展開している。そして、多くの日本人が信じてやまない伝統的な明治維新史像、すなわち明治維新の物語と、新たな研究成果に基づく明治維新史像との間に介在する微妙な違和感を伝えていきたい。これこそ、明治維新期の対外関係・国際環境に関するイメージなのである。

ただし現状で、新たな研究成果に基づいた明治維新期の対外関係・国際環境に関する歴史像が普遍的に理解されるとは思っていない。

伝統的な明治維新史像を書き換えることは、著者一人ができるほど容易なものではない。国家間・異文化間における人やモノの交流事象を理解するためには、学問分野を超えた学際的研究の摂取はいうまでもなく、客観的な視野にたった歴史叙述が必須だからである。また、国民のナショナリズムに訴えた人民史観のような手法では、多角的な歴史像を提示することはできないであろう。なおも究明されていない史実も多数存在しており、さらなる研究成果が必要である。問題は容易に解消されるものではない。

明治維新の国際舞台――もうひとつの物語――

それでも、まずは一般社会に対して新たな明治維新史像を提示することが必要であろう。そして、本書は批判されるであろう。もうひとつの物語だと。批判は覚悟のうえである。一〇〇年を超えて国民の間に共有されている「明治維新の物語」は、幕末・明治初年の歴史を主体的（主観的）に叙述することで、世界との関係を意識しながら、いかに日本（人）が時代の変化に対応したかを描く。そこでは、客観的な史実よりも、主観的な歴史評価が重要視される。それが国民のナショナリズム形成に影響を与えてきた。

しかし、本書はそうした伝統的歴史観（明治維新史像）をあえて挑発してみようと思う。もちろん、ただ明治維新期の対外関係・国際環境についての客観的な史実を提示するだけでは意味がない。

本書は、明治維新期（幕末・明治初年）の対外関係・国際環境を、当時の日本がおかれた国際舞台と位置づけ、日本と欧米諸国、欧米人たちとの関係・交流の歩みを、さまざまな舞台装置（国際環境の実態や〈政治〉外交・軍事上の諸問題）にも言及しながら描いてみたい。それは、日本（人）が必ずしも知らなかった、もう一つの明治維新の物語であると同時に、一部の日本人たちは熟知し、深く関わった物語でもあったのである。

明治維新の国際舞台という、もうひとつの物語が、伝統的な明治維新史像に、多少なりとも刺激を与えることができたなら、それは著者にとって望外の喜びである。

第一章

「限定的」開国?

「幕吏無能説」から「幕吏有能説」へ

ペリー来航をめぐる状況のうち、徳川幕府の対応については、伝統的な歴史叙述が大きく変貌している。

「泰平の眠りを覚ます上喜撰《じょうきせん》(=蒸気船)たつた四杯(=隻)で夜も眠れず」という狂歌が、かつては学校教科書だけでなく、さまざまな一般書でもよくとりあげられた。ペリー来航によって、日本(徳川幕府)は、なすがままに開国したというのである。

しかし近年では、この狂歌が学校教科書にとりあげられることはほとんどない。なぜなら、明治以降の偽作であるとの評価が定着しているからである。そして、これに合わせるかのように、徳川幕府は、一八五四(安政元)年調印の日米和親条約によって開国したという意識はなかったとする評価が定まりつつある。

ペリー来航をめぐる対応を描いた概説書として評価の高い三谷博『ペリー来航』(吉川弘文館、

二〇〇三年）は、日米和親条約締結を「限定的開国」と表現している。ペリー来航が決して開国を導いたものでないことは、早くは一九八〇年代初頭から指摘されていたことであり（羽賀祥二「和親条約期の幕府外交について」『歴史学研究』四八二号、一九八〇年）、実は決して目新しいものではない。

むしろ、近年の研究が明らかにしたことは、ペリー来航に対して幕府は何の対応をとることもなく、要求されるがまま和親条約に調印してしまったとする、いわゆる「幕府無能説」への批判としてのものである。

2　マシュー・C・ペリー

このことは、徳川幕府が（少なくとも一九世紀までは）「鎖国」といわれるような対外関係を維持したのではなく、むしろ四つの口（長崎・薩摩〜琉球・対馬・松前）によって主体的に対外窓口を管理してきたとする、江戸時代の国際関係に関する歴史認識の変化や、それに合わせた近世対外研究史全般の進展が大きく関係している。長崎・出島のオランダ商館と琉球（薩摩経由）からのペリー来航情報を受けて、当時の幕閣は冷静な対応を準備し、また国内の知識人たちも、幕府から流出する情報を冷静に受けとめていったとする理解は、今や一般書でも見うけられる。

また、ペリーとの交渉にあたっても、対外交渉の専門家とはいえない儒学者・林大学頭《はやしだいがくのかみ》らの毅然とした態度に、条約調印という功名を重視したペリーは、対清条約なみの草案を準備していたにもかかわらず、譲歩して貿易要求などを撤回した結果、日米和親条約の調印となったというのである。つまり近年の研究は、幕吏無能説を批判した、幕吏有能説を説いているといえる。

ただし、こうした歴史叙述は、国内の対応を詳細に論じたうえで、これに伝統的なペリー来航の動向を合致させようとしたものにすぎない。例えば、ペリー来航の国際情勢を詳述したことで評価の高い、加藤祐三による一連の研究（『黒船前後の世界』岩波書店、一九八五年など）も、徳川幕府の対応を肯定的に評価（『黒船異変』岩波新書、一九八八年）している点や対清条約との対比に斬新さがあるが、国際情勢の分析については、必ずしも目新しいものではない。

しかし、幕府に開国意識がなかったとはいえ、数多くの史料が記す「癸丑甲寅《きちゅうこういん》」（嘉永六年・安政元年＝一八五三・一八五四年）以来という言葉の重みを相対化することに成功しているかといえば、そうとも限らない。本来、近代史研究者である三谷博が限定とはいえ「開国」という言葉を使用し続けているように、少なくともそれに変わる表現が思いつかないというのが実状であろう。

なぜなら、ペリー来航の年、すなわち「癸丑甲寅」とは、日本社会の転機を示す歴史的契機にほかならず、開国とは、日本における近代の幕開けを示す歴史的表現であることに違いはないからである。

また、上白石実（「鎖国と開国」『日本の対外関係』第七巻〔近代化する日本〕、吉川弘文館、二〇一二年）や西澤美穂子（『和親条約と日蘭関係』吉川弘文館、二〇一三年）の指摘を待つまでもなく、歴史認識としての「開国」という表現は、幕末においては、一般的な日本語ではなかった。和親条約に続いて結ばれた安政条約（通商条約）でも、外国人の居住・移動は制限された。条約改正交渉に際して、領事裁判権撤廃の条件として内地雑居（外国人に対する国内居住、不動産取得、経済活動、移動の保証・自由）が条件とされた時、国内からは数多くの反対意見がまきおこった。

結局、そうした意味では、日本の国内社会で、言葉通りに「癸丑甲寅」の年が開国であると認識するようになるのは、新条約（一八九四〈明治二七〉年の日英通商航海条約）が発効し、内地雑居が開始された一八九九（明治三二）年以降といってもよい。大隈重信撰『開国五十年史』（全二巻、初出は一九〇七―〇八年、原書房、復刻、一九七〇年）などはそうした歴史認識の代表であろう。

ペリーへの批判

ところが、欧米諸国にとってみれば、日本との条約調印は、日本の開国を意味したことにほかならなかった。そして、ペリーが条約の内容よりも、調印に固執したことに典型なように、アメリカ合衆

3 黒船の図
作者不詳。神奈川県立歴史博物館蔵・丹波コレクション。

国にとっては、日本を「開国」させたと主張することこそ重要であったのである。

ペリーは日本遠征にあたり、司令官や通訳に日記や手紙の提出を命じている。これは、機密保持のための情報統制でもあったが、ペリーは自らの遠征計画・日本との交渉がいかに正しいものであるのかを、出発前から合衆国内外に宣伝することを企図していた。そのために情報を蒐集し、本国に帰国後、自分や部下の日記・書翰に基づいた日本遠征記を、合衆国海軍省の公式記録として刊行したのである。

こうしたペリーのやり方は、艦隊乗員には評判が悪く、極秘裏に保管された日記や回想録が、後日（いくつかは公式遠征記の刊行よりも前に）刊行されることも多々あった。

大統領の国書に記された通商要求を撤回し、逆に幕府に対しては指令にない複数の開港場を要求して交渉を延引させるなど、ペリーの交渉術には確実に批判が存在していた。特に、貿易条項の欠如した日米和親条約には、かなりの批判があったことは、当時のアメリカ国内の新聞などからも理解できる。ペリーの公式遠征記（全三巻〈第一巻が遠征記録、第二巻が琉球・小笠原などの科学報告書、第三巻は黄道光の研究――第一巻の完訳としては『ペリー艦隊日本遠征記』全二巻、復刻、オフィス宮崎、二〇〇九年がある〉）は、そうした批判に対する反論でもあった。

フランシス・L・ホークスとロバート・トームズの編纂になるペリーの公式遠征記のタイトルは、*Narrative of the Expedition of an American Squadron to China Seas and Japan, in the year of 1852, 53, and 1854.*（正式には、『合衆国政府の命により合衆国海軍M・C・ペリー提督の指揮下、一八五二、一八五三、および一八五四年になされたアメリカ艦隊の中国海域および日本への遠征の記録』全三巻）――まさにNarrative（物語）である。正確な日本遠征の事実経過を伝える記録というよりも、アメリカ合衆国が、交渉という平和手段によって、西洋世界に日本の窓口をいかに開かせたのか、その正当性、および、遠征を計画・遂行したペリーの功績を世界中に知らしめるための宣伝物だったのである。

ペリー来航をめぐる国際関係

当時は新興国であったアメリカ合衆国政府が、なぜ日本の「開国」にこだわったのか。なぜ、二年もの年月を費やしてペリー艦隊を派遣したのか。政策的な意図の核心部分については、残念ながら、その確信を示すような史料を見いだすことはできない。

多くの研究は、通商面の動機よりも地政学的な観点を強調する。そして、それ以上に直接民主主義国家アメリカの特質が指摘される。

日本との通商要求については、ボストンの捕鯨業者による請願運動が知られている。しかし、当時の捕鯨業では、商業的利益以上に、北極海を越えて太平洋を南下した時、適当な寄港地が存在しないことが問題視されていた。食糧や石炭を補給し、船舶修理・休息のために滞在する場所が必要とされたのである。また、時として伝えられる、日本における漂流民保護の方法も問題されていた。

日本沿岸に漂着した外国人は、取調をうけた後、長崎出島商館に引き渡され大陸方面に送致されることが常であった。こうした事態を、徳川幕府の国内政治や対外政策との関連で説明するならば、単純に外国人を排斥する意図があったとはいえない。しかし、人権意識の高いアメリカ合衆国内の世論に照らせば、そうした説明には説得力がない。蝦夷地《えぞち》沿岸に漂着した外国人が長崎に送致されるまでには、概ね一年以上もの時間がかかった。

中国大陸では、自国の宣教師たちが布教活動を展開していたが、彼らのネットワークのなかに、日本沿岸に漂流した外国人や、逆に中国沿岸などで保護された日本人漂流民の情報が入っていた。

これらは、貴重な日本情報となって注目された。適切な人道配慮を望む声が挙がったとしても当然

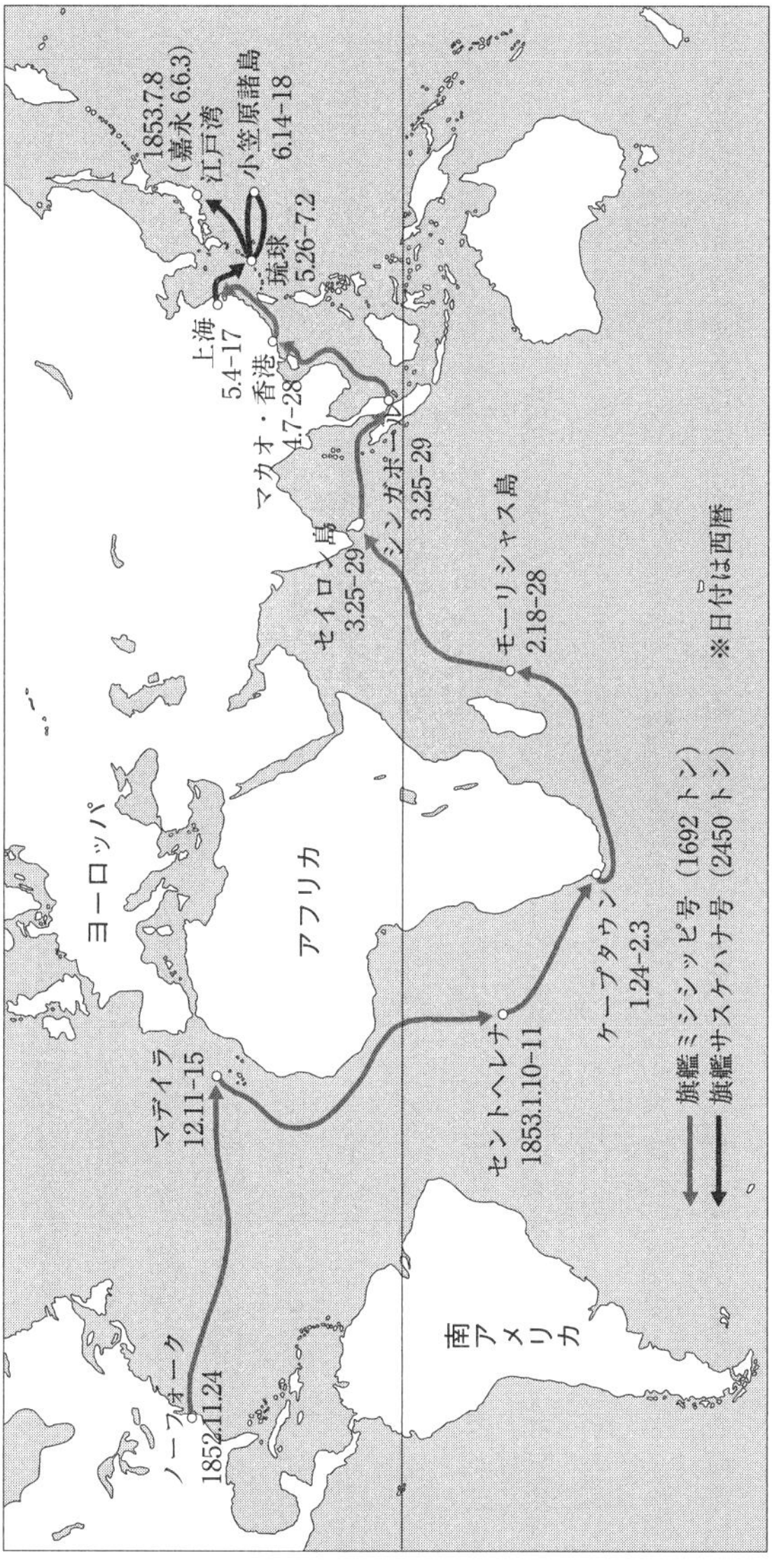

地図1　ペリー艦隊の航路

田中彰『開国と倒幕』（集英社、1992年）をもとに作図。

であろう。

また宣教師の動向は、中国在住アメリカ商人の活動とも結びついており、それが新規市場として対日通商計画に発展していったともいえる。

合衆国は、一八四六（弘化三）年に対日通商使節として、ジェームス・ビッドルを軍艦二隻で浦賀に派遣した。しかしビッドルは、武力行使が禁止されていたことから、通商の可能性を打診しただけで退去していた。その後も、日本との通商関係を望む声は消えることがなく、紆余曲折を経て、一八五二年にメキシコ戦争の英雄で、退役軍人のマシュー・カルブレイス・ペリーが新たな全権使節に任命され、艦隊を編成して日本に向かうことになった。

ペリー使節の日本派遣は、合衆国政府によって大々的に宣伝され、国際世論は多大な関心を示した。特に、かねてから長崎出島貿易の拡大を企図していたオランダ政府は、ペリー来航情報を間接的な圧力に利用して、徳川幕府との関係改善を目論んでいた。また、一八二八（文政一一）年に禁制品であった伊能図の海外持ち出しが露見して国外退去処分を受けていた、著名な日本学者のフィリップ・フランツ・フォン・シーボルトは日本再来を望み、既に一八四四（弘化元）年のオランダ国王による開国勧告（幕府は拒絶）を画策していたが、今度は合衆国政府に対して情報提供を申し出ていた。しかし、全権に決定していたペリーは、シーボルトを信用せず、彼の著書『日本』（中井晶夫ほか訳、全九巻、雄松堂書店、一九七七～七九年）購入だけで十分と判断して申し出を拒否した。

この時、ペリーには、日本遠征にあたって独自の戦略があった。合衆国海軍保有の大型艦船のほとんどを集結させて大艦隊を編成し、喜望峰廻りで日本に向かう、約二年にわたる遠征計画を立案したのである。合衆国では、宣戦布告の権限を議会が有していたため、軍事行動には自ずと制限が生じる。そこで、あえて大艦隊を編成し、長期間にわたる航海をおこなうことで、国際世論に合衆国の意志を示し、日本に対する圧力を増幅させようと考えたのである。また、大艦隊編成は、日本との交渉が失敗した場合の代替候補地（琉球や小笠原諸島）視察や、石炭搬送などにも効果的と考えられた。

当時の蒸気艦船は、燃費効率の悪さから、頻繁な寄港と石炭補給が必要であったが、アメリカ東海岸から喜望峰をまわってアジアに向かうルートの多くは、イギリスの影響下にあった。当時の合衆国政府は、つねに世界の大国イギリスに対して対抗的な姿勢をとっていた。また時間的にも長距離である喜望峰廻りの航路選択は、ペリー艦隊にとって必ずしも有利とは思えなかったが、ペリーはあえてそれを選択した。二年の時間は、世界中に散らばっている自国の大型艦船集結を可能にすることができ、そしてそれがイギリスに対する合衆国の国力を見せつけることになると考えたのである。

この時、イギリスにも対日通商使節を派遣する動きがなかったわけではない。特に、後に香港総督となるジョン・バウリングは、積極的に自らが全権使節に就任することを希望していた。ペリーは、このバウリング遠征計画を常に気にしていた。しかし、情勢不安定な中国市場の維持を優先させたイギリス政府は、結局、全権使節を日本に派遣することがなかった（拙稿「ペリー来航前後の内外政治

状況」『講座　明治維新』第二巻、有志舎、二〇一一年）。

日米和親条約の欠陥

日米和親条約は、一八五四年三月三一日（嘉永七年三月三日）に調印された。交渉過程については、前述した加藤祐三や三谷博による詳細な研究があるので、それらに譲る。

条約調印は、外交担当幕吏や通詞の多くが長崎出張中のため、ペリーとの交渉にあたった儒者林大学頭らが説く大義名分論的な主張（幕府の通商拒否と漂流民保護と休息・薪水供与・船舶修理の容認）と、強硬的な態度で交渉にのぞみながらも、条約調印の事実が自分の功績になることを重視して、通商条項を断念するなど全権委任者の立場を利用したペリーのおこなった譲歩の所産といえる。

またここでは、ペリーが当初の要求になかった複数の開港場を要求したことで、見事に幕府の交渉延引策に口実を与える結果となったことを強調しておく。これも、日本史研究者を中心に指摘される幕吏有能説の一例である。

アメリカ側の随行者にも、こうしたペリーのやり方を疑問視したものがいた。交渉に同席した中国語兼日本語通訳のサミュエル・ウィリアムズは、こうしたペリーのやり方を、皮肉をこめて次のように回顧している（洞富雄訳『ペリー日本遠征随行記』雄松堂書店、一九七〇年）。

ペリーは、日本政府がフィルモア（アメリカ大統領）の要請を応諾した（中略）ことに満足していたけれども、返書の中で彼は、それは決して自分が希望するすべてではないし、また大統領が意図しているすべてでもなく、「彼の期待を満たさないであろう」と述べた。昨年の書翰（大統領の書翰）では一港の要求であったのが、ペリーは今や五港を要求している。また、よい待遇の保証を要望したことが、今や条約締結の要求に改まっている。しかも、もし要求に応じなければと開き直って、「より強大な軍勢と、もっときびしい条件及び訓令」といった、歯に衣を着せぬ言葉遣いで恫喝した。日本人は要求に応じたいかもしれないが、おそらく従わないであろう。しかし、なんという矛盾をここでさらけだしたものであろうか。われわれが略奪の旅にやって来たのだという以外に、彼らはペリーの言い分からどんな結論を引き出すことができるだろうか。（中略）ペリーは自分自身の地位や名声を高めようとしないのと同様に、正義や、節操や、故国も念頭におこうとせず、自分の活動欲を日本に対する彼のあらゆる行為によって試そうとしているのだ。（中略）私は、今日作成したこんな文書は軽蔑する。これではみずからその目的を覆す結果を招くことにもなりかねない。

ウィリアムズの指摘は、ペリー艦隊の日本遠征が、当時の国際社会に大きな影響を与え、アメリカ合衆国の名声を高める絶大な宣伝効果になった一方で、交渉術に限っていえば、かなり稚拙な要素をはらんでいたことを示唆している。

日米和親条約（全一二ヵ条）は、下田・箱館開港、同地への寄港・逗留許可、薪水・石炭など欠乏品供与、入用物資の金銀対価による供与、漂流民の送還、逗留船員のための遊歩区域を規定したが、「私に取引すへからさる事」（第八条）と私的な物資取引を禁止していた。

しかし、一部の商人たちは、日米和親条約によっても通商取引が可能であると解釈するものがいた。

一八五四〜五五（安政元〜二）年にかけて、プロシア商人リュードルフ（アメリカ海軍傭船グレタ号荷主）は、日米和親条約第七条の規定（「合衆国の船両港に渡来の時、金銀銭並品物を以て入用の品相調候を差免し候」〈英文〉It is agreed that ships of the United States resorting to the ports open to them shall be permitted to exchange gold and silver coin and articles of goods for other articles of goods, under such regulations as shall be temporarily established by the Japanese government for that purpose.）によっても物資取引が可能であると解釈して箱館・下田に入港し、現地官吏との間で折衝を重ねて大量の物資確保を試みるも、先払いした品物さえ容易に引き渡さなかった日本側とトラブルになっている。また、箱館に領事の身分で滞在したエリシャ・ライスも、同様に大量の物資取引を試みトラブルになっている。リュードルフとライスが、購入や物々交換を試みた物資の多くは、引き渡されなかった。

ロシア使節との条約交渉のため下田を訪れた幕府全権（応接掛）の一人・川路《かわじ》聖謨《としあきら》は、日米和親条約の締結により、外国商人が現地に滞在する様子に驚いている。

私的な物資取引を禁止する文言がある一方で、金銀対価による物資取引を規定している以上、それによって通商が可能とも解釈できるのが、日米和親条約であった。

条約規定による欠乏品取引に関して、条約調印交渉にあたった応接掛たちは、今後の通商要求に対する防遏になると弁明したが、実際には下田に「欠乏所」が設けられ、下田奉行支配下の御用商人に業務が命じられている。また、現地の下田商人なども欠乏品取引に参加している。いわゆる欠乏所貿易である。多くの研究者は、欠乏所（Bazaar）の商業性を軽視する傾向にあるが、限定的とはいえ、これは事実上の貿易活動にほかならないことを見逃すべきではないだろう（拙稿「ペリー来航前後の内外政治状況」、同「「不平等条約体制」と日本」『日本の対外関係』第七巻、吉川弘文館、二〇一二年）。

4　欠乏所跡碑
下田市。著者撮影。

次に日米和親条約第九条は、アメリカ側に対する片務的最恵国待遇を規定している。ペリーは、同条項を有利なものとみなしたが、徳川幕府もまた、今後、他国との条約調印交渉に対する防遏に利用できると恣意的に理解していた。このことは、清国が片務的最恵国待遇の規定を戦略的に理解し、あえて等しく欧米諸国との条約に適用していったことに通じる。近年では、徳川幕府の国際法理解を高く評価する研究者（井上勝生『開国と幕末変革』講談社、二〇〇二年）もいるが、条約内容の解釈については、清国と同じく恣意的なものにすぎず、正確な理解であったとは言い難い。

さらに、日米和親条約の条約条文は、和文・漢文・蘭文・英文が用意されたが、翻訳能力の問題から、相互に微妙な違いがあり、多義的な理解が生じていた。これは、加藤祐三・三谷博がともに強調するところである。欠乏所貿易なども、ある意味、その典型といえる。しかし、いったん条約を結んだ以上、それを運用していかなければならない。

当然、こうした事態は、他国との条約交渉や外交交渉にも不都合な結果を生じることになっていった。

イギリスとの条約

アメリカに続いたのはイギリスである。バウリング使節は、太平天国の乱の影響で実現しなかった。そして、ほどなくクリミア戦争が勃発したことから、極東海域のロシア海軍を牽制すると同時に、日本に戦時中立と艦船寄港、第三国への武器供与禁止を求めるため、一八五四年九月七日（嘉永七年閏七月一五日）、中国方面艦隊司令長官のジェームス・スターリングが長崎に来航した。

スターリングの交渉は思わぬ方向に進展した。スターリングは、日本語通訳として漂流民の音吉を随行させていたが、読み書きができなかったため、出島のオランダ商館に文書交換などの協力を求めながら交渉をおこなっていた。しかし、日米和親条約を今後における第三国との交渉指針にすると幕閣から通達されていた長崎奉行は、その意向をふまえつつ、合わせて既に来航していたロシア使節プチャーチンにも配慮した内容で対英条約を取り決めようとした。

一八五四年一〇月一四日（嘉永七年八月二三日）に結ばれた日英協約（日英約定）では、イギリス船の長崎・箱館寄港が許可されると同時に、イギリスに対して最恵国待遇が附与されている。ただし、イギリス人船員には日本の法律に服することが求められ、中国人やオランダ人に与えられていた長崎での通商権も除外されていた。

特に通商権がなかったことから、バウリングや本国貿易省には不評であったが、外務省は将来において条文の変更が可能であると判断し、日英協約は批准されたのであった（W. G. Beasley, *Great Britain and the opening of Japan, 1834–1858*. Japan Library. 1994. Reprint.）。

ロシアとの条約

ペリー艦隊日本行きの報に接したロシアは、アメリカ合衆国が獲得することが予想される対日通商権益を、自分たちも獲得すべく、侍従武官プチャーチンを派遣した（麓慎一「日魯通好条約につ

いて」『東京大学史料編纂所研究紀要』第一七号、二〇〇七年、同『開国と条約締結』吉川弘文館、二〇一四年)。

一八五三年八月(嘉永六年七月)、長崎に来港したプチャーチン艦隊は、クリミア戦争による英仏艦隊との交戦を避けながら、長崎や下田で交渉を続けた。しかし、ロシアにとってもう一つの交渉主題であった国境確定問題については、日露間の主張に隔たりがあって難航をきわめた。

ロシア政府は、プチャーチンに対して、サハリン島(樺太)を自国領とすること、クリル諸島(千島列島)は、交渉状況により、ウルップ・エトロフ島間での国境線設定を譲歩ラインとする勅令を与えていた(木村汎『日露国境秘史』角川選書、二〇〇五年)。結局、クリル諸島については、ウルップ島とエトロフ島間を国境とすることで合意した。

この頃、エトロフ島以南では、アイヌの人口が減少していたが、ロシア人の影はなかった。ゆえに、多くの歴史家は、交渉で幕府側が主張したウルップ島・エトロフ島間が、日露通好条約調印以前から、実質的な日露の国境線であった、すなわち、エトロフ島以南が日本固有の領土と認識されていたと指摘する。しかし、逆にサハリン島に日本人が定住していないとロシア側から批判されたように、こうした認識は現状を前提とした方策にすぎなかった。クリル諸島における国境線の確定は、条約調印を急いだプチャーチンの妥協による結果である。また、エトロフ島以南への日本人移住が徐々に増加するのは条約調印以降のことである(和田春樹『北方領土問題』朝日選書、一九九九年)。

※日本人定住者のいなかったエトロフ島以南が、日本固有の領土であったかどうかということは、また別の問題である。そもそもこの問題は、第二次世界大戦終了時にエトロフ島以南の千島四島を軍事占領した旧ソビエト連邦の、歴史的にクリル諸島がロシア領であったとする主張に対する反論的要素が強い。ウルップ・エトロフ島間を譲歩ラインとする勅令は、ロシア国内に知らされることはなく、国境線の確定はプチャーチンによる独断とされていた。勅令の存在が注目されるのは、ソ連崩壊後のことである。戦後の日本政府は、歴史的に日本固有の領土である南千島（南クリル諸島）四島（北方領土）は、日露通好条約によって国際法的にも認められていると主張したが、独立問題・日ソ国交回復問題、そして冷戦下の米ソ対立が複雑にからみあい、明確な態度を示していたとはいえないところがある。たしかに、北方領土問題は、日露通好条約調印をもって始まるが、「日本固有の領土」という意識が日本全国に定着するのは、一九五一（昭和二六）年のサンフランシスコ講和条約による日本の独立回復後、戦後の日米ソ（露）冷戦関係を経て、返還運動が全国的な政治課題として確定された後のことである。具体的には、日ソ関係が険悪化していた一九七〇年代後半から一九八〇年代以降のことにほかならない。北方領土の日が制定されたのも、一九八一（昭和五六）年のことである。

他方、サハリン島については難航をきわめた。当時の徳川幕府は、現地のアイヌ支配を領有根拠とする特殊な領土観念を主張しており、彼らによる行動の北限をもって国境とすることを主張した（秋月俊幸『日露関係とサハリン島』筑摩書房、一九九四年）。近代の領土観念からすれば、こうした根拠はかなり苦しい。ところが、サハリン島に軍事拠点を建設したとはいえ、現地事情を必ずしも理解していなかったプチャーチンは、幕府側の主張に耳を傾け、両国による現地見分のうえでの国境確定で一旦の妥協が成立した。しかし、季節的な問題やクリミア戦争の影響もあって、現地見分は結局実現していなかった。
プチャーチンには条約調印を急ぐ必要があった。英仏艦隊との交戦の危険性が迫っていただけでなく、安政大地震に遭遇して旗艦ディアナ号が沈没してしまったからである。帰国を急いだプチャーチンは、あえてサハリン島における国境を未確定としたままの条約調印を提案し、応接掛もこれに応じた。その結果、一八五五年二月七日（安政元年一二月二一日）に調印された日露通好条約において、サハリン島の日露国境は、「界《かい》を分《わか》たす是迄《これまでの》仕来《しきたり》の通《とおり》たるへし」（第二条）と記されたのであった。同条をもって、日露雑居などと解釈する歴史書や歴史教科書が見うけられるが、これは現代における北方領土問題を意識したものにすぎず、必ずしも適当ではない。あくまで、何も決めなかったのである。

また国境線が未確定である以上、日露国民の犯罪については、それぞれの国の法律を適用するとした、特殊な双務的領事裁判条項（第八条）が規定されていた。

オランダとの条約

オランダは、アメリカ・ペリー艦隊の遣日計画に触発されて、一八五二（嘉永五）年、バタビア政庁法務官であったドンケル・キュルシュスを長崎出島商館長に任命し、長崎奉行との友好関係を利用しながらの対日関係改善を試みていった。キュルシュスの通商要求は、アメリカ・イギリス・ロシアとの条約交渉中に実現することはなかった。しかし、キュルシュスは、幕府による海軍伝習やイギリス・ロシアとの条約交渉仲介の実績を理由として、一八五五（安政二）年、対日通商条約の調印を提案した（『幕末出島未公開文書』新人物往来社、一九九二年）。

幕府は、海軍伝習の条件が通商条約締結であったことから、一八五六年一月三〇日（安政二年一二月二三日）、日蘭和親条約に調印した。同条約は、長崎出島貿易（バーター交易＝物々交換が基本）を発展させたものである。また、オランダ船の来航制限や長崎における行動制限が緩和されているが、自由貿易を骨子とした通商条約とは全く異なり、大枠において従来の貿易形態と変化がなかった。そのため、キュルシュスは不満を表明し、中国におけるアロー号戦争情報とイギリス使節（すなわちバウリング使節）の渡来を予告（もちろん虚偽）した。そして、イギリス使節来日以前に、本格的な通商条約の調印を勧告したのであった（拙稿「「不平等条約体制」と日本」）。

第二章　通商条約調印

東アジア世界と関係を有する一部の欧米人たちには、四つの「和親条約」によって、日本が国際社会に包摂されたと考える傾向があった。しかしこれらの条約は、清国の南京条約などとは異なって通商が否定され、また幕府主導で結ばれたことから、「鎖国」日本の事情をふまえた特殊な性格であることを否定できない。日本が本格的に国際社会に組み込まれるには、なお欧米諸国との通商条約締結の経験が必要であった（拙稿「「不平等条約体制」と日本」）。

和親条約から通商条約へ

日米和親条約では、私的な貿易行為が否定されていた。そのためアメリカ国内では、通商規定を盛り込んだ新条約調印を望む意見があったといわれている。この延長線上に、日米和親条約第一一条の領事駐在規定を利用した通商全権（一八五六～一八五九年・総領事、一八五九年以降・公使）タウンセンド・ハリスの派遣があったことはいうまでもない。

しかし、欧米諸国が日本と通商条約を結ぶにいたる過程には、アメリカよりもオランダの動向とイギリスの存在が大きな影響を与えていた。

第一章で述べたが、最初に通商形式をとった条約である日蘭和親条約が、実際には当時の長崎会所貿易（輸入品を、日本商人が入札で購入）を踏襲したものにすぎなかったことから、長崎商館長キュルシュスは不満を表明した。そして、一八五六年八月一〇日（安政三年七月一〇日）、イギリスによる遣日使節計画を予告して、徳川幕府に対して、欧米諸国との本格的な通商条約締結を勧告した。イギリスの遣日使節計画は、決してキュルシュスの脅しではなかった。香港総督ジョン・バウリングは、常々、自らが全権使節として日本に赴くことを公言していたからである。徳川幕府にとって、中国情勢（アロー号戦争）次第で、バウリングがイギリス艦隊を率いて来航することは、少なからず現実味あるものと思われた。

5　タウンセンド・ハリス肖像
W.E. Griffis, *TOWNSEND HARRIS*. Houghton, Mifflin and Company. 1895. より。

そこで、キュルシュスと友好的な関係を維持していた長崎奉行川村修就《かわむらながたか》は、在勤目付の永井尚志・岡部長常と協議のうえ、勧告

6　経文緯武
将軍家茂公印。日英修好通商条約批准書（F.O.93/49/2）に押されたもの。

を受け入れ、積極的な通商政策に転じるべきとの上申を幕府に提出した。一八〇八（文化五）年のフェートン号事件やアヘン戦争（一八四〇〜四二年）情報によってイギリス脅威論を抱き続けてきた徳川幕閣はこの提案を受理する。その後、筆頭老中が鎖国政策維持論者であった阿部正弘から、積極的開国論者で知られた堀田《ほった》正睦《まさよし》に交代した。堀田のもと、新情勢に対応すべく具体的な通商方法などが調査された。徳川幕府は、積極的な通商是認策に転じることになったのである。

条約調印用の将軍公印「経文緯武《けいぶんいぶ》」が、老中の諮問によって評議・制定されたのも、一八五七（安政四）年のことであった（「大日本維新史料稿本」安政四年一一月一八日条「老中達」）。ペリーの譲歩もあり、日米和親条約に将軍の署名（花押）はなかった。当時の徳川幕閣に、国家間条約を調印する意識がなかった証拠である。しかし、幕閣の交代もあり、キュルシュスやハリスの通商要求をうけて、徳川幕府は、国家主権者として通商条約調印に応じようとする意志をみせたのである。

ただし、後述する条約勅許問題との関係から、国内的には、通商条約は「仮条約」という表現が使用されることになる。

アメリカ全権ハリスの来日と日米協約

キュルシュスによる勧告の同月、アメリカ合衆国全権・駐日総領事タウンセンド・ハリスが、合衆国大統領の国書を携えて、部下のオランダ語通訳ヘンリー・ヒュースケンとともに、下田に来航した。ハリスは、アジア貿易に従事した商人であり、アモイ領事の経験もあった。

ハリスの下田渡来に、徳川幕府は動揺した。なぜなら、日米和親条約第一一条のアメリカ領事派遣規定は、あくまで可能性の問題、将来的にありえるかもしれない（実質的にはない）とする立場をとっていたからである。また、ハリスが意図的に通商条約締結の意思伝達を控え、国書を将軍に贈呈するための江戸出府を強硬に主張したため、幕府はこれを拒否し続けた。

翌一八五七（安政四）年になると、アロー号戦争の情報が日本にも伝えられ、幕府内部の貿易反対勢力も許容論に転じていった。そこで老中堀田正睦は、幕府みずからが積極的な通商案を立案し、それを基本とした条約をオランダとの間で締結し、対欧米通商条約の魁《さきがけ》にしようと模索し始める。ただし、態度が不明確なハリスに対しては、なおも江戸出府要求を拒否し続けた。

その代わりとして幕府は、ハリスが別に求め続けてきた、日本逗留アメリカ人の待遇改善に関する日米協約（下田約定）に調印した。幕府からしてみれば、長崎においてキュルシュスとの間で交渉中であった、オランダとの条約交渉を優先させるための妥協であった。ただしその内容は、和親条約の補足ではなく、翌年の通商条約調印への準備作業ともいうべきものであった。

一八五七年六月一七日（安政四年五月二八日）調印の日米協約（下田約定）は、第一条で長崎を開港場としてアメリカ人に開放し、第三条で日米通貨の同種同量交換を規定している。これらは、和親条約の改善である。その一方で、第二条では箱館・下田でのアメリカ人居住を規定し、第四条で領事裁判権（「日本人亜米利加《アメリカ》人に対し法を犯す時は日本の法度を以て日本司人罰し亜米利加人日本人へ対し法を犯す時は亜米利加の法度を以てコンシュル、ゼネラール或はコンシュル罰すへし」）を規定した。これにより、条約的にはあくまで一時滞在にすぎなかった日本滞在期間が半永久的に認められ、同時にアメリカ国民としての諸権利が保証され、清国の場合と同待遇になった。

ハリスは、日蘭和親条約の諸規定を拡大解釈し、日米和親条約の最恵国待遇規定に基づいてこれらを要求したのであった。明らかにハリスの戦略勝ちといえる。

その後、一八五七年九月七日（安政四年七月一九日）にアメリカ軍艦ポーツマス号が下田に入港（『ハリス日本滞在記』中巻）すると、ハリスが江戸行きを強行する可能性が生じたため、幕府は出府を容認する方向に転じていった。

日蘭・日露追加条約

この間、キュルシュスとの交渉は、従来の長崎会所貿易を拡大し、長崎および箱館を開港することで妥結の方向にあったが、下田奉行井上清直から長崎での成果をもって対米通商条約交渉に着手したい旨が伝えられたため、急遽、条約交渉を開始し、和親条約への追加形式での調印が江戸に打診された。ところが折しも、ロシア・プチャーチン艦隊が長崎に来航した。そして、日蘭通商条約（＝追加条約）交渉の事実を知るや、前年に長崎奉行から、通商条約締結はロシアを最初とする約束を交わしていた事実を主張した。長崎奉行は、プチャーチンの要求にも応じた。

そして、一八五七年一〇月一六日（安政四年八月二九日）に日蘭追加条約が、同月二四日（安政四年九月七日）には日露追加条約が調印され、幕府もこれを事後承認したのであった。

日蘭追加条約は、出島での脇荷《わきに》貿易（オランダ商館員に認められていた規定取引額余剰分の私貿易）を拡大したものにすぎないが、日本が最初に欧米諸国との間に締結した、通商規定を含んだ条約にほかならなかった。また日露追加条約は、オランダ関係の内容を省略した以外、日蘭追加条約と内容的に大差がなかった。

この二つの条約は、通商条約よりも和親条約の流れに属するといえる。しかし、江戸に出府したハリスの要求した内容は、まったく別次元のものであった（拙稿「「不平等条約体制」と日本」）。

ハリスの江戸出府と日米修好通商条約の調印

一八五七年一一月三〇日（安政四年一〇月一四日）、ハリスが江戸に到着した。そして、一二月一二日（安政四年一〇月二六日）、ハリスもまた、老中堀田正睦にジョン・バウリング使節の訪日を予告し、それに先んじた合衆国政府との本格的な条約締結を説いた。これはハリスによる挑発であったが、堀田以下の幕閣は衝撃をうけ、日米通商条約交渉が開始される契機となった。

交渉は、幕府側交渉委員の岩瀬忠震《いわせただなり》および井上清直とハリスとの間でおこなわれた。ハリスが想定していたものは、通商活動に限定されていたオランダ・ロシアとの追加条約の内容を超えて、国際慣習に基づく外交使節が相互に駐在し、また自由貿易の論理に基づく商業活動をおこなうことを認めた本格的な国家間条約であった。通商条約調印の調印を主張していた岩瀬と井上は、一八五八年一～二月におこなわれた交渉の過程で、京都の開市や外交官以外の国内旅行権などを認めなかったが、外交官の江戸駐在、兵庫開港や江戸・大坂の開市、そして自由貿易活動を容認し、ハリスの主張に傾倒していった。

既に通商条約調印を容認していた幕閣と、岩瀬・井上との間に方向性の違いはなく、新たに大老に就任した井伊直弼もまた同様であった。しかし、妥結した条約は、京都政局との関係で、孝明天皇による勅許が取り沙汰されて、その調印が延引する。熱心な尊王論者であった井伊大老が、政局融和のため孝明天皇の勅許獲得に固執したからである（奈良勝司「徳川政権と万国対峙」『講座　明治維新』

第二巻、有志舎、二〇一一年ほか）。ところが、京都政局では、条約勅許問題が将軍継嗣問題と交錯してしまったため、獲得の見通しが立たなかった。しびれを切らしたハリスは、アロー号戦争終結情報を利用した英仏連合艦隊の渡来を予告（これも挑発にすぎなかった）して即時の条約調印をせまった。ハリスの警鐘に触発されるかたちで、勅許の下らないまま、大老井伊直弼の条件つき容認（条約勅許を必須とするも期限を区切り、それ以降は調印許可）もあって、一八五八年七月二九日（安政五年六月一九日）、岩瀬・井上は日米修好通商条約の調印を強行したのであった（青山忠正『明治維新の言語と史料』吉川弘文館、二〇〇六年）。

※勅許を得られないままの条約調印に、井伊大老は衝撃を受けたという（母利美和『井伊直弼』吉川弘文館、二〇〇六年）。総じて、朝命に逆らったという井伊直弼の歴史像は、そのほとんどが当時の流言か、明治以降に捏造されたものであり、それは今日においても同じとさえいえる。

日米修好通商条約は、前述したように、西洋社会の慣習（国際法の論理）に基づく本格的な国家間条約である。そこには、日本を西洋国際社会に参入させようとするハリスの普遍的な理想が見受けられる。いくつかの条文を解説する。

特筆すべきは、第一条で、日米相互の外交代表・領事の駐在、および国内旅行権が規定されたことである。これは、ハリスの要求が具現化されたものである。アメリカ外交使節の日本駐在だけでなく、日本側使節の合衆国駐在が規定されたのである。そして、他国との条約にも同様の規定が盛り込まれることになった。理念とはいえ、日本の西洋国際社会への参入、対等な外交関係が強く意識されたのである。ただし、清国では、天津条約によって旅券制度が導入され、娯楽・商業目的の国内旅行券が認められたのに対して、日米通商条約では公務目的による外交官および領事の活動に限定され、日本側の合衆国内における活動については明記されなかった。

次に、貿易活動のために開港場、および同地に外国人居留地が設定された。また、政治経済の拠点である江戸・大坂は開市場と規定され、商業活動のみが認められた。ただし、開市場にも一時滞在のためとして外国人居留地が設けられることになったため、開港場と開市場の違いは、きわめて曖昧なものであった。また、外国人居留地も、あくまで一時滞在を認める場所という建前であったが、実質的には滞在期限が定められておらず、日米協約の規定が踏襲されて、半永久の逗留を認めるものであった。

開港場と外国人居留地については、ここで問題点を記しておかなければならない。

条約では神奈川（開港後、実質的に横浜へ変更）、および長崎・箱館があらためて開港され、商業活動に辺鄙な下田は閉鎖された。また、ハリスの譲歩によって、日本の国内政情が考慮され、大坂の外港（輸出港）として設定された兵庫は、一八六三年からの開港と規定された。さらに、箱館・長崎間が長距離であることから、日本海側の開港場として設定された信濃川河口の商業地である新潟については、実際に見分した後に、不適当な場合、他港を選定すると条件が付された。

しかし、日本経済の中心地であるとしてハリスが固執した大坂、および外港としての兵庫は、あくまで机上の議論によって選定されたものである。そのため、京都政局における政争の具と化してしまい開市・開港が延期されることになる。また、新潟も同様に開港が延期されたが、港湾設備の稚拙さと国内流通機構の未整備が相俟って、一八六九（明治二）年の開港後も、貿易活動の場として機能することがなかった。結局は、幕府が結んだ条約である以上、開港場・開市場を幕領に限定せざるをえず、選択肢が限定されていたとはいえ、机上の議論が招いた失策といわざるをえないのである。これらの点については、あらためて詳述する。

第四条においては、アヘン輸入の禁止が規定された。アヘン禁止については、ペリーもハリスも強く主張しており、それを日中条約の相違点、ひいては日本が独立を維持した一因と主張する研究者もいる（加藤祐三『黒船前後の世界』ほか）。しかし、アヘン禁止は既に世界的な慣行であり、開港場限定とはいえ取引を認めた天津条約のほうが特殊なケースであり、強引な指摘といえる。

第五条では、内外貨幣の同種同量交換・外国貨幣の日本国内通用が定められた、さらに、銅銭を除いた貨幣の輸出も許可された。この規定は、開港直後の投機的な貨幣輸出に発展する。

第六条の領事裁判規定は、日米両国民の犯罪を、それぞれの国の法律で裁くことを規定したものであるが、ほとんど議論することなく合意されている。条約調印当時、領事裁判権を不平等なものとみなす観念は存在しなかった。むしろ、両国の文化・習慣を相互に尊重する現実的選択肢として理解すべきである。

第一三条では、調印から七一ヵ月後（一八七二年七月）以降、一年前の通告と両国の同意をもって条約の改正が可能とされたが、条約自体の有効期限について明記はなかった。このことが、問題になるのは明治以降のことである。

他方、アメリカ合衆国の対日権益を確保しようとするハリスの意図が見受けられる条項も存在する。そこには、間接的なイギリスへの対抗意識が推察される。

第二条では、日本と欧州諸国に紛争が生じた場合の合衆国政府による仲裁、および諸外国での日本船保護行為が規定されている。第一〇条では、日本政府（幕府）への軍艦・軍需品購入、および軍関係者・航海関係者の雇用を保証する一方で、日本が他国と戦争状態となった場合の軍需品取引・軍関係者の派遣禁止を規定している。

これは、日本の対外関係において、合衆国がその仲裁者であることを明記することで、今後、条約調印が予想される欧州諸国に対して、対日関係における合衆国の優位さを確保しようとしたハリスの意図にほかならない。他国との条約にはない特殊な条項であった。

しかし、一八六二（文久二）年にハリスが離日した後は、南北戦争（一八六一～六五年）の影響もあり、合衆国政府が対日外交を欧州諸国との協調路線に転換したこともあって、軍需品取引や航海技術の提供を除き、これらの条文が履行されることはなかった。

このほか、関税額に関する規定も、合衆国政府の政策に沿ったものとなっている。幕府に関税収入を確保させるという観点から、輸入税を平均二〇％に設定する一方で、アメリカ人船員が使用する日常品の多くを無税とした。輸出税は平均五％とされたが、イギリスの主要貿易品である綿製品を二〇％・フランスの主要貿易品であるワインを三五％の高額に設定し、対日貿易における他国の権益軽減が企図されている（石井孝『日本開国史』）。

しかし、このうち綿製品の税率については、イギリス全権エルギン卿によって、ただちに改訂されることになる。

※徳川幕府は、こうした関税額の変更を問題視していない。条約規定に関税自主権がないことをもって、不平等条約とする理解は、後年に創造された条約理解、そして条約改正交渉のための戦略にすぎない。歴史認識としては、言説といってもよいだろう。関税自主権の欠如が国家財政にとって問題であると認識されるのは、後述するように、条約改正期限後、すなわち明治政府の時代になってのことである（第六章）。ただし、それとて関税自主権欠如＝不平等条約とする条約理解が定着していたわけではない。こうした理解が日本国内に定着するのは、条約改正交渉が本格化する一八八〇年代、井上馨外務卿の頃以降のことであろう。

ロシア・オランダとの通商条約

⑴日蘭修好通商条約

日蘭追加条約によって、対日通商拡大の途を開いたのはキュルシュスであった。しかし、日米通商条約調印を知るや、その優位さを認めて幕府と交渉をおこなった。そして、一八五八年八月一八日（安政五年七月一〇日）、新たに江戸で日米条約に準拠した通商条約に調印した。

日蘭通商条約は、内容面では日米通商条約とほぼ同様であるが、日本政府（徳川幕府）によるオランダへの外交官・貿易監督の派遣と、彼らへの国内旅行権の付与（第一条）、日本語・日本文化修得を希望するオランダ人の日本入国（第二条、幕府による機会供与）が追加されたほか、片務的最恵国待遇（第九条）が明記された。

また、貿易章程は詳細に整備され、商船・砂糖・コーヒーなどが五％の課税となり、他方、書籍・薬種・蒸気機械などは無税とされた（拙稿「「不平等条約体制」と日本」）。

⑵日露修好通商条約

ロシアとは、天津条約調印後に来日したプチャーチンとの間で交渉が開始された。プチャーチンは日米通商条約に準拠した内容での調印を容認し、一八五八年八月一九日（安政五年七月一一日）に江戸で日露修好通商条約が調印された。

日露通商条約では、領事および領事館に、学校・病院を建設する地所の供与（第四条）を取り決め、領事裁判権については双務的なものとする日露通好条約第八条の踏襲が確認された（第一四条）。また、最恵国待遇がロシアにおける日本人の活動に対しても付与されたことで、双務的なものとなっている（第一六条）。これはサハリン島（樺太）の事情を考慮してのことであろう（拙稿「「不平等条約体制」と日本」）。

イギリス・フランスとの通商条約

(1)日英通商条約調印

キュルシュスやハリスが予告したジョン・バウリングの訪日は、イギリス政府の方針変更により、アロー号戦争終結後も実現することがなかった。代わりに、アロー号戦争の司令官エルギン伯爵が全権使節として派遣され、一八五八年八月二六日（安政五年七月一八日）、日米通商条約をモデルとした日英修好通商条約を結んだ。

エルギンの滞在は、予断を許さなかった中国情勢との関連から短期間とならざるをえず、イギリス政府も、平和的な交渉による、天津条約準拠の対日条約締結を訓令していた。そこでエルギンは、日米通商条約をモデルとしながらも、本国政府が指示した留意点について改善を試み、そして実現させた（Beasley, *Great Britain and the opening of Japan*.）。

まず、領事裁判の規定が日米通商条約よりも精緻化されている。日英両国民による犯罪は相互の法律によって裁断することとされたが、特に第五条において、相互の習慣をふまえたうえで、公平に処断（「偏頗《へんぱ》なかるへし」）すべきことが明記された。

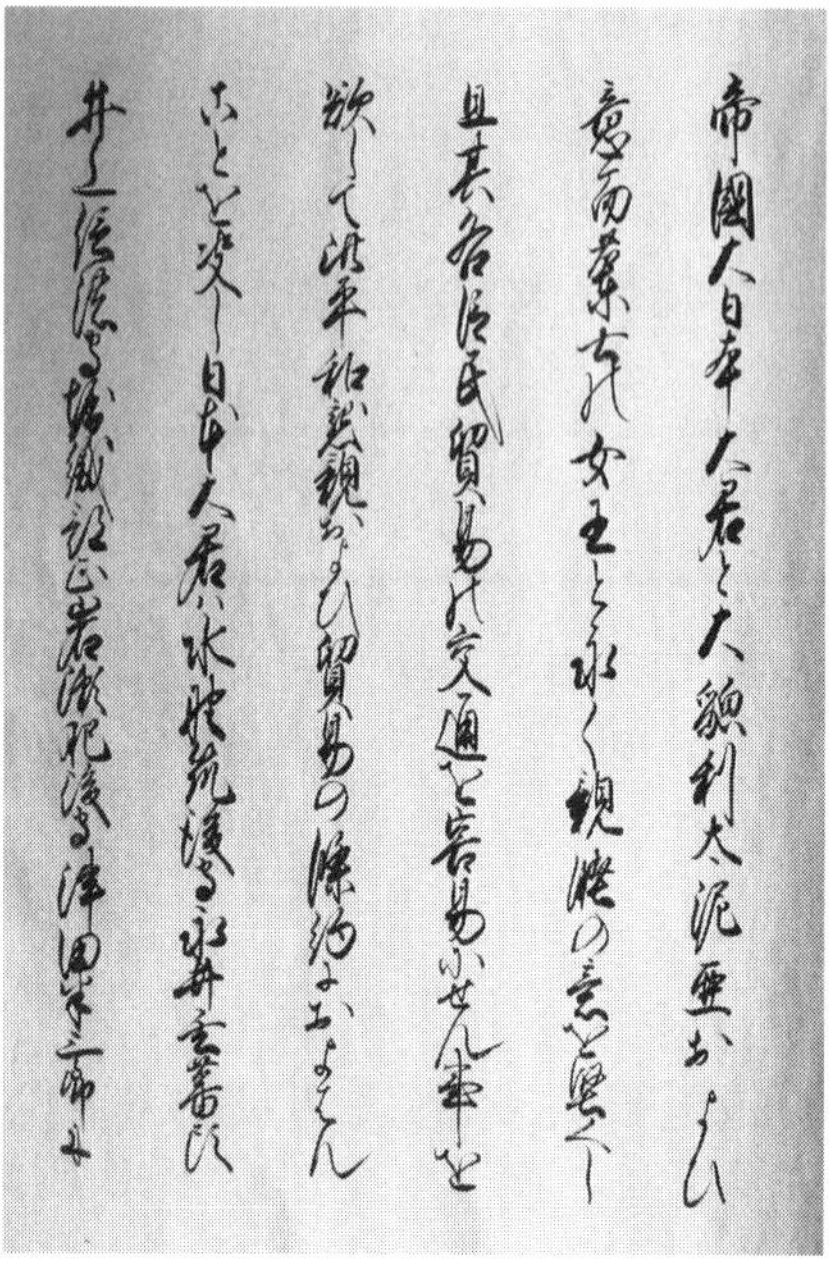

7　日英修好通商条約批准書

F.O. 93/49/2. 和文の冒頭。表紙には、「仮条約」の文言がしたためられている。

さらに、日本人がイギリス人を訴える場合の手続きを規定した第六条では、領事の判断が困難な場合は、日本側役人と逐一協議することとされた。これらは、天津条約とほぼ同内容であり、領事裁判を実行可能な環境で規定することを命じた本国の訓令に拠ったものである。

こうした、日英官憲による民事仲裁規定は、開港後、多くの訴訟を和解の方向で処理させていった。本来、領事裁判とは、領事が自国民を裁く権限にすぎない。しかし、後年の明治社会では、外国人に対する実質的な治外法権の付与だと拡大解釈されていったのである。

次に、日米通商条約では規定を欠き、オランダ・ロシアとの条約でも抽象的な文言であった最恵国待遇が、第二三条で明確に規定され、他国の対日条約に規定された権益は、イギリスにも自動的に付与されることになった。

関税額では、毛織物や生糸の輸入税が、日米通商条約での三五%から、五%に変更された。これらはイギリス産業の主要貿易品である。前述のように、日米交渉では、ハリスが意図的に高額課税品目に設定させたという経緯があった。エルギンは、ハリスの企図打破に成功したのである（拙稿「「不平等条約体制」と日本」）。

総じて日英通商条約は、具体的な内容を盛り込んだ条文が多く、安政五ヵ国条約のなかで最も精緻なものである。そのため、開港以降、日本居留の外国人たちが標準の条約とみなしたものもうなずける（拙稿「明治維新史研究と国際関係の視点」『明治維新史研究の今を問う』有志舎、二〇一一年）。

※日米通商条約を、安政五ヵ国条約のモデルとみなすのは、条約改正後、二〇世紀に創造された歴史観にすぎない。

(2)日仏修好通商条約

最後に日本が通商条約を結んだのは、フランス全権グロ男爵とである。フランス政府は、グロに対して、アロー号戦争時での共同軍事作戦と同じく、対日交渉にあたってもイギリスとの協調を命じ

表 1-1　幕末の主要条約・協定一覧（1）

調印相手国	条約・協定名	調印日	批准書交換日
アメリカ	日米和親条約	1854 年 3 月 30 日（神奈川）	1855 年 2 月 21 日（下田）
イギリス	日英約定	1854 年 10 月 14 日（長崎）	1855 年 10 月 9 日（長崎）
オランダ	日蘭仮条約	1855 年 11 月 9 日（長崎）	
ロシア	日露通好条約	1855 年 2 月 7 日（下田）	1856 年 12 月 7 日（下田）
オランダ	日蘭和親条約	1856 年 1 月 30 日（長崎）	1857 年 10 月 16 日（長崎）
アメリカ	日米協約	1857 年 6 月 17 日（下田）	
オランダ	日蘭追加条約	1857 年 10 月 16 日（長崎）	
ロシア	日露追加条約	1857 年 10 月 24 日（長崎）	1857 年 10 月 16 日（長崎）
アメリカ	日米修好通商条約	1858 年 7 月 29 日（江戸）	1860 年 5 月 22 日（ワシントン）
オランダ	日蘭修好通商航海条約	1858 年 8 月 18 日（江戸）	1860 年 3 月 1 日（江戸）
ロシア	日露修好通商条約	1858 年 8 月 19 日（江戸）	1859 年 8 月 20 日（江戸）
イギリス	日英修好通商条約	1858 年 8 月 26 日（江戸）	1859 年 7 月 11 日（江戸）
フランス	日仏修好通商条約	1858 年 10 月 9 日（江戸）	1859 年 9 月 22 日（江戸）

（典拠）拙稿「『不平等条約体制』と日本」『日本の対外関係』第 7 巻、吉川弘文館、2012 年。

表 1-2　幕末の主要条約・協定一覧（2）

調印相手国	条約・協定名	調印日	批准書交換日
ポルトガル	日葡修好通商航海条約	1860 年 8 月 3 日（江戸）	1862 年 4 月 8 日（江戸）
プロシア	日普修好通商条約	1861 年 1 月 24 日（江戸）	1864 年 1 月 21 日（江戸）
イギリス	ロンドン覚書	1862 年 6 月 6 日（ロンドン）	
スイス	日瑞修好通商航海条約	1864 年 2 月 6 日（江戸）	1865 年 6 月 7 日（江戸）
イギリス・フランス・オランダ・アメリカ	江戸協約（改税約書）	1866 年 6 月 25 日（江戸）	
ベルギー	日白修好通商航海条約	1866 年 8 月 1 日（江戸）	1867 年 9 月 10 日（江戸）
イタリア	日伊修好通商航海条約	1866 年 8 月 25 日（江戸）	1867 年 10 月 3 日（江戸）
デンマーク	日丁修好通商航海条約	1867 年 1 月 12 日（江戸）	1867 年 10 月 1 日（江戸）

（典拠）拙稿「『不平等条約体制』と日本」『日本の対外関係』第 7 巻、吉川弘文館、2012 年。

表 1-3　明治初年の主要条約・協定一覧

調印相手国	条約・協定名	調印日	批准書交換日
スウェーデン・ノルウェー	日本・スウェーデン＝ノルウェー修好通商航海条約	1868 年 11 月 11 日（神奈川）	1870 年 12 月 28 日（東京）
スペイン	日西修好通商航海条約	1868 年 11 月 12 日（神奈川）	1870 年 4 月 8 日（東京）
北ドイツ連邦	日本・北ドイツ連邦修好通商航海条約	1869 年 2 月 20 日（神奈川）	1869 年 10 月 15 日
オーストリア・ハンガリー	日澳修好通商航海条約	1869 年 10 月 18 日（東京）	1872 年 1 月 12 日（東京）
ハワイ	日布修好通商条約	1871 年 8 月 18 日（東京）	1871 年 8 月 18 日（東京）
清国	日清修好条規	1871 年 9 月 13 日（天津）	1873 年 4 月 30 日
ペルー	日秘和親貿易航海条約	1873 年 8 月 21 日（東京）	1875 年 5 月 17 日
朝鮮	日朝修好条規	1876 年 2 月 26 日（江華島）	1877 年 3 月 22 日

（典拠）拙稿「『不平等条約体制』と日本」『日本の対外関係』第 7 巻、吉川弘文館、2012 年。

た。

具体的には、自由貿易、自国民に対する領事裁判権の設定、宣教師の居住保証など、天津条約と同様の権益確保が命じられた。ただし、グロには自国軍艦を引率しての訪日が条件とされ、平和的な交渉も厳命されていた。そのため、イギリス使節とともに訪日する選択肢があったがあえて実行せず、エルギンの清国帰還と入れ違いで訪日し、フランスの独自権益確保を目指した交渉をおこなった。

徳川幕府との交渉において、グロはワインや贅沢品の輸入税を三五%から二〇%に減じようと試みたが失敗に終わる。そして、ほぼ日英通商条約と同内容の日仏修好通商条約が、一八五八年一〇月九日（安政五年九月三日）、江戸で調印された。

ワインの減税は、フランスにとって、その後の対日外交の主要な課題となった（Richard Sims, *French policy-towards the Bakufu and Meiji Japan 1854–1895*. Japan Library. 1998.）。

安政五ヵ国条約の評価

ハリスやキュルシュスが主張したように、対英条約に準拠しない通商条約を結んだことは、日本にとって有利に働いたのであろうか。

その評価は容易ではないが、少なくともその後の歴史をみるかぎり、安政五ヵ国条約が、日本にも、そして欧米諸国にも有利には作用したとは思えない。なぜなら、西洋世界の規範に基づいた公式の国家間関係（外交関係）および自由貿易活動、そのいずれも日本が経験したことのないものだったからである（拙稿「「不平等条約体制」と日本」）。

安政条約の矛盾は、開港直後から現実のものとなっていく。

第三章

開港をめぐる国際関係

神奈川・長崎・箱館の開港

一八五九年七月一日（安政六年六月二日）、安政五ヵ国条約の規定により、神奈川・長崎・箱館が開港した。しかし必ずしも日本の実情をふまえていなかった安政条約は、貿易が開始されると、さまざまな矛盾と混乱が生じることになった。

徳川幕府は、江戸郊外の開港場として開かれた神奈川ではなく、その対岸の横浜村に外国人居留地を建設した。幕府は、横浜が神奈川と同一地域であるなど、さまざまな詭弁を弄した。実際の理由は、東海道の宿場町でもある神奈川への外国人居留地建設を避けるためであった。

タウンセンド・ハリスのように、幕府に理解を示した条約国の代表もいたが、イギリス駐日代表（一八五九～一八六〇年・総領事、一八六〇年以降・公使）ラザフォード・オールコックを始めとした各国代表は、一致して幕府に抗議した。

しかし、港湾としては、神奈川よりも横浜が良港であったことから、外国人民たちは横浜での貿易

8　ラザフォード・オールコック
A. Michie, *The Englishman in China*, vol.2. William Blackwood and Sons. 1900. より。

活動を望んで定住し、外国領事館も、後述する治安上の問題が関係して、次第に横浜に移転していった。また、運上所（税関）を始めとした港湾施設も横浜に整備されていった。こうして、なし崩し的に横浜が開港場になっていったのである。

来日した外国人は誰なのか

日本にやってきた外国人たちについては、厳密な説明が必要である。条約国民としてやってきた大半は、イギリス人であった。フランス人やオランダ人、アメリカ人は少数であった。そして、多くが中国大陸からやってきた貿易商人であった。中国貿易において多大な利権を占めていたのがイギリスであったことを考えれば、それも当然である。ロシア人は箱館にしか定住しなかった。

彼らのほとんどは、欧米世界からはき出された存在であったといわれる。野心を抱き、進んで自国を飛び出したものもいれば、さまざまな個人的事情から出て行かざるをえなかったものもいた。

例えば、萩原延壽が大著『遠い崖』のなかでとりあげたアーネスト・サトウは、ドイツ系移民の家族に生まれ、カトリック教徒であったため、イギリス国内では立身出世に限界があった。そうしたサトウに、「脱出」の機会を与えてくれたのは、イギリス外務省が新設した極東勤務の日本語通訳生募集である。サトウには、日本への興味と同時に、若者がイギリス国内ではまず得ることのできない高額な報酬（年額二〇〇ポンド）と、二年間勤務すれば一年間の休暇が得られる好待遇が魅力であった（『遠い崖』第一巻）。

同様に、『遠い崖』のなかに登場するサトウの友人ウィリアム・ウィリスはアイルランド人のカトリック教徒であったが、イギリス国内で幸せな生活を夢見るには限界があった。彼の場合、医師であったが、イギリス国内で開業しても成功するには困難が予想され、ロンドン市内で開業していた兄の病院を手伝うも、看護婦と恋愛関係になったしがらみから「脱出」するため、保守的なイギリス社会から逃げだそうとして、開業医になるよりも高額な報酬

9　22～23歳のアーネスト・サトウ
横浜開港資料館蔵。同館編『図録　アーネスト・サトウ』より。

（年額五〇〇ポンド）である日本公使館付医師（ただし、一般事務も任務に含まれ、そのことが彼は不満だった）の立場を選んだのであった（『遠い崖』第一巻、ウィリス著・大山瑞代訳『幕末維新を駆け抜けた英国人医師』創泉堂出版、二〇〇三年）。

さらに、スコットランド人たちのように、郷里を進んで飛び出し、立身出世を夢見て、海外（日本）に定住の場所を求め、そこでさらなるコミュニティ（ディアスポラ＝離散共同体）を形成するものもいた。トーマス・グラバーのように、一人の若者（二一歳で来日）が見知らぬ日本（長崎）の地であれだけの活動ができたのも、こうした事情があったといえる。

※日本に定住したイギリス人の内訳は、イングランド人よりもスコットランド人のほうが多いといわれている。通信・海運・サービス産業などが発展したスコットランドでは、イングランド人よりも、人々が率先して拡大するイギリスの海外市場に進出していった。彼らのネットワークはインドから中国、そして日本に及んだのである。イングランド人たちが、財を築いて本国に帰国し、ジェントルマン階級となることを望むことを夢見たのに対して、スコットランド人たちは、海外に定住してディアスポラ的コミュニティやネットワークを形成する傾向があった（北政巳『国際日本を拓いた人々』同文館出版、一九八四年、同『近代スコットランド移民史研究』御茶の水書房、一九九八年ほか）。

しかし、社会的なステータスを有するものにとってみれば、さまざまな事情や動機から、欧米世界で生活できなかった人びとが暮らす極東日本の外国人社会は、個人の利益に固執し、公共性を顧みない連中で構成された、「ヨーロッパの掃きだめ」（the scum of Europe）であった。これは、サトウが自身の回顧録 *A Diplomat in Japan.*（坂田精一訳『一外交官の見た明治維新』上巻、岩波文庫、一九六〇年）のなかで紹介したものであるが、発言者はオールコックではないかといわれている。

ところが、欧米世界の暗部でしかなかった当事者である在留外国人たちには、自分たちが、日本における欧米文明の伝道者・資本主義の先達だという自負を抱くものが多かった。西洋文明は東洋文明に優るという絶対的価値観である。日本学者として歴史の名を馳せたサトウも、その一人にほかならなかった。西洋世界から遠く離れ、隔絶された社会で暮らす彼らの心理は、決して一様に語れないものがあったのである。

華僑社会の形成

数だけでいえば、日本に定住した外国人の過半は中国人であった。彼らは、イギリス人など欧米商人のパートナー、またはその従者として来日し、条約国の保護下におかれた。そのため、登記上は欧米の条約国民として扱われた。

日本に来日した中国人は概ね三つのタイプに分類できる。一つめは、欧米条約国の保護下にあったもの、二つめは、開港以前から、長崎に来航を特別に許された山東省や福建省出身の商人たちである。彼らは、長崎に滞在するかぎり、日本の法律に服することを条件に、日本人と同様の権利が与えられた。そして三つめは、一八七一（明治四）年の日清修好条規調印以降、清国籍として来日・定住した中国人たちである。

さらに、こうした中国人たちの血縁・地縁を頼って、数多くの中国人が日本に来日・定住し、華僑社会が形成されていった（西川武臣・伊藤泉美『開国日本と横浜中華街』大修館書店、二〇〇二年ほか）。華僑社会もまた、ディアスポラだったのである。そして、日本のいずれの居留地においても、中国人が外国人在住者の多数を占め、時が経つにつれて、欧米商人たちの代理人として、あるいはビジネスパートナーとして、さらには独立資本として、対日貿易のなかで確固たる存在を占めていった。次第に拡大していった華僑の経済活動は、明治以降になると、欧米商人や日本商人の活動に大きな脅威となっていく。

軍関係者と旅行者・一時滞在者

外国人居留地の人口は、時として登記人数の一〇倍以上になることがあった。定期的に寄港・逗留する各国軍艦の乗員や、民間商船で来航した旅行者や一時滞在者の存在が理由である（James E. Hoare, *Japan's Treaty Ports and Foreign Settlements*. Japan Library. 1994.）。また、後述するが、横浜には一八六四（元治元）年から一一年間にわたり、イギリス・フランスの駐屯部隊が駐留した。

軍人や一時滞在者の存在は、統計的に把握が困難であり、また部分的に判明する軍関係者の数だけを誇張するのも適当でない。しかし、常に存在した軍人や一時滞在者たちも、居留地社会における重要な構成員であり、時として主役であったといっても過言ではない。

幕末の開港場

今度は、幕末に開かれた三つの開港場と外国人社会の特徴を各港別に概観してみたい（以下は、概ね拙稿「歴史のなかの外国人居留地」『はこだて外国人居留地研究会会報』第六号、二〇〇九年に拠っている）。一八六八年開港の兵庫（神戸）については第六章でとりあげる。

(1)横浜

横浜村の農民を立ち退かせて（形式的には幕府との貸借により）建設された「横浜」は、日本人街と外国人居留地に分かれて整備されていった（『横浜市史』第二巻）。日本人街には、生糸や茶を扱う地方商人（豪農が新規開業した場合もあり）が移住して外国人相手の商売を始めた。

そして、非特権商人であった彼らは、進んで取扱商品ごとに外国商人との分業取引形態を確立させる。輸出品取扱業者は売込商、輸入品取扱業者は引取商と呼ばれた（『横浜市史』第二巻ほか）。他方、江戸の経済に利権を持つ株仲間などの特権商人は、外国貿易にあまり関心を示さなかった。

ただし、きわめて不安定であった日本の外国貿易業に従事した商人たちの栄枯盛衰は激しく、多く

地図２　日本周辺図

著者作成。

10　幕末の横浜（1864年）
横浜山手からみた外国人居留地。横浜開港資料館蔵。同館編『F. ベアト幕末日本写真集』より。

が二〇世紀まで生き残ることができなかった。また、横浜市街が一九二三（大正一二）年の関東大震災で壊滅し、往時を伝える史料が失われたため、幕末・明治初年に活動した貿易商の実態は、ほとんどわからないといったほうが正しい。

横浜外国人居留地の外国人たちは、「掃きだめ」と称されるだけあって、決して調和的ではなかったようである。外国人たちは、それぞれ国籍ごとにコミュニティを形成し、特に最大勢力であるイギリス人とアメリカ人やフランス人は対立することが多かった。そこで、徳川幕府は、国籍ごとに外国人を特定地域に居住させ、各国別の租界形成を模索したこともあったが実現しなかった。

欧米商人たちでは、ジャーディン・マセソン商会やデント商会のような大資本も支店を設けたが、多くは小資本かつ投機的志向の強い商人たちであった。開港当初、ジャーディン・マセソン商会のような、比較的資本力のある欧米商人たちは、日本人に対する貸し付けを実施して、先物取引をおこなうことがあったが、めぼしい成果はなく、資金を焦げ付かせることが多かった。このことは、外国商人にとって、たとえ資本力があったとしても、居留地でしかビジネスが許可されない条約規定が自分たちの行動を制限し、逆に自分たちの商業活動が日本商人たちに実質支配されかねない結果を招いているとして、頗る不満を抱いていく（Shinya Sugiyama, *Japan's Industrialization in the World Economy, 1859-1899*. The Athlone Press. 1988.）。事実、時を経るにしたがって、居留地貿易は、欧米商人の資本力に関係なく、日本商人の意向や日本経済の実情に左右されるものになっていき、欧米諸国からする条約改正意向に発展するのであるが、これについては第六章で詳述する。

安政条約が、相互文化・習慣の尊重を建て前としている以上、幕府は居留地の外国人たちに自治権を与えた（一八六四〈元治元〉年、「横浜居留地覚書」）。しかし、外国人たちの自治意識は総じて高いものではなく、誰が警察・衛生・消防活動などに関する自治経費（地代の二割相当）を支払うかで意見が対立し、一八六七（慶応三）年に自ら自治権を返還している。横浜を拠点に活躍したイギリス人ジャーナリストであり、日本のメディア形成に多大な影響を与えたジョン・レディー・ブラックが、その著書『ヤング・ジャパン』（第一巻、平凡社東洋文庫、一九七〇年）で記した「東洋の居留地では、気前はいいが、公共の精神に欠けている」との表現は、正鵠を得ており、まさに横浜居留地の実態をよくあらわしている。

さて、一八六六（慶応二）年の横浜大火（いわゆる豚屋火事）によって、横浜は壊滅し再建（再生）される。現在でも残る馬車道と近代的街路は、日本初の街路として、日本で最も西洋文化に密接した場所として、その後の日本人街発展を支えていった。

運上所（税関）前の日本大通りを境に、北が日本人街、南が外国人居留地という町並みは、関東大震災や戦災で再建された現在でも、基本的に変わることのない横浜市中心部の構造である。日本社会と隔絶された居留地に住む外国人たちにとってみれば、その生活はとても退屈なものだったようである（Hoare, *Japan's Treaty Ports and Foreign Settlements.*）。

そのため、居留民や旅行者・一時滞在者たちは、条約で規定された居留地周辺の遊歩区域へ乗馬で盛んに出かけた。開港間もない頃から、鎌倉大仏や川崎大師は、日本の観光名所として東アジア世界に居住する欧米人たちに知られる存在であった（Nicholas Belfield Dennys edited, *The treaty ports of China and Japan.* Trübner and Co. 1867.）。また、週末などには、友人たちとハンティング（狩猟・銃猟）を親しむものも多かった（『ヤング・ジャパン』第一巻・第二巻ほか）。彼らには、この程度しか余暇・余興がなかったのである。しかし、本国社会からのはみ出し者であった彼らだからこそ、欧米世界（では上級階級）の文化・習慣を楽しむことに固執した。そうすることで、自分たちが欧米人であることを確認しようとしたのである。

また、こうした欧米人たちの余暇・余興は、横浜が江戸に近く、東海道が近傍を通っていることから、さまざまなトラブルの原因となっていく。なぜなら、東海道は多くの大名行列が往来する場であり、下馬・土下座の習慣を欧米人たちが知るはずもなかったからである。

後述する、生麦事件（一八六二＝文久二年）の被害者たちは、薩摩藩・島津久光一向の行列に下馬しなかったことから惨禍に巻き込まれる。当時から、下馬しなかった彼らが悪いかのような指摘が、日本人の間にも、外国人の間にもあった。しかし、条約が規定する異文化尊重の理念からすれば必ずしもその必要はなく、多くの外国人も下馬の必要を認めなかった。幕府は、東海道での乗馬通行を控えてほしいとの要請を、各国の外交団に対して要請することしかできなかった。各国の外交団は、幕府の要請に理解を示すことはあったが、居留民たちに乗馬禁止を強いることはできなかった。

横浜のイギリス人をはじめとした外国人たちも、乗馬を愛した（『ヤング・ジャパン』第一巻）。イギリス海軍の協力を得て、競馬会を開催していったほどである。彼らにとって、乗馬の権利は、西洋人（イギリス人）であることの証とさえいえた。そして、一八六六（慶応二）年には、幕府やイギリス海軍の協力を得て、横浜近傍の根岸に競馬場を建設している。根岸競馬場は、日本人の為政者たちにも、西洋文化とは何かを教えてくれる模範となっていく。

将軍のお膝元である江戸近傍での狩猟・銃猟行為は、日本の一般民衆ならば死罪に該当した。しかし、外国人暴行・殺傷事件の例を引き合いにださなくても、特に遊歩区域周辺では、ほぼ会話の通じない日本人が自分たちに怯えることに、逆に恐怖心を抱くことが常であった。そのため、護身用にピストルを携行することは珍しくなかった。

各国の外交団は、遊歩区域内における狩猟や銃猟が日本国内の法律によって禁止されていることを、たびたび通告したが、徹底されることはなかった（森田朋子『開国と治外法権』吉川弘文館、二〇〇五年）。問題は簡単でなかった。

横浜居留地は、定住する外国人の増加とともに狭隘となり、隣接する山手側への居住が徐々に認められていくが、それは概ね明治以降のことである。また、山手の麓には、英仏陸軍部隊が治安維持を理由として一八六四（元治元）年から一八七五（明治八）年まで駐屯することになる。駐屯軍の存在は、徳川幕府や後の明治政府にとって、時として脅威なものであったが、居留地の外国人たちにとってみれば、さまざまな物資払い下げ、音楽会や競馬開催などの娯楽――ブラックの言葉を借りれば「素晴らしい生活」（『ヤング・ジャパン』第一巻）――を提供してくれる、歓迎すべき一面があったことを否定できない。そしてそのことは、日本人社会にも徐々に浸透していった（横浜対外関係史研究会ほか編『横浜英仏駐屯軍と外国人居留地』東京堂出版、一九九九年）。通説は、横浜英仏駐屯軍を「外圧」の存在としか理解しない傾向があるが、そのような単純な存在でなかったことだけは確かである。

(2)長崎

長崎は、安政開港にあたり、日本人街に隣接する大浦海岸周辺に外国人居留地が分散して設けられたが、いずれも狭隘であった。なお、この過程で出島も埋め立てられた（『長崎県史』［対外交渉編］、吉川弘文館、一九八六年）。それは、長きにわたって長崎のオランダ人に付与された特権の解除を意味した。

長崎の地理的位置を考えると、貿易規模はそれほど大きくならないと予想されたため、横浜に比べて欧米人たちは居住しなかった。例えば、ジャーディン・マセソン商会は長崎に支店を設けず、トーマス・グラバー経営のグラバー商会を代理店に指定している（石井寛治『近代日本とイギリス資本』、杉山伸也『明治維新とイギリス商人』ほか）。

11　幕末の長崎（1864年）
長崎港の風景。横浜開港資料館蔵。同館編『F. ベアト幕末日本写真集』より。

グラバー商会に代表されるように、長崎は横浜以上に小資本の商人たちで構成されており、横浜に出店しないものも多かった。もちろん、それは投機的傾向の強さを表すが、同時に現地の社会経済に根付く結果にもなった。

長崎の外国人たちは、一八六〇（万延元）年の「長崎地所規則」によって自治権を獲得した。しかし、小さなコミュニティでは次第に財政面で維持困難となり、一八七六（明治九）年に自治権を返還している。とはいえ、外国人たちの結束は総じて強く、各国領事や現地官憲に対して、問題摘発や請願行動をとることがしばしばあった。

西洋人の従者として来日した中国人や、その縁を頼って定住した中国人のためには、大浦地域の埋め立て地（新地）が提供された。ただし、前述したように、長崎の場合、開港以前から同地に来航をゆるされた中国特権商人が、幕府との間で、開港以降も、銅・俵物を独占的に取り扱う慣習が、自由貿易の規定を無視して続行されたことには注目する必要がある。欧米商人たちは、確実に利益の見込める銅や俵物取引への参入を強く求めたが、幕府時代にこれが実現することはなかった（石井孝『幕末開港期経済史研究』）。

江戸・京都から遠く離れていたこともあり、長崎には中央政局とは異なる政治空間が存在した。長崎奉行の権威は絶大であったが、西南地域の諸藩が藩士を常駐させ、また御用商人と強く結びつきながら、情報収集をおこなうことに比較的寛容であった。そのためか、長崎では、条約規定により、幕府の許可が必要であった軍艦・武器の輸入が盛んであり、一八六六（慶応二）年の「江戸協約」調印以降は特にその傾向が強かった。

こうした事例を除けば、近くにめぼしい市場がなかった長崎貿易が、数量的に徐々に衰退していったのはいうまでもない。ただし、これは取引規模からみた場合であり、中国商人たちが欧米人の名義を借り、あるいは共同経営者となることで台頭し、長崎における外国人の中心的存在になる明治以降は、彼らによってアジア各地への中継貿易の要地に変貌していくことになる。

長崎の場合、キリスト教信仰の問題が、開港後に顕在化したことを述べておかなければならない。フランス人のカトリック宣教師たちが、遊歩区域内の村々で積極的な布教をおこなうことがあったからである。このことが、二〇〇年以上にわたって密かに信仰を続けてきた日本人信者（隠れキリシタン）の存在を世に出してしまうことになる。徳川幕府は、居留地内における欧米人のキリスト教信仰は容認したが、日本人の信仰や日本人への布教は開港以降も厳しく取り締まっていた。

しかし、長崎では取締りがなし崩し的に甘くなっていったのである。特に、大浦天主堂が竣工・公開された一八六五（元治二）年以降は、居留地で働く日本人だけでなく、週末には遊歩区域の村々から日本人信者が常習的にミサに参加するようになっていた。こうした事態に、長崎奉行は日本人信者の取締りを徹底したが、フランスやアメリカなど現地領事たちは布教（信仰、宗教活動の自由）弾圧であると批判して外交問題に発展していったのである（家近良樹『浦上キリシタン流配事件』吉川弘文館、一九九八年）。

(3)箱館

箱館は、蝦夷地に位置する特性が如実に表れている。箱館奉行所の近くに大町居留地が設けられたが、その建設は、度重なる火災などによる資材不足を理由として、遅々として実現しなかった。幕末の蝦夷地には、大坂や近江の特権商人が支配する場所請制度が存在し、箱館港には沖ノ口番所（蝦夷地出入の産物に課税）が設けられていた（『函館市史』第二巻、一九九〇年）。そのため、蝦夷各地からの産物・資源が開港場にもたらされることは多くなく、貿易品には商人の手数料や沖ノ口課税分が転嫁されて高額であり、取引規模も大きくなかった。また、輸入品の多くは、横浜からの廻送品、つまり売れ残り品であった。こうしたことから、同地に定住する外国人の活動は活発でなく、貿易シーズンである春〜夏を除けば、実際の居住者は登記人数よりもはるかに少なかったようである。

ただし、ロシア人にとって、箱館の存在は特別なものであった。ロシア人のほとんどが箱館に居住した。そして、極東ロシア領である沿海州向けの物資取引がおこなわれている。

箱館は、開港当初から、沿海州などの極東ロシアとヨーロッパ・ロシアを往復するロシア海軍の寄港地として重要視された。特に、沿海州に不凍港がないこともあって、冬の箱館は、軍艦の長期停泊地として利用され、あたかもロシアの軍港かのようであったという。その後、箱館の地位は、ウラジオストックに軍事拠点が建設されると、徐々に長崎に取って代わられることになる。しかし、ロシア海軍にとって、夏期には避暑地としても適当な箱館の重要性が変わることはなかった（原暉之『ウラジオストク物語』三省堂、一九九八年ほか）。

そうした箱館であったからこそ、イギリスは、開港当初から領事館を開設した。現地のイギリス人は、横浜や長崎と違って少数派（マイノリティ）にすぎなかった。それでも、イギリスは、極東ロシアに対するインテリジェンス（諜報活動）の場所として箱館を位置づけたのである（拙稿「イギリスの対露情報収集活動」『学習院大学文学部研究年報』第四九輯、二〇〇三年)。ロシア人やイギリス人以外の定住外国人には、アメリカ人、デンマーク人(日本の史料にもたびた び登場する商人のデュースは、イギリスの保護下で活動し、一八六七年の対日条約締結後は函館領事に就任する)、フランス人、ポルトガル人などがいた。また、北太平洋圏や北極圏に暮らした経験ある者もいた。後に、動植物の分布形態線が津軽海峡にあるとする学説(ブラキストンライン)を提唱したイギリス人のトーマス・ブラキストンは有名である(『函館市史』第二巻ほか)。

金貨流出・貨幣交換問題と価格革命

開港直後から、巨額の国内通貨が国外に流出していった。当時、日本国内での金銀比価は、約一対五であったが、国際標準は約一対一五であった。しかし、条約規定では、内外通貨の同種同量交換(開港後、一年間は改鋳費なし)、金銀の自由輸出を定めていた。そのため、金銀比価の差額を利用した地金取引が一時的なブームとなり、大量の金貨が海外に流出した。金貨の流出額について、かつては天文学的な数字を主張する学説もあったが、現在では一〇~一五万両(二〇~三〇万ドル)程度と考えられている(石井寛治『近代日本とイギリス資本』、石井孝『港都横浜の誕生』有隣新書、一九八八年ほか)。

大量の貨幣流出という事態をうけて、徳川幕府は、条約の規定を無視して一方的に貨幣交換を停止したため、金貨の投機的取引は一時的なもので終わっている。しかしこれでは、金銀比価に関する根本的な問題解決にはならない。また、無限に外国通貨が国内に浸透することは避けようとした。

そこで、幕府は対応策として、含有銀量を大幅に増加した銀貨（新二朱銀）を発行し、国内金銀比価を国際標準に合わせようとした。ところが、国際通貨であるメキシコ・ドル（日本では洋銀と呼ばれた）の購買力が三分の一近くに低下するため、諸外国外交団による猛烈な抗議となり、約九万両近くを発行しただけで、新二朱銀の発行を停止せざるをえなかった。翌一八六〇（万延元）年になると、幕府は量目を減じた新金貨（万延小判）を発行し、金銀比価を三分の一以下にすることで、今度は国際水準に平準化させることに成功した。万延の貨幣改鋳にあたっては、金貨の価値が三分の一以下に減じられただけでなく、新旧貨幣の増分交換方式がとられた。さらに、基準貨幣である一分判よりも量目を約二〇％減じた二分判が鋳造されたことで、二分判が国内流通貨幣の主力となっていった（山本有造『両から円へ』ミネルヴァ書房、一九九四年）。そのため、貨幣流通量は一挙に二倍以上に増加することになり、「価格革命」と評されるほどのハイパーインフレが進行していった。そして、その後も物価は決して下落することはなく、さらに騰貴を続けていったのである（新保博『近世の物価と経済発展』東洋経済新報社、一九七八年）。

たしかに、契機は貿易開始であった。しかし、ハイパーインフレの原因は、国際通貨に国内通貨を平準化させたことにある。約三倍の価格差を平準化させれば、物価も、当然、それに見合って騰貴していった。

江戸の世相は、貿易開始が生活破壊の原因だと批判し、幕府を批判した。しかし、為政者からしてみれば、通貨改革を断行しなければ、国内経済が破綻してしまう。難しい判断であったというべきなのかもしれない。

日本人貿易商と流通の混乱

開港と同時に、徳川幕府は国内に自由貿易を布告した。本音の部分で、幕府が自由貿易を歓迎していたとは言い難かったが、それ以上に国内の有力商人たちは貿易に興味を示さなかった。その一方で、主要な輸出品が生糸や茶であったことは、産地の地方商人が直接開港場に出向いて取引する機会を生み出すことになった。こうした商人たちは少資本かつ投機的な性格を併せ持っていたので、外国商人たちの欲する物品の買い付けに奔走していった（『横浜市史』第二巻、西川武臣『幕末明治の国際市場と日本』雄山閣、一九九七年ほか）。

また外国商人も、日本国内情報の乏しさもあって、前述したように開港当初は、日本人に対する投機的な貸し付けや先物取引を盛んにおこなった。そのため、外国貿易の開始は国内の流通機構を混乱に陥らせた。特に江戸では、一部の生活用品の価格が高騰した。さらに、インフレの急激な進行が合わさることで、江戸庶民の幕府に対する信頼は低下していった。一部の庶民は、貿易活動の相手である外国人を憎むようになっていった。

幕府は、一八六〇（万延元）年、需要の高い五品目（生糸・水油、雑穀、蠟《ろう》、呉服）について、江戸へ最初に回送すべきとした法令（五品江戸廻令）を発し、事態の沈静化をはかろうとした。しかし、必ずしも幕府と結びつきの強くない地方商人の法令に対する影響力は弱く、逆に江戸・横浜間の流通をさらなる混乱に陥らせることになった。結果として、法令はほとんど遵守されず、有名無実なものとなっていった。

外国人殺傷事件の頻発

開港直後から、外国人に対する治安の問題も深刻をきわめた。イギリス駐日代表として江戸に赴任したオールコックは、江戸市中や横浜に向かう東海道沿いの治安がいかに悪かったかを、自身の滞日回顧録 *Capital of the Tycoon.*（山口光朔訳『大君の都』上巻、岩波文庫、一九六二年）のなかで詳述している。

また、一八五九年八月二五日（安政六年七月二七日）には、国境確定交渉のため来日していたロシア・東シベリア総督ムラヴィヨフに随行していたアスコリド号の乗員二名が、横浜で何者かの日本人に惨殺される事件が発生したが犯人は捕まらなかった。

これ以降、外国人殺傷事件が頻発し、まったく犯人が逮捕されない状況が続いた。さらに江戸や横浜では、浪士集団が外交団や外国人居留地を襲撃するという噂が絶えなかった。そして、一八六一年一月一五日（万延元年一二月五日）、駐日アメリカ公使館通訳ヘンリー・ヒュースケンが江戸市中で暗殺される事件が起きた時、欧米外交団の徳川幕府に対する不信感は最高潮に達し、アメリカ公使ハリスを除いた駐日外交団は、十分な外国人保護対策がなされないことを理由として、江戸から横浜に退去した。

事態は、幕府の陳謝によって解決し、短期間で駐日外交団は江戸に帰還した。しかし、有効的な外国人保護対策が施されたわけではなく、幕府に対する不信感は募るばかりであった。

こうした事態を憂慮した幕府は、安政五ヵ国条約以降、ポルトガルとの条約調印（日葡修好通商条約、一八六〇年八月三日＝万延元年六月一七日調印）には応じたが、それ以外の国との条約調印を拒否する意向を表明した。

それでも、駐日外交団の斡旋もあって、プロシア使節（全権オイレンブルク伯爵）との交渉には応じたが、条約調印には難色を示し続けた（福岡万里子『プロイセン東アジア遠征と幕府外交』東京大学出版会、二〇一三年）。日普修好通商条約が調印されたのは、一八六一年一月二四日（万延元年一二月一四日）のことであった。また、スイスとの条約は、全権がドイツ人（ルドルフ・リンダウ）であったことから、交渉を拒否した（一八六四年二月六日＝文久三年一二月二九日に日本国瑞西《スイス》国修好通商条約調印）。

こうした背景には、いうまでもなく京都（朝廷）に対する配慮と、攘夷熱沈静化のねらいがあった。大老井伊直弼死後に誕生した安藤信正・久世広周《くぜひろちか》政権（老中首座は久世）は、井伊政権が目指していた皇女和宮《かずのみや》と将軍家茂との婚姻を実現させるため、攘夷を主張して安政条約を認めない孝明天皇の親任を得ようとして、将来的な攘夷実行を約束していた。もちろん、これは和宮降嫁を実現させるための方便にすぎなかったが、少なくとも、これ以上の新規条約調印に応じられる状況ではなかったのである。

しかし、対日関係の基軸に自由貿易の理念を位置づけていた駐日外交団にとってみれば、幕府のおかれた苦況を考慮したとしても、決して容認できるものではなかった。

加えて、外国人殺傷事件の犯人がまったく逮捕されなかったことが、駐日外交団や日本居留の外国人たちに多大なる猜疑心を抱かせていた。当時、武士の切腹は、自らの名誉を守る行為だという虚説が外国人の間で信じられていた（拙稿「忠臣蔵が英訳されるまで」『歴史評論』第六一七号、二〇〇一年）。そして、桜田門外の変で井伊大老を襲撃した浪士たちの数人が自決（切腹）したことは、それを証明するものと理解されていた。オールコックは、「自己満足に安んじ」た行為だと軽蔑している（『大君の都』中巻）。日本に居住する外国人たちのなかで、徳川幕府ばかりか、武士そのものに対する不信感・猜疑心は最高潮に達していたのである。

軍事的圧力の不在

外国人たちの不信感・猜疑心の一因には、日本に対する圧力手段の欠如があった。当時の駐日各国代表は、長崎・箱館に派遣した自国領事との通信もままならず、緊迫した対日関係への圧力となる自国軍艦の来航もほとんどなかった。江戸の駐日公使館や長崎・箱館の外国人居留地は、まさに孤立状態だったのである。

外国人殺傷事件はその後も続発する。一八六一年七月五日（文久元年五月二八日）には、高輪・東禅寺のイギリス駐日公使館を、脱藩した水戸浪士たちが、駐日公使オールコックを暗殺しようとして襲撃した（第一次東禅寺事件）。オールコック暗殺は未遂に終わったが、イギリス側関係者および公使館警備の日本人衛兵に死傷者がでた。オールコックは、既に前年の公使館通訳・伝吉殺害事件に際して、外交使節に対する襲撃は、戦争状態への突入を意味することを幕府に自覚させるべきだとして、極東海域に活動していた自国インド艦隊中国方面分遣艦隊（以下、極東艦隊）司令長官ジェームス・ホープ中将に対して、日本に軍艦を派遣し示威行動をとるように要請し、また本国政府もそれを承認していた。しかし、中国での治安活動を優先させたホープは、日本への軍艦派遣に応じなかった。

イギリス海軍が、日本沿岸への軍艦定期廻航を実施するのは、実際にホープが来日し、対日情勢がいかに緊張しているかを理解した一八六二（文久二）年以降のことであった（拙著『幕末維新期の外

交と貿易』校倉書房、二〇〇二年、第一章)。

ロシアの動向とポサドニック号事件

日本と欧米諸国との関係が緊張している間、ロシアは独自な対日関係をとっていた。そしてこのことが、日本と欧米諸国との関係を、さらなる緊張状態に追い込んでいくことになる。

一八五四(安政元)年の日露通好条約によって、南クリル諸島(千島諸島)の日露国境問題を解決したロシアは、同年のクリミア戦争終結を契機として、本格的な極東領の植民政策を展開させる。また、クリミア戦争当時、一時的に軍事拠点を撤収させていたサハリン島(樺太)についても、同島における日露国境が未解決であったにもかかわらず、極東領防衛・資源開発の観点から、植民政策に着手していった。

ここで確認すべき点がある。極東ロシアは、ヨーロッパ・ロシアから遠く離れ、両者は交通路の整備されていない陸路よりも海路によってつながっていたことである。また、極東ロシアには不凍港がなかった。

前述したように、ロシア海軍は、日本の開港場を物資の調達地、長期航海の中継地、越冬のための寄港地として位置づけた。東シベリア総督府が置かれたニコライエフスクからそれほど遠くない箱館には、わずかなロシア人しか定住していなかったが、同地を訪れる海軍関係者のためにロシアホテル

（民間施設）が営業していただけでなく、開港当初からロシア海軍病院が置かれていた（『函館市史』第二巻）。

また、オホーツク海から日本海を抜けて東シナ海以南へと通じる交錯点に位置する長崎にも、一八六〇（万延元）年からロシア海軍病院が置かれ、一八六二（文久二）年頃からは現地で越冬するロシア艦隊が増加していった。特に、気候も温暖であり、物資調達・石炭調達・乗組員休養などの点で箱館に勝る長崎は、その後、極東ロシアとの関係をより密接なものとしていくことになる。

欧米の駐日外交団は、ロシアの動向に対してつねに警戒心を抱いていた。イギリスが、箱館駐在領事に対して、ロシア海軍の動向に関する諜報活動を恒常的な任務として命じたことは既に述べたが、それは長崎駐在領事に対しても同じであった。

またロシアも、極東海域におけるイギリス海軍の動向を警戒視していた。このことが、一八六一（文久元）年、ロシア太平洋艦隊配属ポサドニック号が、対馬《つしま》の芋崎浦《いもざきうら》において約半年にわたる逗留を強行する事態を誘引することになる。

対馬は、日本海と東シナ海の交錯地点であるだけでなく、さらに朝鮮半島方面にも通じる海路に位置する孤島であり、地政学的観点から長崎以上に軍事上の拠点になりうる要地でもあった。そのためイギリスも、開港当初からその重要性を認識していた。そうであるがゆえに、ロシア太平洋艦隊は、イギリスが同島を軍事上の観点から保障占領してしまう前に拠点を設けようと企図した。また、対馬の現地領主と平和的な直接交渉をおこなって軍事拠点を確保すれば、国際問題に発展することはないと考えていた。

既に長崎では、ロシア海軍に対して、他の欧米諸国とは異なり、外国人居留地の対岸に位置する稲佐への接岸・上陸が容認され、事実上の軍事拠点となっていた。欧米諸国とは異なり、意図的に良好な対日関係を構築していたロシア海軍の戦略的行動であった。

しかし、ロシア太平洋艦隊の見通しは誤ったものであった。対馬を来訪したポサドニック号艦長ビリリョフは、対馬の領主である宗《そう》氏に対して芋崎浦の借用を求めたが、幕府への照会が必要として拒否されたのである。そこでビリリョフは、藩主との直接交渉を要求したが、これも拒否されたため、人員を芋崎浦に残留させ、同地を拠点とすべく小屋の建設を強行した。

当時の対馬藩は、攘夷論へと藩論を転換しつつあった長州藩と縁戚関係にあり、藩政においても攘夷論者たちが台頭していた。しかし、辺境の地に位置する離島の疲弊した小藩という事情から、幕府に対しては財政的援助を求めていた。ゆえに、ポサドニック号の来航、ビリリョフの借地要求について、拒絶の態度をとる一方で、幕府に対しては窮状を訴えて転封を願い出ることで、援助を求める行動にでたのである。幕府は外国奉行小栗忠順《おぐりただまさ》を派遣して、ポサドニック号関係者の対馬退去を求めたが、ビリリョフは上官の命令が必要として、人員逗留を継続し、小屋の保持にあたらせた。

結果として、ポサドニック号を退去させたのは、幕府の要請をうけたイギリス海軍の圧力であった。来日中であった極東艦隊司令長官ホープは、緊迫化していた対日関係に軍事力を直接介在させることは、逆効果と考えていた。しかし、駐日公使オールコックと老中との日英外交会談に同席した際、さまざまな国内の諸問題とその原因を説明されたことで、ホープは自らの対日政局観を変更し、幕府によるポサドニック号退去のための仲裁要請を受諾した。

そして、自らが対馬に赴き、幕府、オールコック、ロシア太平洋艦隊司令長官リハチョフの名前で、非開港場での軍事拠点確保が条約違反であることを理由として、ポサドニック号に対する退去勧告をビリリョフに突きつけたのである。これに対して、ビリリョフは、既にロシア本国から退去に関する訓令が届いていたことを理由に、近日、対馬からの退去を明言した。

この時、ロシア外務省は、幕府の抗議をうけた駐日総領事ゴシケビィチからポサドニック号の動向を伝えられて、海軍省の独断的行動を非難していた。またロシア海軍省も、ポサドニック号の動向が国際問題に発展することを懸念しており、速やかな退去を命令していたのであった。

かくして、約半年におよんだポサドニック号の逗留強行問題は解決した。

ポサドニック号事件に見る日本人の歴史観

ポサドニック号事件は、幕末の日本が（半）植民地化の危機にあった典型的事例として、「人民史観」を主張した羽仁五郎「東洋に於ける資本主義の形成」（『史学雑誌』第四三巻第二・三・六・八号、一九三二年）、井上清「ふたつの愛国主義と国際主義」（『歴史学研究』第一三七号、一九四九年）、芝原拓自「明治維新の世界史的位置」（前掲）らだけでなく、多くの研究者によってとりあげられてきた。また、禰津正志《ねづまさし》「文久元年露艦ポサドニックの対馬占拠にいて」（『法と経済』第二巻・二―四号、一九三四年）は、ポサドニック号が欧米資本主義による市場獲得競争の具現化した事例として、ロシアによる対馬占領の企図と、それを阻止したイギリスとの国際緊張を指摘した。

幕末の日本に対する欧米諸国の圧力は、きわめてシンプルに理解され、説得力をもつ学説として支持されてきた。こうした事件に対する一面的理解は、日本（対馬藩・徳川幕府）の対応を強調させる手法としてはなお有効的かもしれない。

ところが、日本側の対応をみるに、例えば井上清が強調する、上陸を強行しようとしたロシア兵に抵抗して射殺された農民安五郎の事例がその通りだとしても、そのことだけで幕末日本の外圧に抵抗する民衆（国民）の典型のように主張するのは無理があるように思われる。

その一方で、対馬藩江戸家老佐須伊織《さすいおり》がポサドニック号の逗留と艦長ビリリョフの要求を理由として、幕府に転封（国替）を密かに願い出たことについては、偏狭な離島である対馬藩が財政支援を求めるための常套手段ではないかとの指摘がある。

その後の研究成果は、事件に対するロシア政府内の見解対立（外務省はビリリョフの行動を批判）、さらに海軍省も、事件の原因を艦長ビリリョフの独断的行動に求めたことが究明されている。さらに、ポサドニック号は、乗員や物資を対馬・芋崎浦に置いたとはいえ、長崎や沿海州との間を定期的に移動している。結局、通説には整合性がない。

総じて研究史じたいが、同号の行動を表面的にしか理解していないにもかかわらず、誇大評価してきた傾向を否めない。あるいは、事件の経過や背景をあまりに単純化し、かつ恣意的に評価しすぎているともいえる。

古典的な歴史解釈（明治維新史の評価）を強調するための典型的事例として、多くの歴史家がとりあげてきたポサドニック号事件は、明らかにその事実経緯と歴史評価の間にズレが生じてしまっている。事件に対する視座の転換と、その根拠になる研究業績（例えば、麓慎一「ポサドニック号事件について」『東京大学史料編纂所紀要』第一五号、二〇〇五年）のアップデートが必要ではないだろうか。

第四章　攘夷運動の高揚と国際関係の転換

国内政局の混乱と幕府遣欧使節の派遣

開港後の混乱、京都政局の混迷化により、幕府は、新たな国との条約調印に難色を示しただけでなく、文久元（一八六一）年になると、期限が迫っていた兵庫（一八六三年一月一日）・新潟（一八六〇年一月一日）、大坂（一八六三年一月一日）・江戸（一八六二年一月一日）（以下、両港・両都）の開港・開市延期を非公式に提案していく。

安政条約立案者の自負があるアメリカ公使（一八五九年六月二七日＝安政六年五月二七日に総領事より昇進）ハリスは、幕府の懇願に一定の理解を示したが、本国帰国が決定しており（一八六二年五月一〇日＝文久二年四月一二日に帰国）、具体的な対応をとることはできなかった。

これに対して、イギリス公使オールコックは、開港・開市は条約締結国が獲得した権利であって容易に変更することはできず、そもそも開港・開市の延期は、自由貿易の流れを逆行させることになるとして反対した。

しかし、外交担当老中の安藤信正ら幕府首脳陣から極秘裏に、それまで決して説明されることのなかった国内政局の実情を真摯に繰り返し説明され、徐々に態度を軟化させていった。そして、坂下門外で安藤が浪士に襲撃されて失脚するにおよび、譲歩を決断した。

現状において開港・開市を強行すれば、逆に発展しつつある対日貿易に影響が波及しかねず、条約上の主権者である幕府に国内政局の主導権を回復させるため、一定の時間を与えることが将来的な対日貿易の利益になると判断したのである。ただし、条約規定の変更には本国政府の許可が必要であり、そのためには相当の時間が必要であるため、幕府自らが延期交渉のための全権使節を条約締結国に派遣し、事情を説明したほうが効果的と考えた。

この時、オールコックは賜暇《しか》帰国が決定していた。そこで、自分自身が幕府全権使節に随行するかたちで帰国し、イギリス政府との交渉仲介役となることを申し出たのであった（石井孝『増訂　明治維新の国際的環境』）。

ロンドン覚書調印

竹内保徳《たけうちやすのり》を全権とする幕府使節は、一八六二年一月二三日（文久元年一二月二四日）に日本を発ち（オールコックは一八六二年三月二三日＝文久二年二月二三日に離日）、イギリス以下の欧州条約締結国を訪問し、各国政府に対して両港・両都の開港・開市延期を要請した。

イギリス政府は要請を承認し、一八六二年六月六日（文久二年五月九日）、合意事項に関する覚書（ロンドン覚書）が作成された。ただし、オールコックの提案もあり、延期要請を受諾する条件として、延期期間中に拡大が予想される対日貿易の利益に相当する代償の履行が明記されている。諸藩代理人による自由な貿易活動の保証、日本人と外国人との自由な交際の保証、運上所（税関）における贈収賄行為廃絶の厳格履行などが延期受諾の条件とされた。

幕府は、国内に自由貿易の許可を布告していたが、実際には、攘夷実行問題との関係から、諸藩関係者の参加を拒否するなどの制限を課していた。また、通関業務においては、贈収賄など、露骨な不正行為が深刻な問題となっていた。そのため、このような条件が規定されたのであった。

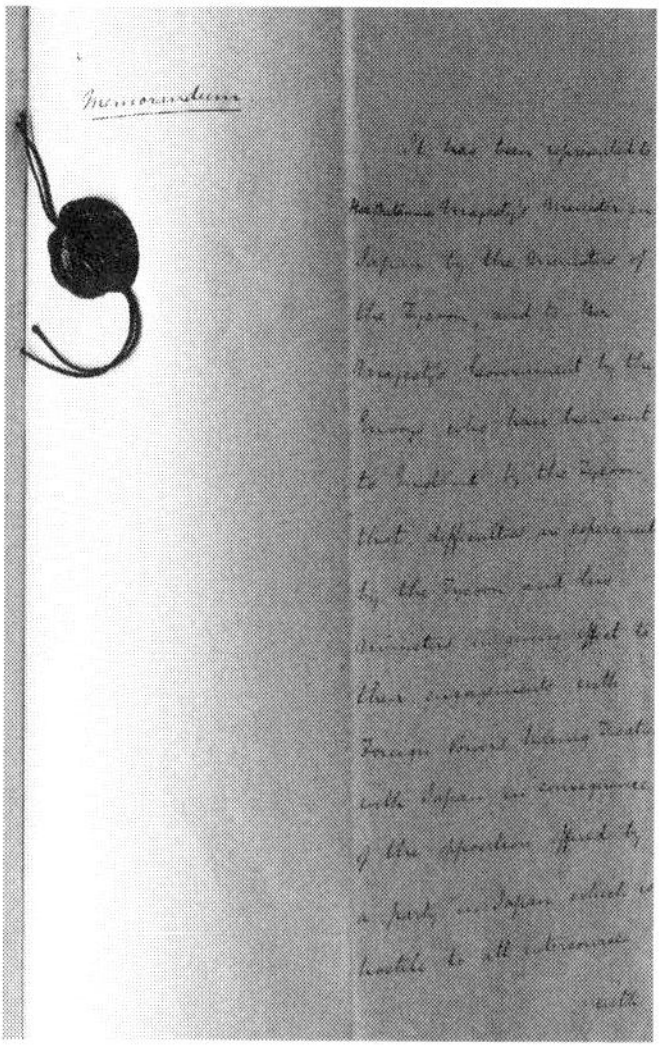
Memorandum

It has been represented to Her Britannic Majesty's Minister in Japan by the Ministers of the Tycoon, and to Her Majesty's Government by the Envoys who have been sent to England by the Tycoon that difficulties are experienced by the Tycoon and his Ministers in giving effect to their engagements with Foreign Powers having Treaties with Japan in consequence of the opposition offered by a party in Japan which is hostile to all intercourse with

12　**ロンドン覚書**
F.O.93/49/3.

最大の対日利権国イギリスが延期に合意したこともあり、他国（オランダ・フランス・プロシア・ロシア・ポルトガル）とも、ほぼ同内容の覚書が交わされるか、延期の承認通知が交付された。

なお、アメリカについては、ハリスが開港・開市の延期に理解を示したことをもって要請の受諾と判断し、合衆国へは使節を派遣しなかった。しかし、合衆国政府は新駐日公使ロバート・プリュイン派遣後の情勢変化に鑑み、独自に幕府との交渉を開始し、一八六四年一月二八日（文久四年一二月二〇日）、茶製造品など数品の輸入減税を取り決めた日米減税約書に調印することで、正式に開港・開市延期を承認している（石井孝『増訂　明治維新の国際的環境』）。

かくして両港・両都の開港・開市は延期されたが、その後も日本の国内政局は混迷の一途をたどって攘夷運動は高揚し、対外関係も悪化していった。そのため、幕府はロンドン覚書の諸条件を何も履行することができなかった。

第二次東禅寺事件と日本沿岸封鎖計画

一八六二年六月二六日（文久二年五月二九日）、イギリス公使館を警護していた松本藩士伊藤軍兵衛が、代理公使エドワード・セント・ジョン・ニールの暗殺を企て未遂に終わったが、公使館関係者が殺害される事件が発生した（第二次東禅寺事件）。イギリス公使館は再び騒然となり、警護を命じた幕府に対する猜疑心が高まり、公使館警護のための衛兵派遣が取り沙汰されることになる。

懸案であった日本の開港場間におけるイギリス軍艦の定期廻航・常駐は、この年から漸く実現をみていた。また、幕府も外国公使館警護に相当数の衛兵派遣を諸藩に命じていたが、結局、それでは不十分だったのである。

13　現在の東禅寺
著者撮影。

事件をより深刻なものとみなしたのは、イギリス極東艦隊司令長官ホープであった。彼は、問題が混迷する国内政局に根づいている以上、もはや軍艦の廻航や開港場常駐による威嚇だけでは、有効的な外国人保護対策にはならないと判断し、それに代わる効果的な軍事行動を立案した。ホープの作戦は、第一段階として、江戸・大坂を中心とした日本沿岸の海上封鎖を、それが効果を奏しない場合の第二段階として、江戸湾ほか沿岸の砲台破壊で構成されていた。

ホープは、第一段階の行動計画を練るため、部下のアウグスタス・クーパーに日本沿岸の地理調査を命じ、主として砲艦の配備・展開による具体的な沿岸封鎖計画を作成させ、本国政府もこれを支持していた（石井孝

『明治維新と自由民権』有隣堂、一九九三年、拙著『幕末維新期の外交と貿易』第一章)。

しかし、この行動計画の主眼目は、その後、外国人保護を観点とする示威行動から、不測の事態が生じた場合の報復行動へと変化することになる。そこには、生麦事件という、対日関係をより険悪化させた外国人殺傷事件をめぐる事後処理問題が大きく関係していた。

生麦事件の発生

一八六二年九月一四日(文久二年八月二一日)、薩摩藩主島津茂久《しまづもちひさ》(忠義《ただよし》)の父である久光一行が、武蔵国生麦村の東海道上(条約規定の遊歩区域内)において、日本を旅行中であった上海居留イギリス商人レノックス・リチャードソンら四名と遭遇し、リチャードソンを殺害、他二名を傷つけた。これはイギリスにとって初めての自国民間人殺害事件であり、横浜の外国人居留地では犯人逮捕・島津久光に対する報復を主張する強硬意見が多数を占めた。しかし、極東艦隊の新司令長官に昇格したクーパーは、事件直後、横浜に来航したが、船員の健康状況(コレラ蔓延)や兵員不足もあって軍事行動に賛成せず、代理公使ニールも事件の処理を幕府に一任した。

事件の原因は、日本の習慣を知らず、また下馬しなかったリチャードソンたちにあるとの見解が当時からある。事件直前、久光一行に遭遇したアメリカ商人ヴァン・リードは、自分が下馬したことを証言し、非がリチャードソンたちにあると主張した。このことは、今日に至るまで恣意的に誇張されており、歴史学者でさえ事件の原因として強調することがある。

たしかに、それが事件の一因のようである。しかし、「郷に入りては郷に従え」的な意見は、当時の外国人社会に理解されるものではなかった。むしろ、条約の理念からしても、居留地と遊歩区域（さらには領事裁判権）の設定によって、自分たちの権利と習慣が保証されていると理解されており、それを保護しない幕府と日本の支配者階級にこそ責任があるとする意見が大勢であった。

14　生麦事件慰霊碑
リチャードソンの遺体発見現場近く。1883年、鶴見村戸長をつとめた黒川荘三らによって建立される。著者撮影。

日本の支配関係では、薩摩藩の関係者を、幕府が直接処分することはできない。また、イギリスにとっても、条約上の国家主権者である幕府ではなく、薩摩藩と直接交渉をおこなうことはできなかったし、あえておこなおうとしても、その折衝ルートを持ち合わせていなかった。他方、薩摩藩は、幕府が外国人の東海道通行を禁止しなかったことこそ事件の原因で

表２　幕末の外国人殺傷事件（開港から生麦事件まで）

陽暦	陰暦	項目
1859年8月25日	安政6年7月27日	横浜でロシア軍艦アスコルド号の乗員2名斬殺、1名負傷。
1859年11月13日	安政6年10月11日	フランス領事館員下僕の清国人、横浜で殺害される。
1860年1月29日	安政7年1月7日	イギリス公使館通訳伝吉、高輪・東禅寺門前で刺殺される。
1860年2月26日	安政7年2月5日	オランダ商船の船長ら2名（フォス、デッカー）、横浜で斬殺される。
1860年10月30日	安政7年9月17日	フランス公使館旗番ナタール（イタリア人）門前で襲撃され負傷。
1861年1月15日	万延元年11月5日	アメリカ公使館秘書兼通訳ヒュースケン暗殺される。
1861年7月5日	文久元年5月28日	水戸藩脱藩浪士が東禅寺を襲撃（第1次東禅寺事件）。
1861年8月23日	文久元年7月18日	イギリス軍艦オーディン号乗員、長崎で撲殺される。
1862年6月26日	文久2年5月29日	イギリス公使館衛兵2名、松本藩士伊藤軍兵衛により殺傷される（第2次東禅寺事件）。
1862年9月14日	文久2年8月21日	イギリス民間人4名、武蔵国生麦村・東海道上で薩摩藩島津久光一行に襲撃され、レノックス・リチャードソン殺害、他2名負傷（生麦事件）。

（典拠）外務省編『日本外交年表竝主要文書』上巻、原書房、復刻、1965年。

あり、ただ大名行列に下馬しなかった外国人を無礼討ちしただけであると、藩士の犯行を正当化しようとした。ただし、現地を管轄していた神奈川奉行に対しては、当初は犯行が足軽・岡野新助なる架空の人物であると届け、その後に脱藩浪士で行方不明と変更するなど、意図的な事件の隠蔽や改竄工作をおこなったのも事実である。捜査責任者であった神奈川奉行は、薩摩藩の主張に疑念を抱き続けた。

事件の背景として、表面的には、幕府と薩摩藩という重層的な国内権力構造、および無礼討ちの伝統慣習に対して、条約に規定された外国人の行動範囲を保証しなければならない、条約上の国家主権者である幕府権力との矛盾が介在している。

東海道上を通行する外国人への暴行・殺傷は、社会不安を煽った排外主義などにも起因しており、逆に社会不安に誘引されたともいえる。しかし、そうした行為を、薩摩藩一行が、外交問題に発展することが必然であるにもかかわらず、あえて引き起こしたことは奇異としかいえず、別の次元で考える必要がある。事件解決が延引した背景や要因から検証する必要がある。

島津久光一行は、勅使大原重徳《おおはらしげとみ》に随行して江戸に下向し、安藤・久世政権に対して、有名な諸改革（政事総裁職や将軍後見職の創設）を要求し、その帰途に事件を起こした。当時の薩摩藩は、幕政改革と公武一和を要求して幕閣と対立していた。これに対して幕府は、薩摩藩の武力を背景とした勅使下向と高圧的な改革要求を歓迎していなかったが、公武一和策への配慮から要求を受諾した。

事件はこうした渦中に発生し、さらに久光一行は、京都到着後も、後述するニールの強硬態度（賠償金要求など）を口実に、公武一和実現のためとして幕府批判の姿勢を崩さなかった。さらに久光は、領国防衛を理由として帰国を申し出て許可されている。

その後も、薩摩藩は攘夷を是としていたわけではなかったが、在京幕閣との対立関係から、生麦事件を正当化し、幕府の捜査要請にも協力することはなく、事件は迷宮入りしていったのである。

イギリス政府の強硬策

イギリス代理公使ニールは、幕府に犯人逮捕を再三にわたって督促した。しかし、幕府はただ猶予を求めて回答を延期するだけであった。

生麦事件犯人逮捕をめぐる交渉の難航と、その後伝えられる日本情勢の険悪化は、イギリス政府に抜本的な対日政策の変更を迫らせることになった。まず、事態を打開するため、イギリス本国では、外務省と海軍省がホープの対日軍事行動計画を参考にして、新たな行動計画を立案した。そしてこの計画は、一八六二年一二月二四日（文久二年一一月四日）付訓令として、外相ジョン・ラッセルからニールに伝えられ、クーパーと協力しながら実行することが命令された。

幕府には、生麦事件に対する公式の謝罪要求・賠償金一〇万ポンドが、薩摩藩には、犯人の処刑・二万五〇〇〇ポンドの賠償金が要求された。そして、幕府が要求に応じない場合、海軍（クーパー）に要請し、船舶拿捕あるいは海上封鎖のいずれか適当と判断される行動が指示され、また薩摩藩が要求に応じない場合は、直接、現地に赴き、鹿児島湾封鎖あるいは藩主居城砲撃のいずれか適当な行動などが指示された（拙著『幕末維新期の外交と貿易』第一章）。

京都政局と日英断交の危機

ラッセルの訓令がニールのもとに届いたのは、翌一八六三年三月四日（文久三年一月一五日）のことである。当時、京都政局は攘夷の実行をめぐって議論が白熱化し、幕府や諸藩関係者による江戸と京都の往来が激しくなり、浪士たちによる横浜居留地襲撃の風聞が絶えなかった。

こうした状況に対して、幕府は効果的な対策をたてることができず、逆に品川御殿山に建設中であった新イギリス公使館が攘夷派によって焼き討ちされる事件が起きていた。幕府は、ニールに対して、京都政局が攘夷派大名たちに有利な状況となっているなど、その窮地を率直に伝えることで理解を求めるしかなかった。

ニールは理解を示し、攘夷派勢力に苦しむ幕府を精神的に支援するため、横浜に軍事力を集中させ、日本国内の支配階層に対して示威行動をとるよう、クーパーに要請した。クーパーは要請に応じ、極東艦隊の大半を横浜に集結させた。イギリスだけでなく、フランスやオランダ海軍も同調し、横浜は条約国の軍艦で溢れることになった。日本近海に軍事力を有さなかったプロシア公使マックス・フォン・ブラントもイギリス支持を表明した。

ただし、こうしたニールとクーパーの行動は、結果として交渉による問題解決の機会を難しくし、軍事行動の可能性を高めることになってしまったともいえる。

なぜなら、船舶拿捕の方法（日本船籍に限定すべきかどうか）、箱館および長崎居留地防衛の手段などについて、ニールとクーパーの間で見解が一致せず、その間に将軍家茂の上洛が決定してしまったからである。

江戸の幕府閣老は、将軍に随行して上洛した幕閣から指示を仰ぐ時間が必要と主張した。そのためニールは、ラッセル外相の訓令を幕府に通達した一八六三年四月六日（文久三年二月一九日）以降、つねに半月から一ヵ月程度の回答猶予期限を設定せざるをえず、幕府もそれに応じて回答期限の再延期を求め続けた。

交渉が長期化するにつれて、横浜居留地では軍事行動が開始された場合の防衛手段に関する議論が高まり、一部の居留民が義勇兵になることを志願するなど強硬論が巻き起こったが、イギリス以外の軍事力を合わせても、それが海軍力に限定されていることもあり、もし日本側が反撃してきた場合、居留地を防衛することは困難と考えられた。特に、居留民およびその財産の保護については、洋上の商船に避難させるなどの手段が検討されたが、有効な方策が見つからなかった。箱館・長崎居留地の防衛は一時的にその放棄が決定されたほどであった。

そこでニールは、中国大陸駐在の自国陸軍に援助を求めたが、派遣可能な兵力が過小であること、また派遣のための経費が膨大になることから、本国政府の許可なしには応じられないとの理由で拒絶されている。

この間、京都では、攘夷実行期限問題、横浜鎖港問題、将軍の江戸帰還問題が複雑に交錯しながら、生麦事件賠償金の支払いを断固拒否すべきであるとの主張が攘夷派勢力を中心に高まっていった。幕府は、最終回答期限の六月一七日（文久三年五月二日）になっても態度を明確にすることができず、自らが指定した期限翌日の賠償金支払日になって、さらに五日間の支払い延期を求めざるをえなかった。

これにはニールも激怒してクーパーに軍事行動を依頼、横浜居留民に対して非常事態に備えるべき旨を布告した。またこの間、幕府も外国側による軍事行動・国交断絶を覚悟し、横浜周辺の住民を避難させるなどの対応策をおこなった。しかし、実戦経験がなく、自暴自棄になったとさえいわれるクーパーは容易に行動を開始せず、幕府が六月二三日（文久三年五月八日）になってあらためての賠償金支払いを布告、翌日に一一万ポンド（一万ポンドは第二次東禅寺事件の賠償金、メキシコドル換算で合計四四万ドル）を支払うことで、約三ヵ月にわたった日英間の危機は回避されたのであった（拙著『幕末維新期の外交と貿易』第一章）。

ただし、生麦事件賠償金の支払いにより、日本における外国人保護の問題が解決されたわけではなかった。そのため、英仏政府は横浜への海兵隊や陸軍部隊駐屯を幕府に要求し、これを認めさせた。これらの兵力は、イギリス海軍による鹿児島攻撃や四ヵ国連合艦隊による下関砲台攻撃に投入された後、対日関係の改善により徐々に削減されていったが、一八七五（明治八）年まで駐屯を続けることになる。

ニールら外国代表団は、京都政局に苦慮する幕府を擁護する名目で、軍事的支援を提案した。この提案を、幕府は直接受け入れることはなかった。しかし、この発想は、老中格・小笠原長行《おがさわらながみち》らによって、外国商船をチャーターして幕臣を大坂まで輸送し、そこから入京して攘夷派勢力を一掃しようとするクーデタ計画につながっていく。ただし、外国傭船により大坂まで行った小笠原たちは、一橋慶喜が計画に反対して、幕兵の入京を阻止したため、クーデタは未遂に終わり、小笠原らは処分されている（石井孝『増訂　明治維新の国際的環境』）。

幕府の鎖港使節派遣と長州藩の外国船砲撃

日英間の危機は回避されたが、依然として薩摩藩との交渉は残されていた。

また京都政局では、将軍家茂が攘夷実行を約束させられ、実際に横浜鎖港交渉のための使節（全権・池田《いけだ》長発《ながおき》）をフランスに派遣した。これは、将軍後見職であった一橋慶喜らによる戦略であったといわれる。薩摩藩・会津藩（京都守護職）と結んで朝廷から攘夷派公家とそれを支持した長州藩を追放（文久三年八月一八日政変）する一方で、破約攘夷と下田条約（和親条約）への対外関係回帰を主張していた孝明天皇を納得させるため、鎖港使節を派遣したのである。それが、幕府による攘夷実行の具体策だというのである。しかし、実態は、情勢変化を待つための時間稼ぎにすぎなかった。案の定、イギリスなどの条約国は使節派遣を拒否した。そして、フランスだけが、後に述べる長州藩の自国軍艦砲撃に対する謝罪目的でなら受け入れる意向を表明、幕府はそれを口実に使節を派遣したのであった。

また、この頃になると、幕府は、横浜鎖港の方針に合致させるためか、諸藩代理人による横浜への貿易品売り込みを露骨に制限したため、主要取引品である生糸や茶貿易が実質停止する事態に陥っていた。さらに、攘夷実行を名目に、長州藩が下関海峡通航中の外国船を砲撃する暴挙におよんだため、瀬戸内海の蒸気船航行が困難となり、長崎貿易が実質停止状態になっていた（石井孝『増訂　明治維新の国際的環境』）。

幕府が攘夷決行を約束した一八六三年六月二五日（文久三年五月一〇日）以降、長州藩は、事前通告のうえで下関海峡を通航する外国船砲撃を開始した。当時の下関には、五〇〇名程度の長州兵が駐留していたが、藩の正規兵（先峰隊）は一〇〇名程度にすぎず、その他は非正規兵、しかも長州人とは限らない光明寺党（久坂玄瑞《くさかげんずい》指揮）が大半を占めていた。外国船砲撃には、長州藩が所有する三隻の小型蒸気軍艦も使用された。

長州藩は、六月二五日（文久三年五月一〇日）、アメリカ商船ペンブローク号を砲撃した。砲撃には、久坂が指揮した癸亥丸《きがい》・庚申丸《こうしん》も参加した。七月八日（文久三年五月二三日）には、フランス軍艦キャンシャン号を砲撃するも、逆に応戦されて被害をだしている。

さらに、七月一一日（文久三年五月二六日）にはオランダ軍艦メデューサ号を砲撃した。攻撃は、下関砲台および艦船によっておこなわれたが、メデューサ号の応戦によって一〇名の死傷者がでた。

長州藩による外国船砲撃の報は、既に横浜および長崎に伝えられていたが、メデューサ号は、オランダ・インドシナ艦隊の旗艦である。メデューサ号艦長のデ・カセンブロートは、日本が長きにわって友好関係にあるオランダの軍艦を攻撃するはずはないと期待しての海峡航行であった。しかし、砲撃を受けてしまう。そこで、メデューサ号は狭い海峡を応戦しながら中央突破したが、被害は甚大で、同行していた駐日総領事デ・ウィットも負傷した。

長州藩の暴挙に対して、被害国の海軍は、速やかな報復行動を実行した。

一八六三年七月一六日（文久三年六月一日）、アメリカ軍艦ワイオミング号による報復攻撃がおこなわれた。南北戦争下のアメリカ合衆国海軍は、東アジア海域に展開する艦船が限られていたため、同号単独による軍事行動であった。そのため、ワイオミング号は、一二名の死傷者をだす結果となったが、長州藩の壬戌《じんじゅつ》丸・癸亥丸を撃沈し、下関砲台の機能をほぼ喪失させている。

七月二〇日（文久三年六月五日）におこなわれたフランス海軍による報復行動は、セミラミス号およびタンクレード号による組織的なものであった。この時には、陸戦隊も投入され、前田砲台を占領・破壊し、弾薬類を焼却した。周辺の村も焼いている。

既に、ほとんどの軍事力を失っていた長州側は、和装兵を投入して散発的抵抗を試みたが効果はなく、フランス側の負傷者が四名であったのに対して、一五〇余名の死傷者をだす結果となっている（以上、下関文書館編『資料　幕末馬関戦争』三一書房、一九七一年）。

しかし、長州藩はなおも外国船砲撃の姿勢を崩さなかったため、米・仏海軍の報復行動も抜本的な解決にはならず、下関海峡の実質的封鎖は継続されたのである。

薩英戦争の描かれ方とその問題点

日本と欧米諸国との緊張関係は緩和されるどころか、むしろ深刻な状態になっていった。そのため、英・仏・蘭・米の駐日外交代表は各国の海軍関係者と一致して、最優先課題として、下関海峡の自由通行を確保するため、長州藩に対する共同軍事行動を計画した。ただし、イギリスは、未解決であった薩摩藩との交渉を優先させたため、この計画は一時中断することになる。

代理公使ニールの方針は、あくまで交渉であった。そのため、幕府はイギリス艦隊の鹿児島行き中止を懇願するも、それが不可能と悟るや、行動を黙認する態度をとり、水先案内人の提供に応じている。後世の歴史家たちが、本音の部分において、イギリス艦隊が薩摩に打撃を加えることを期待していたと指摘するのは憶測にすぎないが、傍観者の態度を貫きつつも、イギリスに好意的であったことは間違いない。

一八六三年八月一二日（文久三年六月二八日）、ニールはクーパー率いる艦隊七隻に搭乗して鹿児島・錦江湾に入り、八月一五日（文久三年七月二日）、薩摩藩側と直接交渉をおこなったが決裂し、戦闘状態に突入してしまう。戦闘は、二日間続いた。

一般に、薩英戦争、鹿児島砲撃事件などといわれる軍事衝突について、イギリス側の勝利とする評

15　薩英戦争史跡

（右）薩英戦争本陣跡碑　1944年建立。薩摩藩は、鶴丸城がイギリス側大砲の射程距離内に位置することから、城の西方に位置する西田村（現：鹿児島市常盤）の千眼寺に本陣を置いた。千眼寺は、1869年の廃仏毀釈で廃寺となっている。著者撮影。

（下）薩摩藩台場跡（鹿児島県南大隅町）　イギリス艦隊の錦江湾来航に備えて、薩摩藩が建造した台場の一つ。実戦に参加することはなかったが、台場跡として現存するのはここだけである。設置の大砲は復元したもの。著者撮影。

価のみが強調され、その後、薩摩藩とイギリスが接近し、倒幕運動に発展していったと描かれることがめずらしくない。歴史教科書の叙述などはその典型である。

しかし、戦前から、戦闘を薩摩藩側の勝利とする見解も少なくない。これは、鹿児島県出身者や海軍関係者の回顧談などに多く、さらに昭和期になると、大佛次郎『薩英戦争』（北光書房、一九四三年）などの文学作品にも散見する。

イギリスの勝利とする見解は、薩摩藩の敗北と、その後の対英接近を強調する。そして、そのことをもって、倒幕運動と明治政府の成立に結びつける。なぜなら、明治政府の指導者たちには、薩英戦争の経験者たちが少なからずいたからである。そして、明治政府は近代国家を建設した。薩英戦争とその敗北が、「近代日本の夜明け」だというのである。しかし、明らかに恣意的な歴史認識にほかならない。これでは、史実に矛盾が生じてしまう。

他方、薩摩藩側の勝利とする見解は、概ね日露戦争後から目立つ。これは、大国ロシアに勝利した日本、欧米諸国に肩を並べた日本というナショナリズム的な意識が大きく関係している。そして、日本海海戦で勝利した日本海軍の建設者たちの多くが、東郷平八郎、山本権兵衛ら、青年期や少年期に薩英戦争を体験した旧薩摩藩士（いわゆる薩摩閥）たちであったことから、過去の史実までもが一変させられたのである。日本（軍）は決して欧米諸国に負けないのだと。

いずれにしても、薩英戦争が同藩による倒幕運動へと展開していく契機だとするような評価は、史実に矛盾しており問題がある。少なくとも、倒幕への道程を、単線的ではなく、藩全体の動きとして描くことには無理がある。そもそも、薩摩藩の指導層は、多くが武力討幕に反対し、その結果が、一部藩士たちが画策した王政復古クーデタだったのである。

また、その間における対英接近についても、内政干渉になることからイギリスにその意志はなかった。トーマス・グラバーなど一部商人による不法取引や、駐日公使パークスの方針による情報収集活動の結果にすぎなかった。むしろ、イギリスとの接近を世間に意識させたのは、反幕的行動を顕わにしていた一部の薩摩藩士による情報工作や、そこから波及した流言とみなすべきである。

なぜ、このような歴史叙述が成立するのか。明治維新史認識に関わる重要な問題であるが、そのためには史実を正確に理解する必要がある。

※生麦事件で殺害されたリチャードソンに対する評価も、薩英戦争と同様に扱われる傾向がある。リチャードソンの死が、近代日本の始まりになったというのである。あまりに、恣意的な評価といわざるをえないが、現在でも、数多くの書物に見うけられる。

薩英戦争の実態と講和の矛盾

軍事行動が想定された鹿児島での交渉であったが、臨戦態勢をとっていた薩摩側に対して、イギリス側の対応は見通しが甘く、場当たり的な印象を否めない。

イギリス艦隊の構成は、ユーリアラス号（旗艦）・パール号・パーシューズ号・アーガス号・レースホース号・コンケット号・ハボック号の七隻である。しかし、ユーリアラス号以外は老朽艦または小型艦であり、性能的にも優れているとはいえなかった（以下、特に断らないかぎり、イギリス海軍の行動は、サー・ヒュー・コータッツィイ「英国艦隊の鹿児島砲撃」同編『歴代の駐日英国大使』文眞堂、二〇〇七年に、薩摩藩側の行動は、公爵島津家編纂所編『薩藩海軍史』中巻、原書房、復刻、一九六八年に拠る）。

司令長官クーパーが搭乗するユーリアラス号には、交渉を念頭においていたため、主要な公使館員（補佐官兼会計官ジョン・ガワー、二等補佐官ジョン・マクドナルド、会計補佐官兼公使館医師ウィリアム・ウィリス、日本語通訳生アーネスト・サトウ）が同行したほか、横浜で幕府から受領した生麦事件の賠償金を積載していた。そのためか、本格的な戦闘を想定した物資・燃料・弾薬を補充していなかった。さらに、交渉の場である鹿児島・錦江湾の水路情報を把握していなかった、現地までの航海も、幕府の斡旋により長崎で雇用した漁師二名を水先案内人としたが、湾内の水路を熟知しているわけではなかった。これに悪天候が重なる。錦江湾に入港したイギリス艦隊は、薩摩側に交渉の趣旨を述べて、生麦事件処理に関する要求の記された書簡を手交し、その後、湾内の測量を実施していった。

薩摩藩が、交渉に応じる姿勢を見せたわけではなかった。薩摩藩は、イギリス艦隊の鹿児島来航情報に接するや、藩内各地に硝石製造所や砲台を建設させた。また、戦闘が予想される鹿児島城下の砲台修造工事にも着手し、城下の警備を六組交代で担当させた。そして、錦江湾沿岸部の各砲台には兵員を配置するなど、既に臨戦態勢をとっていた。あくまで、当方に非がないとする立場をとっている以上、いまさら薩摩藩に譲歩の選択肢はなかったのである。そのため、イギリス艦隊の尋問にあたった側役・伊地知正治《いじちまさはる》は交渉拒否を通告した。

この時、下級藩士たちの戦闘意識は高かったが、藩として問答無用の攻撃をするまでの意志はなかった。このことが、後年におけるスイカ売りに扮した選抜藩士たちの切込みという逸話を創造させることになった。これは、奈良原喜左衛門《ならはらきざえもん》・海江田信義《かいえだのぶよし》兄弟指揮による藩士七三名の英艦奪取計画だが、イギリス側が誘導に応じなかったため失敗したという「おはなし」である。その実行については、あまりに不自然な印象を拭えない。

その後、薩摩側は正式な回答を伝えている。犯人逮捕は困難なこと、そもそも非は国法（大名行列を横切る）を破った被害者にあるので無礼討ちは当然だというのである。さらに、外国人に大名行列通行時のマナー通達を怠った幕府にも非があると付け加えている。

そして、賠償金は既に幕府が支払っており、今後の交渉も幕府とおこなうべきであって、被害者への扶育料などはその際に検討すると主張した。ニールは、これを拒否回答とみなした。

戦闘は、イギリス側が湾内に停泊していた薩摩藩所有の蒸気船三隻（天祐丸・白鳳丸・青鷹丸）を拿捕・焼却したことにより開始された。イギリス政府がニールとクーパーに与えた訓令には、状況により、薩摩藩所有の蒸気船を賠償金の抵当として拿捕することが指示されていた。しかし、なぜ蒸気船は焼却されたのか。イギリス艦隊の戦力では、軍事行動と同時に拿捕した蒸気船の維持は困難と判断されたのであるが、ここでも鹿児島遠征がいかに稚拙な計画であったのかがみてとれる。

そして、それ以上に謎なのは、この蒸気船がすすんで拿捕されていることである。その際、天祐丸の一部は抵抗したが、船奉行であった五代才助《ごだいさいすけ》（友厚《ともあつ》）と藩医（元・幕府蕃書調所《ばんしょしらべしょ》教授手伝）の松木弘安《まつきこうあん》（寺島宗則《てらしまむねのり》）が、無抵抗なままイギリス側の捕虜になっている。五代たちは、薩摩藩にとって高額な財産である蒸気船を戦火から守ろうとした計画的な行動ではないかという推測が成り立つ。薩摩藩の記録はその事実を否定しているが、イギリス側の記録では五代・松木が自ら捕虜になることを申し出たことになっている。両名は、戦後も暫くの間（翌年まで）、藩命に背いた罪で江戸・横浜周辺での潜伏を余儀なくされている。

イギリス側の蒸気船拿捕行為に対して、薩摩側は発砲で応戦した。ただし、薩摩側の砲撃は、大砲の射程距離も短く、また砲手の調練度も低かったため、多くが正確性を欠いた。

しかし、正確な水路情報を得ていないにもかかわらず、交渉のため沿岸に接近しすぎて、薩摩側砲台の射程距離に入っていたイギリス艦隊は、ただちに混乱に陥った。特に、旗艦ユーリアラス号とパーシューズ号の被害は甚大であり、ユーリアラス号の艦長ジョスリングが戦死している。さらに、レースホース号は機関が故障して座礁し、アーガス号とコンケット号によって救出・曳航された。また、アーガス号はメインマストを被弾によって失うなど、被害のなかった艦船はハボック号のみであった。イギリス艦隊は、形勢の立て直しに二時間もかかった。

この時、アームストロング砲（一八六一年にイギリス海軍が採用した後装式大砲）が世界で初めて実戦に投入された。クーパーの報告によると約四〇〇〇発が発射され、薩摩側に多大な被害を与えたという。ただし、砲撃回数が増すにつれて、後身砲尾が異常な高温を帯びて暴発し、砲手が死傷するという、構造上の欠陥をも露呈することになっている。

とはいえ、イギリス艦隊が形勢を立て直した後は、当然、圧倒的な優位を保っていくことになる。大砲の性能差は歴然であり、薩摩側砲台は時間とともに壊滅、もしくは沈黙していった。

薩摩側の記録（『薩藩海軍史』の典拠となった島津家史料など）には、砲台の沈黙は砲手の戦死などが理由であり、決して発射不能とはかぎらなかったとされ、加えて藩士たちは、上陸した敵と抜刀戦を繰りひろげたなどの武勇伝が散見される。もちろん、これらは虚偽でしかない。イギリス兵の上陸などなかったのであるから。さらに、被害者がイギリス側よりも少なかったことが強調され、薩摩藩の勝利が誇張されている。

薩摩側の記録には、信憑性に欠けるものや明白な誇張が多く、戦果の点だけでいえば、イギリス側の勝利であることに違いはない。

しかし、実戦経験のなかったクーパーと、陸軍出身の外交官であったニールとの間には、戦闘計画をめぐって軋轢が生じていたようであり、さらに二つの点でミスを犯すことになった。クーパーは、翌日（八月一六日＝文久三年七月三日）になると天候が回復し、薩摩側による砲台の人員再配置が確認できたことを理由に、戦闘継続を主張した。しかし、ニールは戦果を十分とみなし、戦闘継続には燃料や弾薬が不足することから、鹿児島退去を決定したのであった。このことが、薩摩側による戦闘勝利という誇張の論理を生みださせ、戦後交渉を複雑なものとさせていくことになるのである。

また、現地の地理・水路情報を把握していないイギリス側の砲撃は、悪天候による視界不良も重なって、射程目標を確認せずに多くの砲弾を発射し、薩摩側砲台に隣接する鹿児島城下に災禍を及ぼすことになった。城下の大半は、焼失してしまっている。

そのため、戦後、イギリス本国下院議会で、野党・自由党の急進派議員（自由貿易論者のジョン・ブライトやチャールズ・バクストンら）が、クーパーの作戦行動は、民間人に被害を及ぼした無差別砲撃の非人道的行為であるとして、保守党パーマストン内閣追及に利用したのである。もちろん、こうした批判は少数意見であった。議会においては、自国民リチャードソン殺害の事実を強調する意見が多数であり、鹿児島城下の住民も多くが戦闘前に避難していた。ただし、戦闘の混乱もあって、パーシューズ号がロケット砲で市街を砲撃した事実も記しておかねばならないだろう。

戦後の講和交渉は、幕府の仲介により、横浜でおこなわれたが、難航した。敗者の意識がない薩摩側が、賠償金支払いを拒否し続けるなど、強硬態度で臨んだからである。

しかし、イギリス側が、既に前年から密かに派遣されていた薩摩藩英国留学生（森有礼《もりありのり》や吉田清成）の継続受け入れと、蒸気船購入の斡旋を水面下で提案（交渉に幕府が介在しているため）したことで状況は一変する。これらを利益と考えた薩摩藩全権の岩下方平《いわしたまさひら》・重野安繹《しげのやすつぐ》たちは、一八六三年一一月一一日（文久三年一一月一日）、賠償金支払いに応じたのである。ただし、賠償金二万五〇〇〇ポンド（約一〇万ドル＝約六万三三三三両）については、財政難を口実として、その借金を幕府に求めるという姦策にでている。そして、薩摩藩がこの借金を踏み倒したのは有名な話である。また、犯人逮捕については、両者が意図的に歩み寄り、あえて不問に付している（萩原延壽『遠い崖』第二巻）。

かくして、イギリスと薩摩の講和が成立した。この頃から、中川宮朝彦親王《なかがわのみやあさひこ》と一橋慶喜によって、京都政局の主導権を掌握されつつあった薩摩藩は、政治的な利害よりも、藩を富ませるための、富国強兵的な殖産政策に方針を転換させつつあり、イギリスへの接近はその流れを促進する契機になったともいえよう。

そして程なく、五代才助が引率する第二次英国留学生団が派遣され、さらに国内外との交易が積極的に模索されていくことになる。

生麦事件・薩英戦争をめぐる言説とその評価

多くの書物は、薩英戦争に「勝者」「敗者」の評価を明記しがちであるが、これには賛同できない。

軍事面のみで評価すれば、イギリス側の行動は稚拙といわざるをえない。他方、薩摩側は戦力面から圧倒的に不利であったが、だからといって、彼らの行動を「果敢」「勇敢」と評価するのは、ナショナリズム的な賛美でしかなく、暴風雨とイギリス側の稚拙な行動からする偶然的な結果にほかならない。ましてや、後年の回顧には、抜刀戦があったかのような回顧美談（例えば、新納元夫『気魄《きはく》で片付けた薩英戦争』研進社、一九四三年）さえ見うけられるが、まったくのフィクションでしかない。

外交面では、代理公使ニールの行動は評価が分かれる。他方、薩摩側の政治行動は狡猾そのものであり、生麦事件・薩英戦争の責任を幕府に転嫁している。幕吏たちの対応は、必ずしも責められるべきではなく、むしろ常識的なものとみなすべきである。しかし、政治的に薩摩藩を制することができず、逆に幕府攻撃の材料として、生麦事件や薩英戦争の事後処理問題を利用されたことは、状況判断を誤ったといわれてもやむをえないであろう。

薩摩とイギリスが、形式的とはいえ、またいくつかの出来事にすぎないにせよ、戦後に交流したことは事実である。ただし、幕府攻撃の材料として攘夷（排外主義）を主張したことはあっても、本来、攘夷を否定していた薩摩藩にとって、汽船購入や留学生派遣など富藩になる事業を支援してくれるのであれば、昨日の敵であったイギリスと親しくなることは、決して英断ではなく、狡猾に得策と判断した結果であったと考えるべきである。

イギリスにしても、生麦事件賠償金支払い問題をめぐる苦闘を経験したことは、既にこの頃から、日本の国内権力が重層的であることを理解し、条約上の主権者である幕府以外の支配者たち（諸大名）に接近することを志向していたこともあって、以後、進んで薩摩藩との関係（情報ルート）を確保していったのである。ただし、あくまで薩摩藩との関係は、対日外交を円滑に進展させるための一手段にすぎなかったことには留意しておかなければならない。

結局、生麦事件と薩英戦争の結果、薩摩が親英となっていったとする評価は、同藩出身者たちが確固たる地位を築いた明治政府、そして明治社会全体が創造したイメージ（幻想）にすぎないのである。

オールコック帰任と対日軍事行動の決定

この間、イギリス政府は対日情勢の悪化を考慮して、さらなる対日軍事行動計画を立案した。政策立案を担当したのは、前清国駐在陸軍司令官ブラウン少将ら、東アジア在勤経験のある軍関係者たちである。それは、ホープが提起した沿岸封鎖に加えて、大坂・京都などの拠点を、騎兵など陸軍力の展開によって攻略するというものであった。これにより、短期間で日本占領が可能と推定された（石井孝『明治維新と自由民権』、拙著『幕末維新期の外交と貿易』）。

しかし、オールコックは独自の視点から対日情勢を分析した。日本での外国人に対する排外感情や攘夷運動は一部の政治階級に限定されており、その一方で外国貿易を歓迎する勢力も存在するので、ただ軍事力を投入しただけでは状況改善に効果的ではなく、いかに対日関係の障害を排除するかが重要であると指摘した。そして、問題ある地点に大軍事力を投入してそれを壊滅させ、日本が排外主義へ決して逆戻りすることのないように導く戦略こそ重要であると主張した。それは、排外主義の拠点とみなされていた下関砲台攻撃を意味していた（石井孝『明治維新と自由民権』）。

イギリス政府は、オールコックの計画を支持した。ただし、具体的な行動計画は、オールコックが日本に帰任した後に立案することになった。

一八六四年三月二日（文久四年一月二四日）、日本に帰任したオールコックは、フランス・オランダ・アメリカの駐日代表に対して、連合艦隊による下関砲台攻撃を提案し同意を得た。また、関係各国の政府間でも合意がなされた。そして、各国の日本居留民に、四ヵ国連合艦隊による下関砲台の攻撃を布告、徳川幕府に対してもその旨を通告したのであった。

イギリス政府は、行動計画の詳細について、あえて日本に再赴任するオールコック、および現地の海軍司令官の自由裁量に委ねるかたちをとった。前年の鹿児島における軍事行動の教訓から、艦砲射撃を支援するため、陸戦隊の投入が決定された。そして、そのための兵力を世界各地から召集することになった。

またこの時、四ヵ国連合艦隊による下関での軍事行動は、横浜居留地の外国新聞などを通じて布告されたため、その情報は世界中に流れていった。

※幕末の諸藩では、総じて幕府に対して従順な保守層と、それを批判するために、時代の実情に合わせた変革を主張する層が対立することが頻繁にあった。長州藩もその例に漏れない。貿易開始後、長州藩は、藩士・長井《ながい》雅楽《うた》の航海遠略策（貿易による富国を説く）を幕府に建策して、文久の幕政改革に追随する姿勢を見せたが、周布政之助《すふまさのすけ》らは、破約攘夷（条約否定）と京都政局への積極的関与を主張して、長井とそれを支持した藩政指導者層を排斥し、実権の掌握に成功していた。当時の為政者による攘夷論は、思想的なものよりも、それによって政敵を除くことを目的とする政治手段の要素が強い。例えば、文久三年八月一八日政変で、長州藩とともに失脚した急進派公家であった東久世通禧《ひがしくぜみちとみ》は、後年、攘夷といってその主張はさまざまであり、いわば「ためにするところあっての攘夷」、「反対党を叩き潰す看板」であったと回顧している（渋沢栄一編『昔夢会筆記』平凡社東洋文庫、復刻、一九六六年）。

また、長州藩では、藩主毛利敬親《もうりたかちか》や世子毛利定弘《さだひろ》臨席のもとで藩政を議論する御前会議の習慣があり、そこには指導者層だけでなく、世子・定広の近習など、特に選ばれた藩士たちも出席が許されていた。これにより、藩内に言路洞開の方途が開かれたが、同時にそれは激しい政治抗争を生じさせる一因にもなっていた（井上勝生『幕末維新政治史の研究』塙書房、一九九四年、上田純子「萩藩幕末文久改革期の政治組織」『史学雑誌』第一〇九編第一一号、二〇〇〇年）。

さらに、政権を掌握した周布は、世子・定広の近習として発言権のあった井上聞多《いのうえもんた》（馨《かおる》）らの要望をいれて、井上や伊藤俊輔（博文）らの英国留学派遣を決定しているが、既に幕府遣外使節に藩士を随行させた経験がある長州藩としては、攘夷が京都政局に対する戦略にすぎない以上、なんら矛盾するどころか、藩益にかなうものであったといえる（井上馨侯伝記編纂会編『世外井上公伝』第一巻、原書房、復刻、一九六八年）。

ただし、以上は藩論としての攘夷の説明であり、各藩士の理解が一致していたわけではない。久坂玄瑞ら一部藩士の攘夷論は過激化し、さらに各地の攘夷派浪士が領内に集まったことで、長州藩は攘夷の一大拠点とみなされ、下関では外国船砲撃の暴挙が決行されたのであった。

下関戦争（一）

下関砲台攻撃の準備は着々と進められることになったが、四ヵ国の軍事行動に水を差す出来事が発生した。

前年、長州藩はロンドンに密航留学生五名を派遣していた。そのうち、伊藤俊輔（博文）と井上聞多（馨）が、下関攻撃の情報に接して、自藩に交戦不可を説くべく急遽帰国したのである。

一八六四年七月一三日（元治元年六月一〇日）、横浜に到着した伊藤・井上は、イギリス公使館補佐官ガワーの仲介により、オールコックと面談し、連合艦隊による下関攻撃の中止を懇願し、そのため自分たちが長州藩を説得する猶予を求めた。

オールコックは、他国代表と協議の結果、これを認めて一二日間の猶予を与え、バロッサ号で伊藤・井上を、長州の対岸に位置する、豊後・国東半島沖の姫島まで送り届けるように命じた。バロッサ号が横浜を抜錨したのは、七月二一日（元治元年六月一八日）のことである（姫島到着は七月二六日＝元治元年六月二三日）。姫島には、バロッサ号のほかコーモラント号も派遣され、日本語通訳生アーネスト・サトウやフランス軍関係者が同行した。姫島は連合艦隊の集合ポイントに設定されており、下関砲台の視察という任務も命じられていた。

オールコックたちは、伊藤・井上の懇願を聞き届けたわけではなく、現地情勢を把握するための時間的猶予を創りだそうとしたといえるのである。

バロッサ号出航の翌二二日（元治元年六月一九日）、四ヵ国代表は連合艦隊の下関遠征に関する共同覚書に調印し、徳川幕府に対しては、下関海峡の通航保証を要求して二〇日間の回答猶予を与えている。もちろん、幕府がそれを履行できないことを見越しての要求である。

この時、長州藩をめぐる状勢は緊迫化していた。同年夏、攘夷派家老たちが、勢力挽回のため京都へ強行出兵しており、禁裏守護兵との衝突は不可避な状態であった。そうした渦中の外国艦隊襲来予告である。伊藤・井上が帰藩した時、藩内は交戦ムードで結束していたという。とはいえ、京都進軍兵の動向が定かでないまま（禁門の変は一八六四年八月二〇日＝元治元年七月一九日）、外国艦隊と交戦することは得策でないとして、前年の外国船砲撃は幕命による奉勅攘夷を実行したにすぎないとする口実をもって、四ヵ国の軍事行動を牽制しようとする動きがでていた。

そこで、長州藩は、伊藤・井上に三ヵ月の軍事行動延期を画策させるべく、四ヵ国との交渉にあたらせようとする。しかし、バロッサ号艦長ダウエル大佐らは、自分たちに回答の権限がないとして交渉拒否し、横浜帰還後、長州藩の態度に変化がないと報告したのであった。

四ヵ国代表は、あらためて、下関砲台攻撃のための連合艦隊出動を確認したが、再び延期となる。八月一九日（元治元年七月一八日）、フランスに派遣されていた幕府の鎖港交渉使節が横浜に急遽帰着したからである。

フランス政府が幕府による使節派遣に同意した理由は、当時の駐日公使ド・ベルクールの斡旋もあり、一八六三年一〇月一四日（文久三年九月二日）のフランス陸軍将校カミュ中尉らの殺害事件（井土ヶ谷事件——犯人不明）に対する謝罪使節としての受け入れであった。それを、幕府は国内政局に対する時間稼ぎの意図もあって、勝手に鎖港交渉目的の使節として派遣したのであった。

渡仏した幕府使節は、当初こそ歓迎されたものの、本当の派遣目的を知るや、フランス政府は交渉を拒絶し、使節は無為な日々を送ることになる。ある意味、幕府の思惑通りになったのである。使節随行員であった福沢諭吉や福地源一郎らには、当初から滞在目的として、外交交渉だけでなく、学術修業が伝えられており、彼らからしてみれば、それなりの西洋見分や知識摂取の時間が与えられたのは、なんとも皮肉なことであった（福地源一郎『懐往事談』行人社、復刻、一八八五年、福沢諭吉『福翁自伝』岩波文庫、一九七八年ほか）。

その後、全権池田長発らは、フランス政府の説得によって翻意し、幕府による処分を覚悟のうえで、現状の対日関係改善策として、一八六四年六月二〇日（元治元年五月一七日）、フランス外相ドロウィン・デ・ルイ外相との間でパリ協約に調印した。その内容には、前年のキャンシャン号砲撃に対する賠償や、下関海峡通行保証が要求されていた。パリ協約には、フランス政府による対日影響力保持といった要素も否定できない。しかし、明らかに下関砲台攻撃に関する四ヵ国の共同覚書に抵触してしまっている。

新任のフランス公使レオン・ロッシュはパリ協約不承認の意向を示したが、本国政府の意志が確認できない状況では、フランス艦隊の出動は難しかった。これでは、四ヵ国の共同歩調に乱れが生じることになる。

徳川幕府の動向も注目された。しかし、徳川幕府はパリ協約を批准せず、命令に背いた池田らを処分する。そして、八月二五日（元治元年七月二四日）、四ヵ国代表に対して、パリ約定の廃棄を正式に通告した（フランス政府もその後不承認）。

幕府のパリ協約廃棄が確認されたことをもって、同日、四ヵ国代表は、「連合艦隊の軍事行動に関する最終覚書」に合意し、艦隊の下関出動を正式決定した。そして、横浜を出港した四ヵ国連合艦隊は、一八六四年九月四日（元治元年八月五日）、姫島沖に集結していった。

この間、長州藩は、内憂外患的状況に、長州藩単独の攘夷実行が不可能なことを理由として、外国船舶の下関海峡通航保証を条件とした当面の和平交渉を、伊藤・井上らに命じていた。

下関では、既に奇兵隊（前年結成の非正規兵）の兵士たちが興奮しており、藩命による発砲禁止命令が遵守できない状況にあったという。そして九月四日（元治元年八月五日）、伊藤らは、到来した四ヵ国艦隊に二時間の発砲猶予を求めて交渉にあたったが、決裂してしまう。そして、その一時間後、イギリス艦隊の旗艦ユーリアラス号からの発砲で戦闘が開始されたのであった。

下関戦争（二）

下関戦争は、幕末における最大の「外圧」として描かれる事件である。特に、欧米諸国の軍事力については、過大に評価されることが多い。たしかに、四ヵ国は投入しうる最大限の軍事力を動員したかのような印象がある。他方、それに対する長州側の抵抗についても、特に奇兵隊を中心にさまざまな評価がある。ゆえに、彼我の軍事力と戦闘経過については詳述しておくべきであろう。

イギリス艦隊（総員五一五六名）は、ユーリアラス号（旗艦）、ターター号、バロッサ号、コンケラー号、レオパード号、アーガス号、コンケット号、バウンサー号、パーシューズ号の九隻。艦数は多いが、ほとんどが旧式艦、砲艦であった。投入された兵力には、インド植民地軍からの派遣部隊や、横浜駐屯部隊、さらには本国からの派遣部隊も参加している（以下、特に断らないかぎり、四ヵ国の軍事行動はサー・ヒュー・コータッツィ「陸海軍の下関作戦」『歴代の駐日英国大使』文眞堂、二〇〇七年に、長州藩の行動は末松謙澄『修訂　防長回天史』第四編下、柏書房、復刻〈上巻〉、一九八〇年に拠る）。

これらの部隊がいったん横浜に集結したため、現地駐屯軍の軍事力を誇大に評価する傾向も未だに存在する。

フランス艦隊（総員一二二五名）は、セミラミス号（旗艦）、デュプレクス号、タンクレード号の三隻であるが、最新鋭の艦船であった。陸戦には、横浜駐屯部隊のほか、アフリカ・アルジェリア植

表3　4ヵ国連合艦隊(1864年)の軍事力

イギリス（全艦木造　兵力5156名）

ユーリアラス号	フリゲート型スクリュー艦	砲35門	旗艦
ターター号	コルベット型スクリュー艦	8インチ砲14門 40ポンド砲4門	
コンケラー号	旧式スクリュー戦艦	砲40門	海兵隊1個大隊搭乗
バロッサ号	コルベット型スクリュー艦	砲21門	
レオパード号	フリゲート型外輪艦	砲18門	
アーガス号	スループ型外輪砲艦	砲6門	
パーシューズ号	スループ型スクリュー砲艦	砲6門	上海から大型石炭船曳航
コケット号	スクリュー砲艦	砲4門	長崎から合流
バウンサー号	スクリュー砲艦	砲2門	

フランス（1225名）

セミラミス号	フリー型スクリュー艦	砲35門	旗艦
デュプレクス号	コルベット型スクリュー艦	砲10門	
タンクレード号	スクリュー型通報艦	砲4門	

オランダ（951名）

メデューサ号	コルベット型スクリュー艦	砲18門	旗艦
メターレン・クルーズ号	コルベット型スクリュー艦	砲16門	
ジャンビ号	コルベット型スクリュー艦	砲16門	
アムステルダム号	コルベット型外輪艦	砲8門	

アメリカ（258名）

ターキャン号	コルベット型艦	砲1門	傭船、ジェームスタウン号の将校・乗員が搭乗

（典拠）ヒュー・コータッツィ「陸海軍の下関作戦」『歴代の駐日英国大使』文眞堂、2007年。

民地の部隊が数多く投入された。フランス部隊が、四ヵ国のなかでは最精鋭であった。

オランダ艦隊（総員九五一名）は、メデューサ号（旗艦）メターレン・クルーズ号、デ・ジャンビ号、アムステルダム号の四隻である。前年の下関海峡における戦闘で大破したメデューサは修理済みで、今回は報復戦の様相を呈していた。

アメリカだけは事情が異なる。南北戦争中であったアメリカ合衆国では、この時、東アジアに展開する合衆国海軍で、日本に廻航させうる艦船がなかった。しかし、ジェームスタウン号の乗員たちが軍事行動参加を希望したため、商船ターキャンに大砲一門を装備して参戦したのである。参戦したジェームスタウン号乗員二五八名の奮戦ぶりは、とてもよく知られている。

四ヵ国艦隊は、用意周到な行動計画が練られており、特に砲台への接近を避けるべく、二列縦型編成を基本とした。

これに対する長州側は、正規兵および奇兵隊を下関と近傍の各砲台に配備した。大砲は、その多くが藩製造の青銅砲であったが、いうまでもなく、外国側のものと比べて、射程距離も性能も劣っていた。さらに旧式装備の援護兵も動員されている。ただし、先込め式のマスケット銃を与えられたものがいた一方で、甲冑に刀剣・弓矢の兵もおり、近代的装備と前近代的装備が混用された状態であった。

このような状態であるにもかかわらず戦闘が数日間におよんだことから、外国側の戦記には、敵としてよく戦った的な評価がある（サトウ『一外交官の見た明治維新』上巻、アルフレッド・ルサン『フランス士官の下関海戦記』新人物往来社、一九八七年など）。しかし、いくらその精神面を評価したとしても、現実には上陸兵に対する組織的な抵抗はできなかったとみてよい。

戦闘経過は、概ね以下のとおりである。

九月四日（元治元年八月四日）午後、姫島沖から下関沿岸各砲台の射程圏外に投錨した連合艦隊は、砲台の位置を確認後、潮流の状況次第での砲撃開始が、イギリス艦隊司令官のクーパーとフランス艦隊司令官ジョレスによって合意された。翌五日、前述した長州側使節との折衝がおこなわれたが決裂、午後二時からユーリアラス号の砲撃によって戦闘が開始され、長州側もこれに応戦した。同日夕刻、パーシューズ号とメデューサ号が陸戦隊を上陸させ、一部の砲台に釘を打ち込み、使用不能にさせて帰艦している。

四ヵ国艦隊は二列縦型編成をとり、前衛のデュプレクス号以下六隻が、長州側主要砲台に対する艦砲射撃を、後方のユーリアラス号、セミラミス号の英仏両旗艦がさらに支援攻撃を加えた。また、パーシューズ号ほか四隻が、艦隊側面からの砲台攻撃・占領作戦を遂行した。そのうえで、待機艦船であるアーガス号およびアムステルダム号が接近攻撃を試みた。コンケラー号は、二度にわたって座礁するも自力で乗り切り、アームストロング砲の射程圏内まで接近して攻撃をおこなった。そして、ターキャン号も砲撃に参加した。

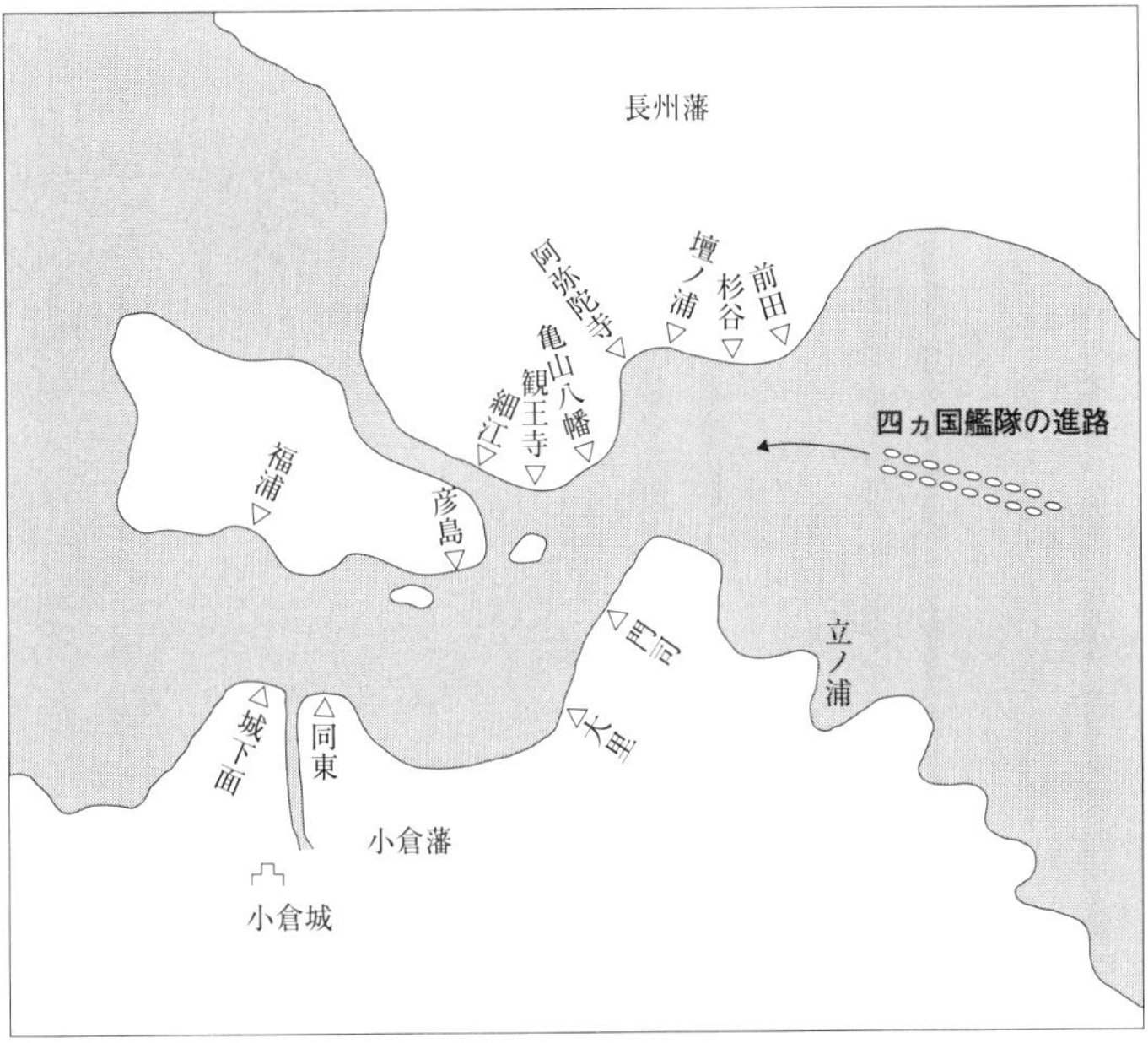

地図3　下関戦争略図

「馬関戦争之図」（山口県文書館蔵）をもとに作図。△は砲台。

六日の戦闘では、ターター号とデュプレクス号に被害がでたが、作戦は次の段階に移される。すなわち、四ヵ国の陸戦隊総計二〇〇〇名弱による上陸作戦である。これにより、長州側砲台の多くは破壊されるか、使用不能となった。弾薬庫も爆破された。長州側の組織的抵抗は、ほぼここでおわっている。しかし、上陸兵の帰還時、長州側敗残兵の散発的攻撃を受けたため、反撃して接近戦となり、死傷者をだしている。

七日は、作戦中に座礁したパーシューズ号を、アーガス号が曳航して離礁させた。そして、工兵隊

16　パリの長州砲
右から２つめ。戦利品としてフランス海軍が持ち帰った。パリのアンヴァリッド（フランス廃兵院―現：陸軍博物館）に屋外展示されている。著者撮影。

が上陸、占領砲台から大砲を撤去し、戦利品として艦船に積載している。八日は、残る砲台の攻撃作戦が実施され、ターター号ほか五隻による艦砲射撃がおこなわれたが、対抗砲火はなく、大砲撤去・艦船積載作業も実施されている。

　その後、大砲の撤去作業は、講和交渉中も続行されている。そのなかには木製の砲門もあった。井上馨の回顧によれば、「木に穴を抉《えぐ》て竹 箍《たけかんむり》を掛けた筒が出たそれへ煙硝を詰めて弾丸は栗石を詰めてそれを撃ったもの」だという。そして、長州はそうした砲門を引き渡すことが「恥かしくて耐《たま》ら」なかったとも井上馨は回顧している（『修訂　防長回天史』第四編下）。

　四ヵ国の死傷者は七二名（死者一二名）であり、そのうち五六名（死者八名）がイギリス兵であった。大半が小銃および砲弾負傷によるものであるが、弓矢による負傷も四名いた。刀傷や槍傷による死傷者はいなかった。イギリス以外では、フランス・オランダ兵は戦死一名、行方不明一名、負傷者五名に対して、アメリカ兵は二二名の死傷者をだしている。上陸したアメリカ海兵隊は約五〇名であるので、彼らの奮戦ぶりは際立っている。

狭隘な海峡沿岸に設置された下関の各砲台は、背後が急勾配な崖や山陵地帯となっており、後年に日本軍が要塞を築いたほどの要地である。しかし、長州藩は山側に砲台を一門も配備しておらず、それが四ヵ国艦隊による正面からの集中砲撃を容易にさせることになった。四ヵ国艦隊の砲弾が崖に命中することで、落石被害を受ける砲台も多かった。長州側は、地勢的な利点を生かせず、逆にそのことが致命傷になったともいえるのである。

このほか、四ヵ国艦隊は対岸（九州側）の小倉藩がいかなる動きをみせるか懸念していた。譜代の小倉藩は傍観の態度をとり、決して長州藩に味方することはなかった。そのため、四ヵ国艦隊は背後を気にすることなく、下関海峡での正面攻撃に集中することができたのである。

砲撃については、薩英戦争の教訓をふまえて一〇〇〇ヤード（約九一五メートル）の長距離砲撃を基本とした。しかし、下関砲台の地勢的な問題に助けられたところも大きく、砲台の組織的な壊滅行動には陸戦隊による上陸攻撃と接近艦隊の援護射撃を必要としたのであった。

講和交渉

戦闘は、長州側から講和の意志が伝えられたことで停戦となった。ただし、長州側の態度は、藩をとりまく複雑な事情から、狡猾そのものであった。

※講和に関する記録は、基本的に、長州側は毛利家史料を編纂した『修訂　防長回天史』第四編下に集約される。交渉に同席した伊藤博文や井上馨の回顧談も同書に所収されたものである。他方、四ヵ国側は、作戦を主導したイギリス側の記録（海軍省文書・外務省文書、さらにそれらの編纂物としての議会資料）が中心である。交渉に同席したアーネスト・サトウも、自身の日記や議会資料をふまえながら回顧録で仔細を記している。萩原延壽『遠い崖』第二巻は、これら日英関係記録を利用しながら、要領よく交渉の経過を伝えており有益な文献である。

長州藩が、戦前から、外国船砲撃は幕命によるもとする口実をでっちあげ、下関海峡の航行保証を条件に、講和交渉に持ち込もうと画策していたことは前述の通りである。その後、交渉は成功せず戦闘となったため、藩内は抗戦で結束、講和には反対の意見が多かった。

しかし、禁門の変敗退後の予断を許さない状況をふまえて、とりあえず外国側の脅威を除こうとする、時間稼ぎ的な態度で講和交渉を求めたのである。

講和全権には、前年、藩命に背いた罪で入獄していた高杉晋作が任命された。高杉は上級藩士であったが、禁門の変を指揮して自決した久坂玄瑞らと同じく、下級藩士が多く通った松下村塾の門下生でもあり、御殿山イギリス公使館焼き打ち事件の首謀者でもある一方で、その行動は総じて独自のもので、藩内の政治抗争からは一線を画したところがあった。内憂外患の状況下に、人材不足（誰しも嫌がったというほうが正確か）もあり、藩庁は、高杉を宍戸備前と変名させ、家老の末席に叙して下関に派遣したのである。また、伊藤俊輔と井上聞多が通訳として随行した。

第一回会談（元治元年八月九日＝一八六四年九月九日）では、交渉のための休戦と、藩主・毛利敬親との会見などが約された。だが、高杉らは予定された翌日の第二回会談に姿を現さなかった。講和反対論者たちの暴挙を懸念した藩庁は、使節派遣が世子・毛利定広の命令によるものにすぎないとの態度をとったため、高杉と伊藤が暗殺の危険を感じて身を隠したのである。

第二回会談（元治元年八月一〇日＝一八六四年九月一〇日）には、引き続いて通訳として臨席した井上を除き、新たに毛利登人《たけと》（毛利出雲の変名を使用）らが出席した。クーパーは藩主との会見を希望し、さらに講和三条件（当面の砲台再構築禁止、賠償金支払い、下関市街における石炭・食糧の購入許可）を提示した。毛利登人は、クーパーが提示した条件について、物資購入のための上陸を許可しただけでなく、市街地における安全を積極的に保証する旨を発言した。ただし、藩内の事情を考えれば、登人の個人的発言にすぎないといえる。

クーパーら四ヵ国側は、登人の発言を必ずしも信用しなかった。会談後、クーパーおよびジョレス提督一行は、対岸の小倉藩領門司で、役人や地元住民などからさまざまな事情聴取をおこなっていたからである。小倉藩の役人たちは、長州藩の態度がいかに虚偽に満ちたものか滔々と説明したという（萩原延壽『遠い崖』第二巻）。

長州藩の態度はさらに変転する。井上聞多は、留学前に毛利定広の小姓役であったことから、個人的なパイプを有していた。そこで井上は、定広に藩庁の姑息な対応を諫言し、講和継続が藩主の意志である旨を藩内に布告させることに成功したのである。

　これにより、第三回会談（元治元年八月一四日＝一八六四年九月一四日）には、高杉および伊藤が復帰して出席した（井上は不参加）。クーパーが希望した藩主との会見は、謹慎中を理由に実現しなかった。高杉らは禁門の変と藩主謹慎に至った経緯を説明し、四ヵ国側からはあらためて講和条件が提示された。

　外国船の下関碇泊および物資購入・上陸許可、下関砲台の無期限構築・修繕禁止については直ちに合意された。しかし、下関市街から攻撃されたにもかかわらず、それを焼き払わなかったことを理由とする賠償金支払いについては、高杉が強硬な態度で反対した。

　高杉は、賠償金が巨額な場合、長州藩の財政能力ではそれが不可能なこと、藩内に講和反対派が存在することを指摘し、さらには外国船砲撃が幕命・朝命によるものだとの方便を繰り返し、支払いの道理がないと主張した。クーパーは藩内事情がいかなるものであっても、敗戦の結果、賠償金を課される可能性をも計算しておくべきではなかったかと反論したが、高杉たちの論理に諭されたのか、結果として態度を軟化させた。萩原延壽が指摘するように、長州との講和を確定させるため、賠償金は幕府に支払わせてもよいのではという暗黙の了解が働いたのかもしれない（『遠い崖』第二巻）。そして、賠償金支払いについては、後日、幕府との最終的な講和交渉によって決定することで妥協が成立した。

かくして、一八六四年九月一四日（元治元年八月一四日）、四ヵ国連合艦隊と長州側との間で、講和に関する覚書五ヵ条が調印された。

なお、攘夷実行が幕命によるものとする長州側の弁明について、四ヵ国は、小倉藩から事情を聞き、それが虚飾であることを確認していたが、下関の住民からは攘夷が幕命によるものであることを信じるという声も寄せられたという。いずれも恣意的な発言にほかならない。しかしそれは、攘夷という発想が政争の具でしかなく、きわめて不明瞭な理念でしかないことを、如実に表わしているといえる。当時の欧米人の日本政局観では、容易に理解できない問題だったのである。

交渉ではこのほか、クーパーが彦島の租借を要求するも、長州側の強い抵抗によって撤回したことを、伊藤が晩年に回想している（『伊藤博文公伝』上巻、原書房、復刻、一九七〇年）。下関の対岸に位置する彦島の寄港が可能になれば、下関海峡航行の利便性を高めることになり、イギリス海軍の対日戦略にとっても重要な拠点となりうることはいうまでもない。しかし、公式記録などにも記されておらず、たとえそれが事実だとしても、あくまで非公式な発言でしかない。また、その真相を追究することも史料的には限界がある。

萩原延壽『遠い崖』（第二巻）が指摘するように、軍事行動や講和交渉において、クーパーは四ヵ国代表との合意事項から逸脱した行動をいくつかとっている。藩主の会見を望んだこともこれに該当する。そして、戦後交渉のため下関の特定地域に小部隊を駐留させて保障占領せよとの命令も、その必要なしと判断して履行しなかった。彦島租借の逸話も、こうしたことに関係するのかもしれない。

その代わりに、クーパーら連合艦隊首脳は、停戦監視と航行保証のため、四ヵ国が各一隻（アメリカにはその余裕がないので、英・仏・蘭で合計三隻）を下関海峡に継続停留させる措置をとった。むしろ、このことが、続いておこなわれた幕府との交渉において、多大な影響を与えることになる。

また、連合艦隊は、四ヵ国代表から、大阪湾周辺でのいかなる軍事行動も禁止されていたが、あえて瀬戸内海経由での横浜帰還を選択した。これは、クーパーによる明らかな挑発行為であったが、沿岸からの敵対的兆候はみられなかった。

クーパーの訓令違反行為は、おそらく意図的なものと思われる。しかしこのことが、イギリスと長州側との積極的な接触を生じさせ、さらに瀬戸内海航行の重要性を認識させることになった。

オールコックは、幕府との最終講和協定において、下関攻撃が、たんなる砲台破壊を目的とする軍事行動ではなく、対日貿易安定・拡大のためであることを証明するため、さらなる構想を思案していった。

懸案の賠償金をあえて高額に設定することで、下関あるいは瀬戸内海沿岸に新たな開港場を獲得しようとしたのである。これには、伊藤俊輔や井上聞多ら、長州藩内で下関開港を主張する動きが関係していたといわれている。

ただし、下関開港は決して長州藩の総意ではなかった。安政五ヵ国条約は、幕府が結んだ通商条約である。ゆえに、開港場は、幕府の意向によってその直轄地に限定されていた。にもかかわらず、恭順を表明している長州藩が下関開港を主張すれば、征長を発令している幕府との対立はさらに深刻なものとなり、藩の自滅にもなりかねない。事実、幕府も、長州藩内における下関開港意見を察知し、長崎奉行所の役人たちが、その不可を四ヵ国側に説いていた。

長州藩庁は、巨額の賠償金負担を逃れるべく、幕府と四ヵ国側との交渉監視使節（家老・井原主計《いはらかずえ》、伊藤らが随行）を、イギリス公使館の支援を受けて、横浜に派遣している。使節派遣にあたって、藩庁は、賠償減免の画策と同時に、下関開港を要求された場合、幕命や朝命がなければ、藩の独断で決定できないと伝えるように命令していた。無理もないことである。

「下関取極書」調印

江戸での交渉において、遠征の立案者であるオールコックは、代償を獲得するならば、それは金銭よりも、対日貿易の拡大となる長州藩の貿易港である下関の開港が望ましいと考え、金銭支払いか、あるいはその代償としての下関開港かを二者択一条件として提示した。これに対して、出席した老中水野忠精《みずのただきよ》らは、下関開港については即座に拒絶し、賠償金を将来的に長州藩から没収した領地での収入から支払うと主張した。

しかしオールコックは、これを信用せず、賠償金支払いの確約がえられない場合、長州藩との直接

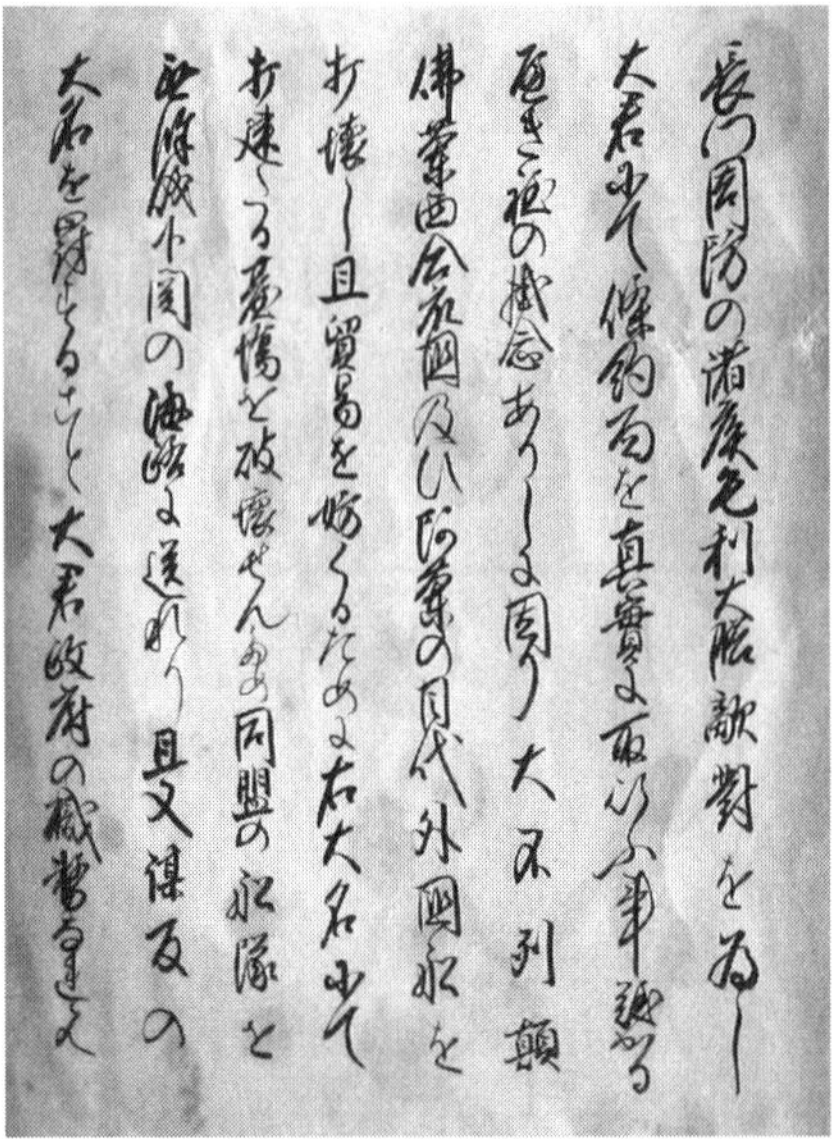

17　**下関取極書**
FO93/49/4.

交渉を示唆した。

さらにこの時、下関海峡に継続停留させていたバロッサ号ほか三隻の軍艦が、幕府の対応に影響を与えた。長州征討を計画していた幕府は、その弊害になるとして撤退を要求していた。しかし、オールコックは、最終講和に合意しないかぎり、これに同意しないとした。かくして、条約上、国家主権者としての体面から、幕府は賠償金支払いに応じざるをえなかったのである（拙著『幕末維新期の外交と貿易』第二章）。

一八六四年一〇月二二日（元治元年九月二二日）に調印された、下関遠征に関する最終講和協定「下関取極書」では、幕府による賠償金三〇〇万ドルの支払いが明記された。そして、六分割・三ヵ月ごとに五〇万ドルずつ支払うとされた。ただしこの協定には、金銭よりも新港の開港を望むオールコックの意図通り、幕府がもし下関あるいは瀬戸内海沿岸に一港を開けば、四ヵ国政府は支払い免除に同意するとした二者択一条項が盛り込まれた。

「下関取極書」は、その後の対日関係を大きく変化させていくことになる。

下関賠償金と下関開港問題

「下関取極書」に挿入された二者択一条項について、関係四ヵ国政府の態度は一致しなかった。イギリス・オランダが開港を希望し、フランスは賠償金受領を希望した。また、アメリカは駐日代表の自由裁量に委ねるとしたのである。

他方、徳川幕府の態度は明確であった。下関が直轄領でないことを理由として、賠償金の支払いを四ヵ国に通達したのである。しかし、幕府にとって、年間租税収入の約六倍に相当（イギリスの単純推計）する三〇〇万ドルの賠償金を一八ヵ月間で完済する目処はなかった。そのため、長州問題を理由として、第一回分の支払い延期を、四ヵ国代表に要請した（拙著『幕末維新期の外交と貿易』第二章）。

また、幕府が拒否した下関開港について、オールコックは長州藩内の好意的な意見を信じて、それが実現可能であるとの希望的観測を抱いていた。しかし現実には、恭順の姿勢をとり続ける長州藩庁によって、完全にその可能性は消滅していた。

下関戦争をめぐる言説

かつての歴史書がそうであったが、現在でも、学校教科書、評論書や文学書、さらに郷土史など、多くの書物は、下関の敗北により、長州藩は攘夷策の無謀さを理解し、以後、開国策に転じた、または倒幕に傾いていったと記す。極端なものは、下関の敗北から近代日本が始まったかのように記すものさえある。

しかし、これでは薩英戦争をめぐる言説と同様で、歴史を歪曲しすぎである。長州藩にとって、下関戦争が大きな転機になったことはいうまでもない。しかし、そうした評価は、下関戦争に重要な役割を果たした伊藤博文や井上馨が明治国家の指導者になるなど、維新後の政財界に長州藩（山口県）出身者が多く名を連ねていたからにほかならない。

明治国家は、欧米を模範とする近代国家の建設をめざした。幕末の日本にとって、欧米文明に抗することの無力さを経験したのが下関戦争であり、その経験から山口県出身者の多くが明治国家建設に中心的役割を果たしたといいたいのである。

下関の壇ノ浦には、下関戦争当時の砲台群が一部復元されている。また、その近くには、フランス海軍が戦利品として持ち帰った本物の長州砲のうち、フランス政府の好意によって、貸与という名目で返還された一門の複製品が展示され、異彩を放っている。戦争における戦利品が敗戦国に返還されることは、きわめて珍しいことであるが、大砲をめぐる長州藩の経験が、まさに近代日本の夜明けだ

18　馬関開港百年記念碑
壇ノ浦砲台跡（下関市みもすそかわ公園）にある。1865年建立。著者撮影。

といってしまうのは、郷土顕彰の意味合いを超越してしまっている。

このほか壇ノ浦には、返還された長州砲の複製品に連なり、「馬関開港百年記念碑」がそびえ立つ。この碑は、一九六四（昭和三九）年に、下関市が挙行した馬関（＝下関）開港百年祭を記念して翌年に建立されたものである。それによると、下関は、四ヵ国との戦闘に敗北した結果、海外に視野を開いた一八六四（元治元）年に実質開港されたのだという。しかし、そのような史実はどこにも存在しない。

下関戦争が長州藩にとっての転機だったとしても、それがそのまま明治の近代化に直結するわけではない。そのためには、なお長い道のりがあったのはいうまでもない。結局は、明治国家、そして山口県を顕彰するために創造された物語でしかない。

なお、下関市の名誉のために付言しておけば、一九九九（平成一一）年にも下関港開港百年祭が開催されている。こちらは、一八九九（明治三二）年に、下関が新条約の施行によって開港場に指定された史実を起点としており、至極常識的である。

下関戦争（生麦事件や薩英戦争も同様）をめぐる言説は、近代日本における明治維新史認識の変遷が大きく関係していることだけは間違いないようである。

オールコックの本国召還

オールコックは、ラッセル外相から、下関戦争に関する事情説明のため本国召還を命じられる。四ヵ国連合艦隊による下関での軍事行動が、イギリス政府の予想を超えて、大規模かつ本格的だったからである。駐日公使館そして日本の外国人社会に衝撃が走ったのはいうまでもない。

下関戦争後、対日関係は劇的に好転していた。幕府は鎖港交渉を口実とした横浜への貿易品流通制限を解除し、長崎では下関海峡の実質封鎖が影響して貿易活動が事実上停止に追い込まれていたが、これも再開された。長崎在住のイギリス商人たちは、そろってオールコックの決断に感謝の意を伝えていた（石井孝『増訂　明治維新の国際的環境』）。

そのような状況であったにもかかわらず、本国から届いたのがオールコック召還命令である。出先機関の外交責任者に対する召還命令は、不信任の通告にほかならない。場合によっては、更迭をも意味する。

当時の日本には電信が開通しておらず、イギリス本国との通信には、海軍の通報船を利用したとても、最短で片道約二ヵ月半を必要とした。そのためイギリス本国には、対日関係の好転が時間差で伝わったのである。この時間差がラッセル外相の誤解となり、召還命令となったのであった。

帰国にあたり、オールコックが一八六四年一一月一九日（元治元年一〇月二〇日）付でラッセル外相に宛てた長文の公信（F.O. 46/47. No. 97. Alcock to Russell. November 19, 1864.）は、自身の対日政策がいかに適切なものであったのかを力説した弁明書である（萩原延壽『遠い崖』第二巻に全文の抄訳がある）。特に、「極東での生活と経験から学んだ教訓（the lesson of all my Eastern life and career）」をふまえて結ばれた末文は、西洋諸国と異文明国家との関係が、つねに力の論理を前提としてきたものであることを概観した名文として知られている。

その一節には、次のように記されている。

日本と結ばれた条約は、すべて日本に強制されたものである。そこで、日本人の性格、制度、そして為政者たちに大きな変化が起きるまでは、現行条約を、宗教的禁欲、つまり、手段としての武力の行使を断念することで維持できると期待するのは、むなしいことである（All Treaties made with Japan have been force upon it; and until great changes have taken place, in the character, instructions, and Government of the People, it is in vain to expect that Treaties so entered into, can be maintained by a religious abstinence from the use of force as a means.)。

同様の表現は、オールコックが一時帰国中の一八六三（文久三）年に執筆した、回顧録『大君の都』にもみることができる。力の外交は、本質論であると同時に、オールコックの極東経験が導きだした結論でもあった。

とはいえ、砲艦外交は最後の手段であって、オールコックが日本国内の情報を可能なかぎり分析し、さまざまな譲歩を重ねていたこともふまえなければならない。この姿勢は、オールコックが外交官を引退するまで変わることがなかった。

それはともかく、このオールコックによる公信が到着する前に、ラッセル外相は長崎領事館や海軍省から、下関戦争後の好況を伝えられていた。本国に帰国したオールコックは、逆に彼の行動が適切なものであったと評価された。

日本では、オールコック再任を望む声が多かった。また、オールコックの功績を追認したラッセルも、日本再赴任を希望したといわれる（萩原延壽『遠い崖』第二巻）。しかし、オールコックはこれを拒否したようであり、帰国の一年後、清国駐在公使に転出していった。北京駐在公使は、ヨーロッパ主要国の駐在大使に次ぐポストである。本来、公使以上の外交ポスト（外交部門 Diplomatic Service）に昇進することがなかった領事部門（Consular Service 活動地域限定で採用された専門職）

出身のオールコックにとってみれば、駐清公使就任は大出世にほかならなかった。
オールコックの後任には、政府内部でさまざまな駆け引きがあったが、横浜領事チャールズ・ウィンチェスターが代理公使となった後、一八六五年三月二七日付で、ハリー・パークスが第二代駐日公使に任命されることになる。

ウィンチェスターの賠償金減免提案

長崎領事の経験もある代理公使ウィンチェスターは、日本事情に精通する居留民の一致した見解として、「賠償金受領は貿易に課せられる付加価値税以外のなにものでもない」という見解をもっていた。

ウィンチェスターはラッセル外相に対して、下関賠償金総額の減免および第二回分支払いの一年間延期を認め、その期間を利用して減免額に相当する四ヵ国の共同利益、例えば兵庫の先期開港や関税額改訂などについてなんらかの取り決めをおこなうことを協議すべきと提案した。

ラッセル外相はこの提案を直ちに承認し、関係各国政府に対して、賠償金額三分の二軽減を、①一八六六年一月一日を期して兵庫・大坂を外国人に開放する、②天皇による条約の公式勅許、③日本における関税額を総じて五％に減じる、の三条件について幕府が同意する場合に認めること、もし提案を拒否する場合、「下関取極書」の規定期限内での賠償金全額支払いを要求すべきとする提案をおこなった。

ラッセルの提案に対して、オランダおよびアメリカ政府は賛同した。しかしフランス外相ドロウィン・デ・ルイだけは、兵庫開港の強要は戦争につながる可能性があり、幕府に賠償金支払い忌避の傾向が認められる場合は、「下関取極書」の厳正履行を要求すればよいとして、ラッセルの提案を批判した。結局、提案の実行如何は駐日関係各国代表の判断に委ねられることになった（拙著『幕末維新期の外交と貿易』第二章）。

19　ハリー・パークス
1883年7月、東京で撮影（当時、55歳）。Stanley Lane-Poole, *The life of Sir Harry Parkes*. vol.1. Macmillan and Co. 1894. より。

ハリー・パークスの日本赴任

第二代駐日公使に就任したのは広東領事サー・ハリー・スミス・パークスである。彼は、幼年期から中国で生活し、中国語通訳をへてイギリス外務省の領事部門に雇用された人物であった。勤勉・実直な性格で知られ、アロー号戦争の講和が決裂した時には、清国の捕虜となったが、決して要求に屈することがなかった。まさに大英帝国の権益擁護人として知られた人物である。その功労によって、彼は三四歳でサー（Sir）の称号を与えられている。領事部門出身とはいえ、極東外交の作法に通じたパークスは、まさに適任者であった（高梨健吉訳『パークス伝』平凡社東洋文庫、一九八四年）。

四ヵ国連合艦隊の兵庫沖遠征と条約勅許

パークスは、日本赴任にあたり、横浜に直接向かわず、途中、長崎に立ち寄り現地の事情を観察するなど、いかなる対策をとるべきか慎重に見極めていたようである。

そうした渦中の、一八六五年八月二三日、ラッセル外相から、イギリス政府の対日政策が、現況の日本国内情勢と合致するかどうか、その調査を命じる抽象的な訓令が発せられた。ラッセルの訓令は、賠償金問題を口実とした兵庫沖進出・条約勅許の獲得を示唆するものであったといわれている（萩原延壽『遠い崖』第三巻）。

この訓令を受領（一八六五年一〇月二二日＝慶応元年九月三日）するや、パークスはその意図を理解し、関係各国代表に対して海軍力を背景とした兵庫沖での共同示威行動を提案した。

対応が注目されたフランスも、新駐日公使レオン・ロッシュが提案を優れたものと評価し、共同行動への参加を表明した。

一八六五年一一月四日（慶応元年九月一六日）、各国代表が搭乗した四ヵ国連合艦隊は兵庫沖に進出し、翌日、幕府に対して賠償金減免提案を通達した。

二週間にわたった四ヵ国連合艦隊の兵庫沖滞在中、在京幕閣は、これを好機として兵庫先期開港を実現させ、あわせて条約勅許をえようと朝廷に働きかけたが、外交権の朝廷一任を目論む薩摩藩などの圧力もあり、また、さまざまな流言が飛び交い、容易に結論はでなかった。さらに、幕閣の内部対立や、一橋慶喜（当時は、禁裏守衛総督兼摂海防禦指揮）の思惑もあって、一時は将軍家茂が朝廷に辞表を提出し、さらに兵庫先期開港を主張する阿部正外《あべまさと》・松前崇広《まつまえたかひろ》の二老中が勅命によって罷免される事態に発展した（奈良勝司『明治維新と世界認識体系』有志舎、二〇一〇年）。

しかしその後、一橋慶喜の尽力により、将軍の辞表提出は撤回され、また朝議も一変する。朝廷は、将軍家茂に対して条約勅許を与えた。ただし、一八六五年一一月二二日（慶応元年一〇月五日）、朝廷が下した条約勅許の沙汰書には、公家たちの強い反対と、反幕府勢力融和のため、兵庫開港停止と今後の条約改正を命じる内容が書き加えられていた。

一一月二四日（慶応元年一〇月七日）、幕府は四ヵ国代表に対して、朝廷による条約勅許の事実、および関税改訂に同意する旨を伝えたが、兵庫開港停止の沙汰については、その旨を意図的に伝えず（後に、薩摩藩によってイギリスはその事実を知る）、ロンドン覚書による開港期限（一八六八年一月一日）の遵守を表明した。また下関賠償金については、第二回分以降の規定通りの支払いを表明した。

パークスは、なおも兵庫先期開港を要求した。しかし結局は、賠償金のいくらかも減免することなく獲得した条約勅許を、兵庫先期開港に優る当面の価値とみなすことで妥協したのであった（拙著『幕末維新期の外交と貿易』第二章）。

第五章

政権交代と国際関係

関税額軽減問題と当時の幕府権力

幕府にとって、条約勅許や兵庫先期開港に比べると、関税額改訂の同意は重要な問題ではなかったと思われる。他方、下関賠償金については、支払いの意向を通達したとはいえ、財政が窮乏していた幕府にその見通しはたっていなかった。

そのため、兵庫沖での交渉直後から、賠償金第二回分の支払い延期交渉を始めており、関税額の軽減や税則制度の一部変更などを代償事項として用意していた。ただしこれらは、たんに支払い延期の代償という意味合いにとどまらない積極的なものであったと思われる。なぜなら、この頃の幕閣は、貿易拡大の利益が幕権強化のための富国政策となるように税則を変更すべく、外国側と協議することを交渉方針として決定していたからである。

なぜなのか。慶応年間に幕権強化を目指した幕吏たちの動向につながるこの問題を述べることは、さまざまな推察こそおこなわれているが、史料的な制約があり、具体的には難しい。

ここでも漠然的な情況を述べるしかない。そもそも、文久年間（一八六一～六三年）以降の幕府は、在京の幕閣と江戸留守居の幕閣とに権力構造が分化していたが、多くの研究が指摘するように、これに一橋慶喜という存在が絡み合う複雑な構造を有していた。

※この時期の優れた政治史研究としては、青山忠正『明治維新と国家形成』（吉川弘文館、二〇〇〇年）、家近良樹『幕末政治と倒幕運動』（吉川弘文館、一九九五年）、佐々木克『幕末政治と薩摩藩』（吉川弘文館、二〇〇四年）、奈良勝司『明治維新と世界認識体系』（前掲）などがある。

慶応元・二（一八六五・六）年頃は、中川宮朝彦親王とともに、一橋慶喜が京都政局を掌握していた。しかし、慶喜主導で長州再征を実行するも失敗し、その渦中に一四代将軍家茂が死去した。次期将軍には、在京幕閣の強い主張で慶喜が推挙された

慶喜は、周知のように第一三代将軍家定の後継者として取り沙汰された人物であるが、その後、朝命により将軍後見職となり、さらに禁裏守衛総督に転じていた。一橋家当主という徳川宗家一門の身分でありながら、朝廷の権威によりその政治的立場を有していた人物である。つまり、慶喜の政治的立場は、伝統的な幕府の権威によって創出されたものではない。したがって、江戸では慶喜を嫌う保守層も数多かった。そのため、慶喜は幕府全体の意志を自らに向けさせるべく、徳川宗家相続のみを承諾し、将軍就任については拒絶の態度をとり続けた。慶喜が、将軍宣下を受けるのは一八六七年一月一〇日（慶応二年一二月五日）のことである（家近良樹『徳川慶喜』吉川弘文館、二〇一三年）。

20　レオン・ロッシュ

将軍就任をうけて、慶喜は絶対的権力を創出すべく、さまざまな機構改革を挙行していった。その際に、改革の背景としてよく指摘されるのがフランスとの関係である。たしかに、駐日公使ロッシュの積極的な幕府支持の姿勢もあり、フランス本国から軍事顧問団を招聘し、また巨額の借款契約を画策したといわれている。ほかに、横須賀製鉄所の建設も、フランスの支援によって開始されている（石井孝『増訂　明治維新の国際的環境』ほか）。

しかし、こうした対外関係の流れが、一様に慶喜政権によるものとはいいきれない。慶喜は在任中、京都・大坂に滞在し続け、江戸に帰還することはなかった。他方、外交と貿易の中心は依然として江戸と横浜にほかならず、そこには慶喜政権以前からの連続性がよみとれる。

フランスとの関係は、慶喜政権期の改革を支えたエリート幕吏層のなかでも、例えば、小栗忠順《ただまさ》のように、親仏の姿勢を顕著にした一部の連中によるものと考えるべきであろう。

パークスの対応と外国商人たちの意見

関税額改訂交渉にあたり、駐日外交団も、対日関係をより自由貿易の方向に導くことになるとして、それを歓迎した。特に、交渉を主導する立場にあったパークスは、たんに関税額の改訂だけではなく、税則そのものを改正すべく幕府に働きかけ、同意をえることに成功している。

税則改訂交渉にあたって、パークスがおこなった準備は用意周到なものであった。

まず対日貿易と大きな関わりがある上海に出張し、現地の外国人商業会議所に対して意見を求めた。上海商業会議所は、対日貿易における関税賦課方式を、安政条約が規定する従価税方式から、清国で採用されている従量税方式に変更し、さらに貿易品の再輸出を容易にするために、関税払戻制度の採用を答申した。パークスは、これを重要な指摘と理解した。

横浜では、兵庫沖交渉の結果が布告されていたため、関税額改訂をめぐって、居留地の二大新聞ジャパン・タイムズとジャパン・ヘラルドが激しい論戦を交わした。ジャパン・タイムズは従量税方式を、保税倉庫制度とともに採用すべきと主張し、ジャパン・ヘラルドは日本の開港場を、関税のかからない自由港にすべきとした。

パークスは、横浜・箱館・長崎の駐在領事に対して、現地居留の自国商人に意見を諮問させている。答申をおこなった商人たちの意見は詳細かつさまざまなものであった。

これら答申意見の内容は、あまりに煩雑になるので拙著『幕末維新期の外交と貿易』第三章に譲るが、いかに幕府が対日貿易に制限を課しているか、その実状や、現行税則や現実の貿易活動の矛盾から生じる数多くの不正行為とその問題点を伝えていた。

こうした意見をふまえたうえで、パークスは幕府側交渉委員に対して従量税制度の採用を提案した。幕府側交渉委員は、いったん態度を保留したのち、交渉委員である勘定奉行小栗忠順の病気を口実として交渉を拒否するようになる。当時、親幕的姿勢を強めていたフランス公使ロッシュが、幕府側交渉委員に対して横浜の自由港化を主張し、その採用を説いていたからである。幕府側交渉委員たちはロッシュの提言に多大な関心を示した。当時の幕府内部では、関税改訂と同時に、国内向け商業税の新設などが検討されていた。例えば小栗忠順は、富国のための輸出税全廃・輸入税維持を主張したことでも知られる。こうした税制案が、横浜の自由港化構想と結びついていたのである。

一八六六（慶応二）年になると、設立されたばかりの横浜商業会議所（外国商人の団体）でも、税則改訂に関する会合が開かれた。会員の多数を占めるイギリス商人たちは従量税制度の採用を主張したが、ロッシュの意向をうけたフランス商人たちが一致して自由港制度を主張したため、会議所としての公式見解は容易に確定しなかった。しかし、居留地の外側で、幕府による貿易品への恣意的な課税行為（二重課税となり、条約違反）を助長しかねない自由港制度は薦められないとして、関税払戻制度の設立を条件とした従量税制度の採用を、商業会議所は公式見解としたのであった。そのため、ロッシュも譲歩せざるをえなくなり、幕府に対して従量税制度の採用を提案した。

この間、幕府は自由港制度の採用に傾斜しながらも、小栗忠順ら交渉委員が従量税制度についても調査を進め、必ずしも幕府の損失にはならないと判断していた。そして、ロッシュの支持がなくなった以上、これ以上の交渉延引は不必要と判断し、従量税制度の採用を老中たちに提言し、了承されたのであった。

「江戸協約」の調印

幕府とパークスとの間で、従量税制度を基本とした新税則の作成交渉が開始された。パークスは、横浜商業会議所や駐日各国代表に意見を求めながら草案を作成した。幕府側もこれに同意し、新税則が完成した。

しかし、並行しておこなわれていた下関賠償金第二回分の支払い延期交渉が、新税則の調印に待ったをかける。パークスが支払い延期の代償を、新税則の内容そのものに見出そうとしたからである。パークスは駐日他国代表の同意をえたうえで、自らが考案した代償案八項目（①諸藩代理人の貿易活動に対する制限の除去、②全ての日本人が外国船を購入する自由、③旅券制度の下で日本人が海外に渡航する自由、④日本人が政府の許可をえて外国の技術者を雇用し、外国の機械を使用する自由、⑤保税倉庫制度の設立、あるいは関税払戻制度、⑥日本沿岸への灯台設置、⑦自由な鋳造所の設立、⑧日本の生産物が通行税、あるいは現在交渉中の新税則で規定される関税以外のいかなる税をも課せ

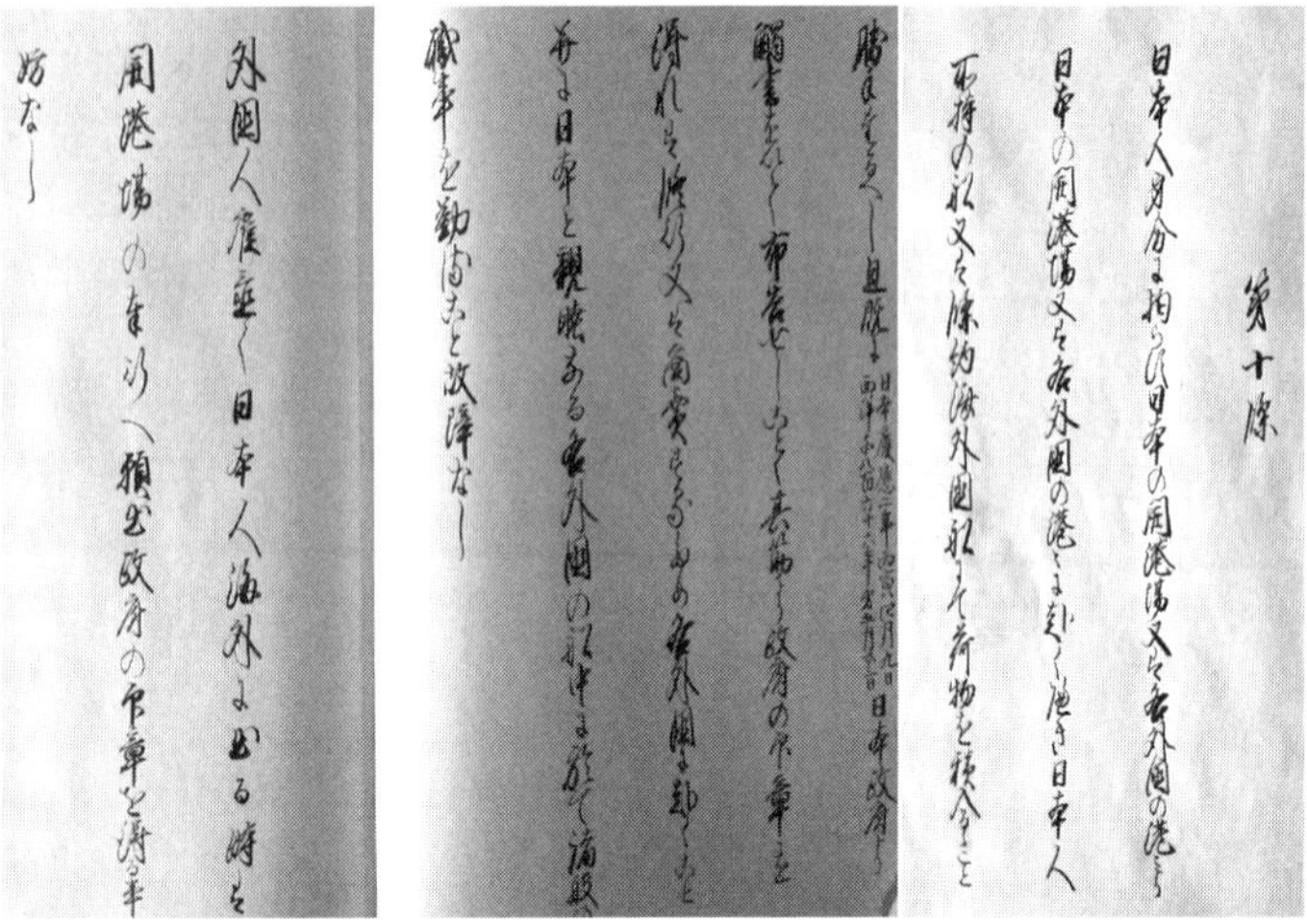

21　「江戸協約」第10条

F.O.93/49/5A. 日本人の海外渡航海禁を定める。

られない約束）、を幕府側に提示し、これらを新税則に追加するように求めた。

パークスは、この代償案をクラレンドン外相に報告するとともに、ハモンド外務事務次官に宛てた一八六六年四月二八日付け半公信（Private Letter. 公信と同時に送られる書簡、私的な内容とはかぎらない）のなかで、「幕府の賠償金支払い延期要請は、私の手中にある梃子（lever in my hands）であり、私はそれを良い目的のために利用できると信じている」（F.O.46/68. Parkes to Hammond. April 28, 1866. Private.）と述べている。そして、代償案のなかでも、特に旅券制度の実施に期待を抱き、「後戻りできない程の強さで、日本を国際関係のなかに組み入れることになる」（同右）と記している。また、諸大名の貿易活動に対する制限除去も重視していた。パークスは、諸大名を自由貿易の恩恵に与らせることで、外国人に対する拝外思想が消滅することを期待していたのである。

パークスは、下関賠償金支払い延期問題を利用して、新税則交渉の次元を越えた自由貿易協定の調印を求めたのであり、それは安政五ヵ国条約を実質的に改正する内容でもあったのである。

幕府側交渉委員たちは、与えられた権限を越えているとして、パークスの代償要求に難色を示した。しかし、ロッシュもまた即時調印を勧告したため、老中水野忠精の独断をもって調印する意向をパークスに伝えた。かくして、一八六六年六月二五日（慶応二年五月一三日）、「江戸協約」は調印された。

なお、「江戸協約」は、一般に改税約書とよばれる。しかし、関税額改訂に関する条項はわずか二項目にすぎず、多くがパークスの意向を盛り込んだ自由貿易協定といえる。であるならば、交渉のきっかけから、「改税約書」（Revision of the Tariff）と表現するよりも、約定の英文名（条約文の標準言語）であるConvention of Yedoをそのまま和訳して「江戸協約」と呼称すべきであろう（石井孝「列強の対日政策」岩波講座『日本歴史』［近代1］岩波書店、一九六二年）。

「江戸協約」の調印をうけて、当面の経済利潤を追求する日本居留の外国商人たちは、従量税制度が採用されても、関税払戻制度が条文に盛り込まれなかった（代わりに保税倉庫制度を採用）ことから不満を表明し、パークスに再考を求めたが具体性を欠くとして退けられている。しかし、保税倉庫制度が実際にはほとんど利用されなかったことから、その後、再輸出のための便宜手段は長きにわたる対日貿易の懸案事項となっていく（拙著『幕末維新期の外交と貿易』第三章）。

最初からこのような問題点を包括していたとはいえ、「江戸協約」に対するパークスの評価は高いものであった。なぜなら、幕府による諸藩（代理人）の貿易参加制限を撤廃させることに成功したからである。「江戸協約」が履行されることにより、国内政局に対して影響を与えることが、対日貿易の発展を促すとみなしたからである。

パークスと薩摩藩

パークスが、「江戸協約」のなかでも、諸藩（代理人）の貿易制限解除を最も評価したのには伏線があった。それは、薩摩藩の動向である。

既に一八六五（慶応元）年頃からの薩摩藩は、京都政局の主導権を争うような活動から、富国策（国とは薩摩を意味する）的な経済活動に関心を移動させつつあった。そして、あらためて朝廷に対して、兵庫開港反対の上書を提出していた。それは、決して貿易拡大に反対するものではなく、兵庫開港が幕府の権威拡張につながることに異を唱えるものであった。また、一八六六年初頭（慶応二年二月）には、長州藩との経済提携が正式に開始され（これは、薩長同盟とか盟約とかいわれるが、決してこの時点で政治的なものを意味しない）、さらに初夏（一八六六年七月一九日＝慶応二年六月八日）

に勃発した幕長戦争には出兵せず、露骨な傍観者の態度を貫き、幕府への対抗心を露わにしていた。

薩英戦争の講和にあたり、イギリスが薩摩藩に対して、蒸気船購入や留学生受け入れの斡旋を約束したことは既に述べたとおりである。パークスも、こうした薩摩藩に対する融和路線を否定せず、兵庫開港反対についても、その政治的意図に理解を示していた。しかし、フランス駐日公使ロッシュは、条約主権者である将軍の権威を攻撃する薩摩藩の態度を非難していた。そのため、フランス政府はパークスの姿勢に対して疑念を抱き、イギリス外務省に事実確認を照会している。そこで、クラレンドン外相は、パークスに対して日本の国内政局に対する中立の厳命を発するに至る。

以下に述べるパークスと薩摩藩の接触関係は、一見するとイギリス政府の中立方針に反するかのような誤解をうけるので、詳細な説明が必要である（以下、石井孝『増訂　明治維新の国際的環境』、萩原延壽『遠い崖』第三・四巻ほかに拠る）。

パークスには、薩摩藩の真意が、長崎領事となったガワー経由で伝えられていた。長崎のイギリス領事館を訪れた薩摩藩家老の桂久武・岩下方平《いわしたまさひら》らは、ガワーに対して、兵庫開港に反対する理由は、外国貿易に反対する排外主義ではなく、徳川将軍に対抗するための政治戦略であると説明していた。この説明に対して、パークスは一定の理解を示したが、薩摩藩の姿勢に完全な同意を与えたわけではなかった。日本における外国人との友好関係は、より明確な方法で構築されるべきとの考えを抱いていた。

パークスは、条約を履行すべき立場である駐日代表として、日本の国家主権者が徳川将軍であることに異を唱える意志はなく、今後の対日貿易も幕府によって拡張されることが望ましいと考えていた。その一方で、大名が貿易活動制限の改善を望んでいると推測していたパークスは、ハモンド外務次官あて半公信のなかで、「条約は日本と結ばれたものであり、大君（＝将軍）とだけ結ばれたものではない」（F.O. 391/14. Parkes to Hammond. June 27, 1866. Private.）と見解を打ち出し、薩摩藩と接触することを否定しなかったのである。

ガワーからは、薩摩藩がパークスを鹿児島に招待したい意向があわせて伝えられていた。さらに、薩摩藩と武器取引があった長崎在住の貿易商トーマス・グラバーが、慶応二年二月中旬に鹿児島を訪問して藩主島津茂久（忠義）と会見した際、パークス招待の仲介を申し出、四月二四日（慶応二年三月一〇日）、長崎から横浜を訪れてイギリス公使館にその旨を伝えている。

22　トーマス・グラバー像
長崎グラバー園。著者撮影。

パークスみずからも、一八六六年四月二九日（慶応二年三月一五日）、老中の反対を押し切り、江戸高輪の薩摩藩邸を訪れ情報交換をおこなう行動にでていた。こうした行為が、フランス公使ロッシュの疑念に発展し、また巷に薩摩藩とイギリスの親密関係を噂される原因となったのはいうまでもない。

こうした渦中に、「江戸協約」の調印交渉が進行していた。ゆえにパークスは、「江戸協約」条文中の、外国人と諸藩関係者の交際に関する制限撤廃条項を高く評価したのであった。薩摩藩による鹿児島への招待は、「江戸協約」が正しく履行されているか、みずから確認できる格好の機会にほかならなかったのである。

サトウの「英国策論」

この頃(一八六六年前後)、イギリスの対日政策をめぐる日本国内の動向には、駐日公使館の日本語通訳官アーネスト・サトウが、ジャパン・タイムズ(横浜の居留地新聞)の求めに応じて無署名で寄稿した論説の間接的影響を否定できない。An Englishman's Policy. と題し、イギリス政府や駐日公使館の対日政策とは無関係のものであったが、翻訳され、日本国内に「英国策論」または「策論」などと題されて広く流布していた。

サトウは、横浜港に碇泊していた薩摩藩の船舶が、幕府によって不便な位置に移動させられた事実を引き合いにだし、幕府の貿易独占とそれに対する諸藩の不満を指摘した。そして、こうした問

23　英国策論
早稲田大学図書館蔵。

題の解決には、本来、「大領主」にすぎない徳川将軍（大君）の政治的位置を、大名連合（諸侯会議）の主席的地位に引き下げて、天皇を国家元首とすれば、諸藩の不満もやわらぐとして、条約条文の修正を提言したものであった。

日本語通訳として、諸藩関係者と接触する機会の多かったサトウにしてみれば、自身の日本語教師・沼田寅三郎（阿波・蜂須賀《はちすか》家＝徳島藩士）の助けを借りながら、気楽な気持で執筆したものであったが、これが徳島藩で写本され、日本全国に流布されたのである。

原題の意をくみ取れば、あくまで

「ある英国人」による一つの政治的見解にすぎない。しかし、それが「英国策論」あるいは「策論」という表題のもと、サトウみずから回顧（『一外交官の見た明治維新』上巻）するように、幕府寄りの立場をとるもの、反幕府の立場をとるものを問わず、「イギリス公使館の意見と思われ」る事態となった。

繰り返すが、イギリス外務省も、パークスも、サトウの見解とは異なり、条約上の主権者は徳川将軍であり、現行条約を否定するような政策を遂行する意志はなかった。諸藩との交流は、程なく調印される江戸協約の規定で十分であり、現行条約を変更することなく履行したうえで、日本の国内情勢に対しては中立の立場を堅持する規定方針に変化はなかった。サトウのような見解は、内政干渉の誤解をまねきかねず、対日貿易に影響を与えかねないからである。

サトウは日本語通訳にすぎず、対日政策の立案に関与できる立場にはいない。サトウみずからも、そのことは十分に理解していたが、薩摩藩や長州藩をはじめとした同世代の諸藩士と友好関係を築いていたこともあり、どうも意図的に、「一人の英国人」（A Englishman）の立場から見解を披露したようである。

サトウの行為は、明らかな職務違反であり、自らそのことを自覚していた。しかし、「英国策論」執筆当時、二一歳の若き青年であり、「そんなことは無頓着」（『一外交官の見た明治維新』上巻）だったと、後年のサトウは回顧している。

同時に回顧録のなかで、「英国策論」の執筆者が自分であることをパークスは知らなかったようだと記している。もしかしたら、パークスは故意にその事実を認知しようとしなかったのかもしれない。サトウは、前任者のオールコックには好意的な印象を抱いていたが、パークスに対しては必ずしもそうでなかった。他方、厳格な職務態度で知られたパークスはというと、日本人との交流、情報収集活動には比較的寛大であった。特に日本語学習や日本研究を推奨する傾向にあり、サトウの日本語能力には注目していた（萩原延壽『遠い崖』第三巻ほか）。そうした活動がやがて日本認識を深め、ひいては対日政策遂行のための重要な情報源になるからである。

後にパークスは、一八七〇（明治三）年に創設された日本アジア協会の副会長・会長を歴任した（楠家重敏『日本アジア協会の研究』日本図書刊行会、一九九七年ほか）。また、イギリス外務省の記録やイギリス議会に提出された関係資料には、駐日公使館員や領事館によって、当時の日本情報を詳細に伝えるものが数多い（拙稿「イギリス関係史料と明治維新史研究の歩み」『明治維新と史料学』吉川弘文館、二〇一〇年）。サトウの活動も、パークスの寛大な姿勢の下でなされたことを見逃すべきではない。そして、サトウもまたそのことを自覚していたようである。

そうしたイギリス公使館内の事情はともかく、日本国内には、論説の執筆者がサトウであると露見してしまった。その結果、イギリス公使館のイメージが、一部の諸藩には好意的なものと映り、一部の幕府関係者には不愉快なものとみなされてしまった。

その結果、イギリスは、反幕的姿勢を顕わにし始めた薩摩藩と親密な関係にあるとの噂が、日本国内に流布する一因になってしまったことだけは事実である。その点で、サトウの「英国策論」が日本国内に与えた影響は多大なものがあるといえる。

薩摩藩遣欧使節団とパークスの西南諸藩訪問

時は前後するが、一八六五年六月、第二次薩摩藩英国留学生団を引率した新納刑部《にいろぎょうぶ》・五代才助（友厚）・松木弘安（寺島宗則）が、ロンドンに到着した。そして、レイヤード外務事務次官を通じて、イギリス外務省と接触している。これは、エルギン卿使節の随行員や駐日公使館一等書記官として日本を訪れた経験があり、当時は下院議員となっていたローレンス・オリファントの仲介によるものと思われる。さらに翌年初めには、松木らが、オリファントの仲介でクラレンドン外相と会談している。

松木らは、クラレンドン外相に対して、日本の国家元首は天皇であり、薩摩藩として諸侯会議を提言する方針を伝えている。しかしこれは、一八六二（文久二）年以来の、朝議による国事審議（公議政治）の規定路線にほかならず、サトウの「英国策論」とも大差はなかった。本国外務省から薩摩藩遣欧使節団の政治方針を伝えられたパークスは、当然、そうした見解を受け入れなかった。

しかしその一方で、かねてから招待されていた鹿児島行きを長崎経由で決行する。一八六六年七月二七日（慶応二年六月一六日）、極東艦隊の新司令長官ヴィンセント・キング中将が、プリンセス・ロイヤル号、サラミス号、サーペント号の三隻を率いて、約五日間の日程で鹿児島に赴き、島津久光・茂久父子と会見した。この一行には、パークスのほか、同夫人やグラバーらが同行している。

鹿児島行きは、薩摩との公式な関係を求めていない本国政府の意向にも配慮して実行されている。パークス一行は、いったん長崎に寄港し、あえて幕府（長崎奉行）に鹿児島行きの許可を求め、容認されている。もっとも、この行為は、多くの諸藩が長崎に役人や代理人を駐在させていた状況を考えれば、逆にイギリス公使館による諸藩との交流の意志を広く宣伝するようなものでもあった。事実、いくつかの諸藩から招待の意志を告げられたという。そのほとんどが実現することはなかったが、宇和島藩と長州藩からは正式に招待され、パークスは鹿児島訪問の後、両地を訪れることになる。

鹿児島でのパークス一行は、夫人を同伴させていることからもわかるように、あくまで交流という立場から、儀礼交換を交わしたにすぎなかった。また、薩摩藩にしてみても、パークス一行の招待は、政治的意図から演出したものであった。そして、パークスも薩摩藩の友好的な態度が表面的なものにすぎないと理解していた（萩原延壽『遠い崖』第三巻）。

錦江湾で戦火を交えてから未だ約三年である。イギリス側・薩摩側、共に数多くの死傷者をだしたことを考えれば無理もない。実際の会談においても、パークスに随行した公使館付医師ウィリアム・ウィリスのように、薩摩藩関係者の勝者をきどるかのような態度に、「まやかし行為である」と不快感を抱いたものもいた（『幕末維新を駆け抜けた英国人医師』）。

鹿児島訪問の後、一八六六年八月七日（慶応二年六月二七日）、パークス一行は宇和島を訪問し、前藩主伊達宗城《だてむねなり》および現藩主宗徳《むねのり》父子と会見している。

さらに、パークスは鹿児島・宇和島訪問の前後、それぞれ下関に寄港し、不可避な状況になっている幕長戦争について、長州藩の強い抗戦意志を確認している。

この頃、長州藩は不可避な状況になっている幕府との戦争にあたり、イギリスと接近することを企図、パークスを招待して藩主・毛利敬親に会見させることを「藩議」として決定していた。

これとは別に、フランス公使ロッシュも、長州藩による幕府との講和（実質的には降伏勧告）を説くべく、下関海峡の視察を名目にして長崎に赴いたが、その往路・復路で下関に寄港している。そして、往路では高杉晋作と会談して幕長間講和斡旋の意志を伝え、復路では、一八六六年八月四日（慶応二年六月二四日）、パークスとともに、下関奉行であった桂小五郎および伊藤俊輔と、それぞれ別個に会談して意見を交換している。ロッシュと同じくパークスも、幕長間周旋のため、山口に赴いて、藩主との会見を希望する意志を伝え、長州側からの回答を待った（『修訂　防長回天史』第五編上、復刻・下巻）。

しかし、長州藩の回答は、幕長間周旋の話題に言及しないことを条件とした山口への招待であった。ロッシュは即座に招待を拒否した。そうなると、単独で藩主と会見することは、幕府を刺激すぎる行為になると考え、パークスも山口行きを断念したのであった。

※この頃の長州藩は、一八六五（慶応元）年冬の高杉晋作らによる藩内クーデタの結果、朝廷に対して恭順の姿勢を示す一方で、軍制改革や軍備拡充をすすめていった。朝敵扱いの長州藩のこうした行為を、当然、幕府が容認するはずはなかったが、下関海峡周辺では公然たる密輸行為が横行していた。

武器取引には、軍制改革を主導した村田蔵六（のちの大村益次郎）らが上海に赴いたこともあったが、多くは独占的利益をもくろむ欧米商人（グラバー商会やクニフラー商会など）や、長州藩との経済提携（俗説はそれを薩長同盟と誤解している）を始めた薩摩藩による仲介であった。ただし、薩摩藩は、直接的介在を隠匿するため、武器や物資の輸送を坂本龍馬ら脱藩浪士たちが組織した亀山社中（のち海援隊）に担当させた。

朝廷の実権を掌握していた一橋慶喜は、長州藩の姿勢を糾弾し、幕府による長州追討（幕長戦争）へと発展していく。

太平天国の乱やアメリカ南北戦争の終結により、世界の市場には、膨大な武器の中古品が流出していた。幕長戦争は、日本国内の内乱状態を格好のビジネスチャンスと考えた、一部の欧米商人たちが暗躍する機会を与えていたのである。そのため、下関戦争によって瀬戸内海の自由通航を確保していた駐日外交団は、密貿易の横行と幕長戦争が、長崎・横浜の貿易活動に悪影響を与えかねないと問題視し、一致して、密貿易行為の反対と下関海峡の通航保証を要求する声明を発していた。

前述のように、パークスの西南諸藩訪問は、あくまで江戸協約調印の効果を確認するもので、儀礼的な交流の意味合いが強かった。西南諸藩の側からしてみれば、イギリス公使を招待することで、藩の名声を高める格好の機会にほかならなかったが、幕府との関係を考えれば、政治戦略の意図から決断した薩摩藩や、外国交際に積極的な姿勢をみせていた宇和島藩、そして対幕戦争をひかえて情報を入手しようとした長州藩を除いて、その勇気はなかった。これが現実であった。

パークスも、駐日公使としての立場から、内政不干渉になりかねない諸藩関係者との公式的な交流には、これ以上、積極的姿勢をみせなかった。その一方で、部下による諸藩関係者ばかりか、それにとどまらない日本国内社会との接触は、寛大に容認していた。

一八六七年一月（慶応二年一一〜一二月）、サトウは、イギリス海軍のプリンセス・ロイヤル号に搭乗して、鹿児島および宇和島を再訪し、西郷隆盛や伊達宗城と政治談義を交わしている。

さらに、自国海軍のキング中将には、公式招待のあった長州行きを要請した。一八六七年二月二日（慶応二年一二月二八日）、キングは三田尻《みたじり》（長州藩の御船蔵＝海軍局があった）に来航し、翌日、藩主・毛利敬親・定広父子と会見している（『修訂　防長回天史』第五編下、復刻・下巻）。

大君外交の展開と国際環境の変化

一八六七（慶応三）年秋以降、日本をめぐる外交舞台は、江戸・横浜に加えて、大坂・兵庫の存在が注目されていった。これは、一八六八年一月一日に予定されていた兵庫開港・大坂開市問題と同時に、一五代将軍となった徳川慶喜が展開した、いわゆる大君外交が関係している。

同年春、慶喜は自らの将軍職襲名をあえて駐日各国代表に通告して大坂城で引見式を挙行した。そしてその際、パークスらが式出席の条件に要求した、未だ勅許が下りていない兵庫開港を確約した。

そして、約束を実現すべく朝廷に働きかけ、薩摩藩などの反対を斥けて、同年六月二六日（慶応三年五月二四日）、孝明天皇から勅許を獲得した。

その後、兵庫・大坂では、開港・開市に向けて、居留地選定などの準備作業が加速していったが特に勘定奉行・小栗忠順らによって、兵庫に御用商人を集めた商社設立計画があったことは見逃せない。結局、兵庫商社は実現しなかったが、これは小栗たちが、年貢収入以外の収益、例えば商人からの御用金や貿易に対する検査名目の手数料収入（条約違反の二重課税行為）に加えて、貿易活動からの収益そのものに関心を寄せていたことを物語っている（日本史籍協会編『川勝家文書』東京大学出版会、復刻、一九七〇年ほか）。

他方、江戸や横浜でも、幕府とイギリス・フランスの微妙な関係にいくつかの変化を生じていた。この頃の幕府とフランス（本国政府および駐日公使ロッシュ）との親密な関係は、これまでも折にふれて言及していた。両者の関係は、それほど強固なものではなかったため、一八六五（慶応元）年から開始された横須賀製鉄所の建設事業も頓挫の傾向にあったが、翌一八六六年になるとフランス政府は、経済顧問として帝国郵船取締役のクーレーを来日させ、幕府陸軍伝習のため教官団も派遣された（三月＝旧暦一月）。そして、中断していた横須賀製鉄所の建設事業もフランスの援助によって再開され、また同所経営のためヴェルニーら技術者たちも来日した。

これで徳川幕府とフランスとの関係が強化されたかといえば、必ずしもそうではなかった。

そもそもフランスの対日政策に変化の兆しがあらわれていた。一八六六（慶応二）年に外相ルイが更迭され、新たにムスティエが就任した。軍事教官団派遣など、既に決定されていた取り決めについては実行されたが、ムスティエは、ルイほど対日政策に積極的ではなく、ロッシュの行動についても批判的であった。そして、一八六八（慶応四）年になると、ロッシュには帰国命令がくだされることになる。

この頃の日仏関係で有名なのは、幕府への六〇〇万ドル借款計画がある。しかし、この計画は不成立に終わったこと以外、その詳細は不明である。当時の、微粒子病流行によるフランス養蚕業の苦況や、極東進出を画策していたフランス金融界の状況を考えれば、決してこの計画が幻であったともいえない。しかし結局は、フランス政府による対日政策の微妙な変化、ヨーロッパ経済の不況、さらには日本国内の政情不安定などが原因で、多くの投資計画は未遂におわったのではないだろうか（柴田三千雄・柴田朝子「幕末におけるフランス政策」『史学雑誌』第七六編第八号、一九六七年ほか）。

また、これまでも幾度が述べてきたが、日本史の通説では、フランスの動向に対抗して、イギリスが薩長ほかの西南諸藩に接近したことを強調する。しかし、これはあまりに恣意的な歴史認識にすぎないだけでなく、適切な理解でもない。

フランス公使ロッシュとイギリス公使パークスは、時として対日政策をめぐって対立することもあったが、それが対日貿易の利害衝突や本国間の対立にまで発展することはなかった。親仏派とい

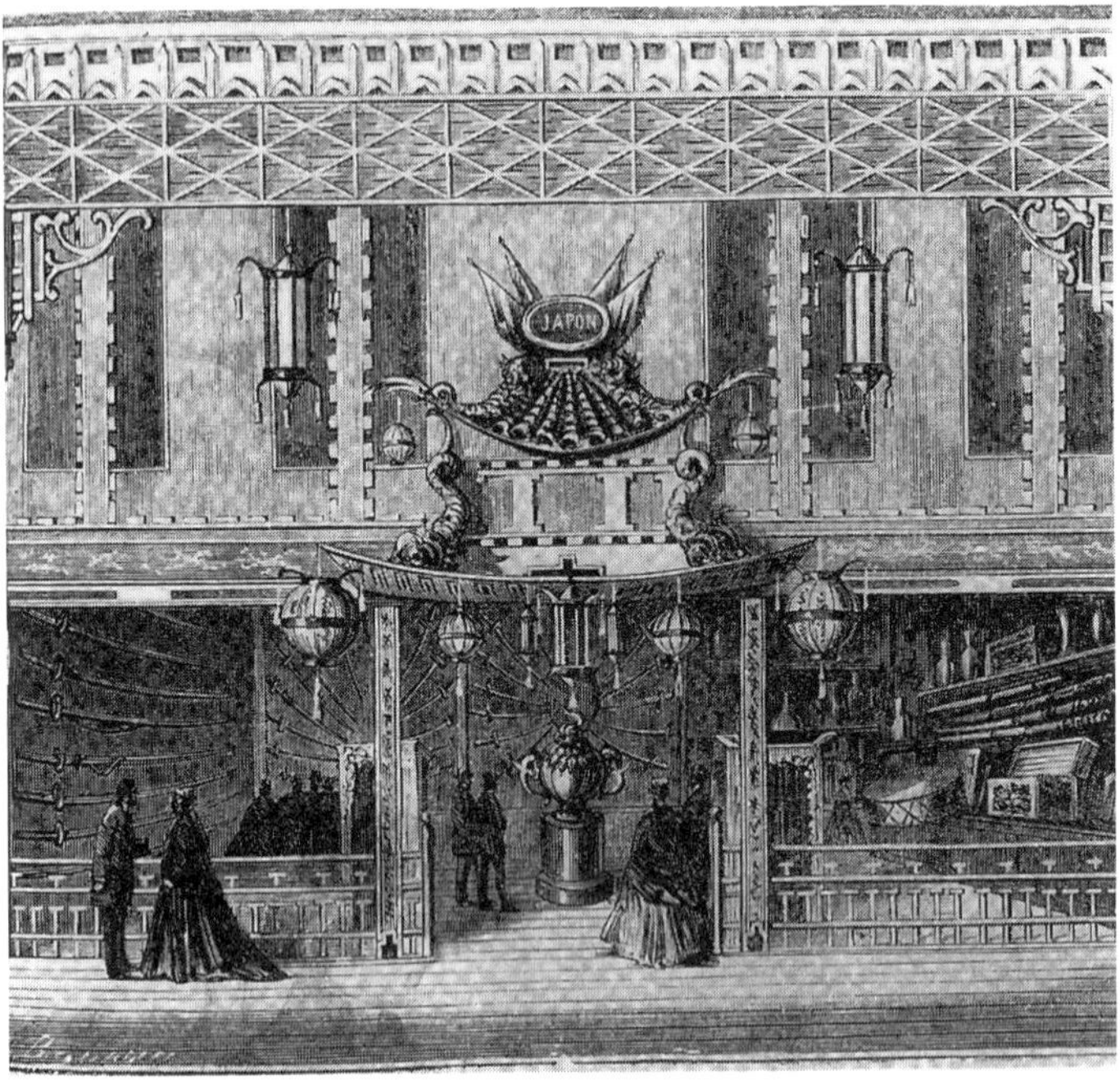

24　第２回パリ万国博覧会の日本館正面
『ル・モンド・イリュストレ』1867年10月17日号より。

われた幕吏たちの存在も一部にすぎず、幕閣がイギリスとの対立を望んでいるわけでもなかった。また、陸軍とともに江戸で始まった海軍伝習には、イギリスから教官団が派遣されたことは、まさにそのことを証明している（篠原宏『陸軍創設史』リブロポート、一九八三年、同『海軍創設史』リブロポート、一九八六年）。

ただし、イギリス政府や駐日公使館の思惑とは別に、一部のイギリス商人たちが西南諸藩に接近し、武器売り込みなどに熱心であったことも事実である。

薩摩藩留学生を引率した五代才

助や松木弘安らは、ヨーロッパ諸国を視察し、ベルギーではフランス貴族モンブランの勧誘もあって、薩摩・ベルギー商社設立に合意したが、結局、不成立に終わっている（高木不二『日本近世社会と明治維新』有志舎、二〇〇九年）。

さらに、一八六七年二月（慶応三年一月）、パリで開催された第二回万国博覧会に幕府が招待されたことをうけて、慶喜の弟・徳川昭武《あきたけ》を全権とする幕府使節団が派遣されたが、同時に、薩摩藩と肥前藩も、幕府の呼びかけに応じて使節団を送った。このうち、薩摩藩は、モンブランの画策により、「薩摩大守　琉球王国」の名目で出品をおこなったため、幕府使節との間でトラブルになっている（『徳川昭武滞欧記録』全三巻、東京大学出版会、復刻、一九七三年、松戸市教育委員会編『徳川昭武幕末滞欧日記』山川出版社、一九九九年）。

日本をめぐる情勢は外から大きく変化しようとしていた。その流れは、たんにフランスとの関係だけではなかったことにも注目すべきである。

安政五ヵ国条約調印以降、幕府は特例的にポルトガル（一八六〇年、日葡修好通商航海条約）・プロシア（一八六一年、日普修好通商条約）・スイス（一八六四年、日瑞修好通商航海条約）との通商条約に調印した以外、国内政局に配慮して、新たな国との条約調印に応じなかった。しかし、慶喜が実質的に権力を掌握した一八六六（慶応二）年以降、日本に使節を派遣したベルギー（一八六六年八月一日＝慶応二年六月二一日、日白修好通商航海条約調印）・イタリア（一八六六年八月二五日＝

慶応二年七月一六日、日伊修好通商航海条約調印）・デンマーク（一八六七年一月一二日＝慶応二年一二月七日、日丁修好通商航海条約調印）との間に通商条約を結んだ。

まさに、大君外交下、日本をめぐる国際情勢は激変しようとしていたのである。

新港開港をめぐる期待と虚像

開港以来の日本貿易は、数量面だけでみれば発展したが、実際には、幕府による条約違反の貿易統制や、国内政局の混迷と排外主義の蔓延が影響して、その実情はきわめて不安定なものであった。以下、拙著『幕末維新期の外交と貿易』第四・五章に拠りながら、慶応年間における新港開港問題の経緯を述べていく。

日本居留の外国商人たちは、新たな国内市場の開放に期待した。しかし、両港両都（新潟・兵庫、江戸・大坂）の開港開市は、ロンドン覚書によって一八六八年一月一日まで待たねばならない。ゆえに、下関の開港が取り沙汰されたこともあった。しかし、それは実現しなかった。

結果として、安政五ヵ国条約が規定した大阪と、その外港として位置づけられた兵庫に対する期待は、現実には未知なる市場であったにもかかわらず、さまざまな思惑が交錯し、過度な期待（というよりも幻想）が抱かれ続けていった。それは外交レベルにおいても同様であった。前述した、下関賠償金の第一回支払い延期の代償をめぐる、兵庫先期開港提案などは、まさにその典型である。

大坂が国内経済の中心地であることは、ケンペル『日本誌』やジーボルト『日本』といった日本見聞録に詳述され、外国人にも周知の事実であった。現地を訪れたことのないタウンセンド・ハリスが、条約交渉において、不可欠の開港場として固執したのも理解できる。

しかし、日本貿易をめぐる国際環境は、一八六〇年代後半になると、大きく変貌しようとしていた。

一八六六（慶応二）年には、ロンドン金融不安に端を発する世界恐慌の影響により、東洋の巨大商社デント商会が倒産し、またフランス・ナポレオン三世の外交政策をめぐって欧州政治情勢が緊張した結果、生糸相場が大きく変動するなど、ますます先行きの不透明な状況を呈していた。東洋最大のイギリス商社ジャーディン・マセソン商会が、日本支店の主要取引を委託手数料収入に切り替えたほどである（石井寛治『近代日本とイギリス資本』）。

だが一方では、東洋に基盤をおく外国銀行の多くが日本に支店を設立し、また中国・日本間の蒸気船定期航路が開設されるなど、バタフィールド・スワイヤー商会のような中小商社が日本に進出する条件が可能にもなっていた。

ゆえに、大坂・兵庫に対する外国商人たちの態度も、一様ではなくなり、積極論と慎重論で意見が二分されていた。事実、一八六八（慶応四）年の開市・開港にあたって、多くの日本商人が外国貿易に参加せず、外国商人たちの期待は必ずしも実現しなかった。

この傾向は、江戸についてもあてはまる。横浜は江戸の外港として位置づけられたが、実際には独自の流通圏を形成していた。他方、江戸は治安の悪さから、外国公使館のほとんどが横浜に一時撤退するなど、外交団を除けば無縁の地であった。しかし、慶応年間になると、横浜＝江戸間の鉄道建設が横浜商人の間で構想され、横浜経済を拡張するための効果的な資本投下の場所として、江戸に注目が集まっていた。

新潟の場合は、まったく事情が異なる。新潟は、日本海側の開港場として選定されたが、信濃川の河口に位置する砂州にすぎなかったため、開港場としての機能不備が懸念されていた。そのため、安政条約では、現地を見分したうえで、もし不適当と判断された場合、日本海側に他港を選定することが規定されていた。一八五九（安政六）年から翌年にかけて、ロシア・オランダ・イギリス海軍、そして幕府みずからが新潟ほか日本海沿岸の諸港を見分している。しかし、国内情勢の混乱に翻弄された幕府は、開港場を確定できず、ロンドン覚書調印に至ったことは前述の通りである。

その後、一八六七（慶応三）年夏に、再度の現地見分がおこなわれる。今回は、イギリス・アメリカ・フランス海軍が視察をおこなったが、特筆すべきは、パークスみずからが、新潟の代港候補として挙げられていた敦賀を、大坂から陸路で訪問したことである。

パークスの意図は、敦賀の場合、大坂城での将軍慶喜による謁見式参加に際し、みずからが外交特権として認められた国内旅行権を行使し、大坂から陸路を通って現地を訪問することで、条約国の外交官に与えられた国内旅行特権を円滑に履行できるかということもあった。一八六一（文久元）年には、前駐日公使オールコックが長崎から江戸まで国内旅行権を履行し、富士山登山を挙行した結果、水戸浪士たちに襲撃された第一次東禅寺事件が発生した。それから六年を経たとはいえ、なお不安定な国内情勢のなかでも、幕府が条約の諸権利を保証するか確認したかったのである。結果として、敦賀は良港ではあったが、現地産業の未発達を理由に、パークスは開港場として不適当であるとの判断をくだす。

では、その他の港はどうであるのか。そこで、パークスは、新潟の可能性を模索すると同時に、多くの日本海側の候補地が諸藩領であることに注目した。諸藩による貿易参加の意思がいかなるものであるのか、日本各地を自由貿易市場に連結させることが可能であるのか調査させようとした。

25　徳川慶喜
各国公使謁見式にあたり、イギリス海軍士官サットン大佐が撮影。世界中に、神秘のベールで包まれていた将軍の肖像が初めて公開された。

そして、海軍に測量を依頼するだけでなく、新潟にはアルジャーノン・ミットフォード（駐日公使館二等書記官、彼はヴィクトリア女王の縁戚にあたる貴族でありながら、望んで日本に赴任し、日本学者としても名を馳せた――後のリーズデイル卿）やアーネスト・サトウらの公使館員を随行させて、自らが現地に赴き、新潟奉行と会見している。さらに、その後ミットフォードとサトウには、陸路で七尾および金沢を訪れ、加賀藩関係者に開港意志の有無を確認している。

兵庫開港と王政復古クーデタ

慶喜による兵庫開港勅許の獲得により、延期されていた両港両都の開港開市は大きく前進していく。

懸案であった西海岸（日本海側）の開港場も、一八六七年一二月一四日（慶応三年一一月一九日）には、新潟に、対岸・佐渡島の夷港を悪天候時の避難港（補助港）として開くことを条件に正式決定した。ただし、準備不足を理由に、江戸とともに開市・開港は三ヵ月の延期となった（一八六八年四月二一日＝慶応四年三月九日まで）。

ともかく、同年秋から外国人居留地の選定作業が開始された。なお、開港場との連絡手段を十分に確保できなかったからか事情は不明であるが、大坂および江戸の開市場にも居留地が設けられることになった。こうした流れをうけて、徳川幕府および駐日外交団は、あわただしい動きをみせていく。

兵庫・大坂の開港開市問題は、国内で密かに進行していた王政復古計画と絡み合っていた。

慶喜が、中川宮とともに朝廷の実権を掌握した後も、大久保利通ら一部の在京薩摩藩士たちは、兵庫開港問題と、長州処分問題をめぐって、慶喜および在京幕閣と政争を繰りひろげてきた。兵庫開港問題は、孝明天皇が勅許を与えて解決した。長州処分問題は、幕府が実質的に長州藩に敗北してしまっている状況では、諸藩の多くも寛大な処分が下るものと考えており、もはや重要な争点ではなかった。そうしたなか、一八六二（文久二）年に攘夷派公家の政治工作によって失脚し、京郊外に蟄居《ちっきょ》していた岩倉具視のもとに、大久保利通・西郷隆盛・桂小五郎（木戸準一郎、孝允）らが集い、武力討幕クーデタ計画を構想していった。しかし、徳川幕府を武力で倒すのは現実的には困難であり、軍事力の中心に想定していた薩摩藩の指導層も一致して反対したため、計画は一部の軍事力を背景にした政治（倒幕）クーデタに変更された。

この計画は、藩主茂久（忠義）への上洛命令に随行させるという名目で薩摩藩兵の出兵をとりつけた後、長州藩が藩としてクーデタへの協力を約束、さらに広島（芸州）、土佐、尾張、紀州、越前の諸藩も計画に参加することになった。クーデタ計画は、慶喜の権力剥奪から幕府・摂関制廃止へと目標がエスカレートしていったが、対外的にも政権移行をアピールするため、当初は決行日を、兵庫開港の前日である一八六七年一二月三一日（慶応三年一二月六日）に設定して進められていった。しかし、長州藩の朝敵処分が解けておらず、兵力を上洛させることができなかったことと、薩摩兵に次ぐ軍事力として期待していた土佐藩兵の入京が遅れたため、クーデタ決行日が、兵庫開港の翌日、実際にはさらに遅れて一月三日（一二月八日未明）になるという経緯があった。

この間、慶喜も巻き返し工作をおこない、一八六七年一一月九日（慶応三年一〇月一四日）、朝廷に対して大政奉還を奏上し、岩倉たちが同日に獲得したといわれる倒幕の密勅を有名無実化してしまっていた。しかし、倒幕派はそれでも方針を変更せず、クーデタを実行したのであった（青山忠正「慶応三年一二月九日の政変」『講座　明治維新』第二巻、有志舎、二〇一一年ほか）。

とはいえ、駐日外交団が、こうした推移を正確に推し量ることは難しかった。慶喜の大政奉還奏上にあたり、朝廷は将軍職辞任を受理するも、内政はこれまで通り旧幕府に委任し、外交は今後協議すると布告していた。つまり、新政権がいかなる対外関係の方針をとるのかは、まったく不透明の様相を呈していたのである。

兵庫・大坂の開港・開市期限が近づくと、各国の駐日代表が選定された居留地視察の目的も兼ねて、兵庫に終結していった。イギリス公使館などは、畿内情勢探索のため、サトウとミットフォードを先発派遣していたが、内政不干渉の方針に変更はなく、条約の履行（開港・開市）を見とどけることが重要であったことはいうまでもない。

一八六八年一月一日（慶応三年一二月七日）、兵庫・大坂が問題なく外国貿易に開放された。しかしその翌日、王政復古クーデタが発生したことで、条約国の外交団は情報収集に奔走することになる。これに対して、大坂城の徳川慶喜は目立った動きをみせることはなかった。

内乱の発生と諸外国の態度

こうした緊張関係は、一八六八年一月二七日（慶応四年一月三日）から同月三〇日（慶応四年一月六日）にかけての、京に進軍した旧幕府軍と薩長兵との交戦、すなわち鳥羽・伏見の戦いによって破られる。

戦いは、新政府側の勝利に終わるが、徳川慶喜は大坂城に駐日各国代表を引見し、外交関係は、条約主権者として旧幕府が履行することを宣言した。しかし同時に、一八六八年一月二八日（慶応四年一月四日）、老中酒井忠惇《さかいただとし》（姫路藩主）らは、内乱発生を理由に局外中立を宣言し、幕府以外の交戦団体（京都の天皇政府）に軍艦・武器を売らないように求めた。これにより、日本は実質的に内乱状態に突入した。

※新政府が慶喜追討を理由とした局外中立を公式に要請したのは、後述する政権交代通告後の一八六八年二月一四日（旧暦・一月二一日）である。そして、六ヵ国（イギリス・アメリカ・フランス・イタリア・オランダ・プロシア）の駐日代表が、同年二月一八日（一月二五日）が局外中立を布告している。

条約上は、前将軍である徳川慶喜が引き続き国家主権者であり、駐日外交団も外交ルートを旧幕府側としか持ちえない状態であった。国際法上、新政府は交戦団体（反乱団体）となり、あえて条約国外交団が接触を試みることは中立違反になってしまう。

他方、新政府は、王政復古の大号令により政権交代を宣言し、さらに鳥羽・伏見の戦いに勝利したことで畿内から西日本にかけての権力をほぼ掌握した。しかし、条約的にはなお反乱団体にすぎず、駐日外交団に対して、いかに政権交代を通告するかが急務であった（石井孝『増訂　明治維新の国際的環境』）。

政権交代と外国人殺傷事件の頻発

そうした渦中の一八六八年二月八日（慶応四年一月一五日）、神戸事件（備前事件）が発生する。兵庫（神戸）居留地に隣接する西国街道を通行中の岡山藩一隊が、駐日各国代表が会していた外国人居留地に向けて一斉射撃した事件である。その動機については諸説があるが不詳であり、また死傷者もなかった。負傷者がいたという記録もあるが定かではない。

とはいえ、外国側からしてみれば、条約国代表に向けての発砲事件である。外交的には大問題であった。また、兵庫居留地の治安を確保するため、同地一帯を一時的に保障占領し、港に碇泊する日本籍の船舶を抑留した。

だがこれにより、外国側はジレンマに陥ることになる。犯人逮捕と処刑を求めることで各国代表の見解は一致したものの、新政府に対して、それを要求する公式な外交ルートが存在しない。そのため、街道沿いの要所に、備前藩に対する犯人処分の要求、および兵庫居留地周辺を保障占領する旨を

26　三宮神社
神戸市中央区。神社前で岡山藩兵の発砲事件が発生した。著者撮影。

布告こそしたものの、新政府に対して、日本船舶の拿捕・および居留地周辺を保障占領した意図が伝わるかどうかわからない。これでは、街道を通行する新政府側諸藩との軍事衝突の危険性さえ想定される。

この状況を打開したのが、現地に滞在していたアーネスト・サトウの、新政府関係者との個人的な関係であった。当時、西宮には長州藩部隊が駐留していたが、そこには伊藤俊輔（博文）や井上聞多（馨）がいたため、さらなる紛争が生じることはなかった。そして、大坂から薩摩藩士の吉井《よしい》幸輔《こうすけ》（友実《ともざね》）が、事態打開のため個人的にサトウの来坂を要請していた。事件後の処理に忙殺されて、サトウは大坂行きを断らざるをえなかった。しかし、彼と日本人の友人たちの関係が、新政府と条約国代表との非公式な折衝ルートを構築させていたのである（萩原延壽『遠い崖』第六巻）。

この間、新政府は事件処理（責任者の切腹）を利用して、外国側への政権交代通告をもくろんでいた。しかし、岡山藩がこれに難色を示した。藩主池田茂政《いけだしげまさ》が慶喜の実弟であるにもかかわらず、早々に新政府に参加した岡山藩は、畿内と中国地方を結ぶ要所に位置し、新政府にとっても重要な存在であった。しかし最後は、岩倉具視ら新政府首脳が岡山藩を説得した（岡義武『黎明期の明治日本』未来社、一九六三年）。

その後、吉井幸輔と寺島陶造（宗則、旧名・松木弘安）が、兵庫のサトウを訪ね、さらなる折衝を重ねた。そして、新政府が外国側の要求を受け容れる態度を示したため、京からの謝罪使節が派遣されることになった。また別途、射撃を命令した隊長・瀧善三郎正信の切腹が、駐日各国関係者立合のもと、公開でおこなわれることになった。

一八六八年二月八日（慶応四年一月一五日）、勅使・東久世通禧が兵庫に派遣され、新政府としての謝罪、犯人処刑に関する要求の応諾が伝えられた。さらにあわせて、国内の政権交代により、条約上の主権者を大君（将軍）から天皇に変更し、条約を継承する旨の国書が交付されたのであった。

条約国の代表が公式に新政府を承認するのは、一八六八年五月二二日（慶応四年閏四月一日）、大坂・東本願寺におけるイギリス公使パークスによる信任状提出が最初である。しかし、神戸事件の謝罪勅使派遣の時点で、実質的に駐日各国代表は新政府を承認していたと考えてよいだろう。

瀧善三郎の切腹は、三月二日（慶応四年二月九日）に、条約国代理人立会いのもと、公開でおこなわれた。武士の切腹儀式が外国人に公開されたのは、この時が初めてである。イギリスからは、サトウとミットフォードが立ち会っている。サトウとミットフォードは、瀧善三郎が謝罪の意志を表明し、事件の責任を負って潔く切腹したその態度に感銘を覚えた。その印象は、外国人メディアにも伝えられ、ロンドンのタイムズなどもが報道した。瀧の切腹は、武士の切腹を合理的な贖罪だと蔑視する傾向にあった、当時の外国人たちの日本観に一石を投じる出来事になったのである。

ちなみに、ミットフォードは、外交官引退後の一八七一（明治四）年、この時の印象を重ね合わせて、竹田出雲の「仮名手本忠臣蔵」を英語に抄訳（Forty Seven Ronins. として *Tales Old Japan.* に収録）している。その後の欧米世界では、武士の誇り高き精神が、日本人を語るうえで一つの基軸になった（拙稿「忠臣蔵が英訳されるまで」）。

※神戸事件については、文学作品を中心として、幕末の生麦事件や薩英戦争・下関戦争と同様に、近代日本の夜明け史観が形成されてしまっている。瀧善三郎が責任を負うかたちで一人切腹したことから、彼の死がその後の時代を開いたとする歴史認識である。同時に、備前藩士（日本人）による外国人狙撃という事実を薄めるために、神戸周辺を保障占領し、強硬に責任者の処刑を要求した条約国代表の姿勢が過度に非難される。そして、「国家」（日本）のために罪を一人で背負って死んだ瀧善三郎の態度を美化するのである。これは、その後の明治国家形成を美化し、瀧善三郎を憂国の志ある模範的「日本人」として、ナショナリズムを社会に煽る作為的

な歴史観でしかない。本書の「はじめに」でも述べた王政復古史観と同様なものでしかない。しかもこの歴史観は、昭和戦後になると、占領下におけるアメリカ兵をめぐる不当な事件処理が重ね合わさって、変わることなく支持されてきた。例えば、イギリス外務省記録を利用していることから、一見すると実証的に思われる内山正熊『神戸事件』（中公新書、一九八三年）にしても、その歴史観は、瀧善三郎の処刑を要求した欧米条約国代表に対する批判に重点がおかれている。しかし、こうした歴史観は、新政府成立をめぐる排外主義意識昂揚の事実や、開港以来の外国人治安維持問題の変遷をほぼ無視した非歴史的理解といわざるをえない。客観的な歴史観の構築が望まれる。

神戸事件後の一八六八年三月八日（慶応四年二月一五日）、堺で測量活動中のフランス海軍部隊ボートに、同地の警備を担当していた土佐藩兵が、神戸の場合と動揺に一斉射撃を加え大量の死者がでた。まさに虐殺事件である。これについても、新政府は迅速な謝罪使節をフランス公使ロッシュのもとに派遣すると同時に、犯人の公開処刑（切腹、同年三月一六日＝慶応四年二月二三日に実行）に応じた。

※堺事件も、神戸事件と同様に、切腹した土佐藩士たちを憂国の志として賞讃する歴史観がなお残存している。実行犯が不特定多数であるがゆえ、切腹者が籤《くじ》（抽籤《ちゅうせん》）で選ばれ、選ばれたもののなかには、派手な切腹の作法を立ち会った外国人たちに見せつけたことから、国のために死んでいった憂国の士として高く評価される傾向があった。いうまでもなく、その代表作は、陸軍医・森麟太郎（森鷗外）の「堺事件」（『森鷗外全集』第五巻、筑摩書房、一九九五年など）である。ただしこちらは、戦後になって太平洋戦争に従軍経験のある大岡昇平によって、死んでいく兵士の心理をそのように一面的に表現してよいものかと疑問が投げかけられ、鷗外支持者

27　堺事件慰霊碑

妙国寺（土佐藩士切腹儀式の場）。後年に建立されたもので、1938（昭和13）年の史跡名勝天然記念物指定後、フランス兵の慰霊碑（右）が追加されている。事件当時の状況とは異なる軍国主義的風潮をうかがわせる。著者撮影。

との間で「堺事件論争」が長きにわたって繰りひろげられた。大岡は、歴史家の協力を得ながら、長きにわたり関係史料の蒐集を続け、遺作となった『堺港攘夷始末』（中央公論社、一九八九年）に結実させ、事件の背景をふまえながら、史実にもとづいた心理を描こうとした。執念ともいえる大岡の堺事件に対する関心と死んでいった土佐藩士たちの心理描写は、重層的な時代背景を、往々にして一面的に描きかねない歴史家に対する重要な警鐘でもある。

事件はさらに続いた。三月二三日（慶応四年二月三〇日）、新政府は条約国の代表を京に招待し、天皇の謁見式を挙行した。フランス公使ロッシュおよびオランダ代理公使ポルスブルックの参内謁見は無事に終了したが、同日、参内途中のイギリス公使パークスが二名の浪士に襲撃されたのである。同伴していた後藤象二郎が一名を殺害し、残りは捕縛されることで最悪の事態は免れたが、当日の謁見は中止となり、あらためて三月二六日（慶応四年三月三日）参内謁見がおこなわれている（岡義武『黎明期の明治日本』）。

外国人殺傷事件は、幕末よりも明治初年のほうが頻発している。これは、社会的混乱も関係しているが、天皇《ミカド》を元首と仰いで成立した政府には、かつての攘夷論者も参加しており、外国人排斥の幻想を抱く人と社会が期待したからにほかならない。ゆえに、外国人たちも天皇政府に疑念を抱いていった。

その後、慶喜追討軍が江戸に向けて進軍し、内乱は広範囲にわたるものとなった。そのため、局外中立が解除されることはなかった。

局外中立と新潟開港問題

一八六八年四月（慶応四年三月）、慶喜の恭順により江戸までを支配下におさめた新政府は、恭順をよしとしない東北・北越諸藩との本格的な戦闘に突入していく。戦場が広域化するにつれて、新政府は戦費不足、兵力不足、そして輸送手段不足に悩まされ、戦況が圧倒的有利であったにもかかわらず、春から初夏にかけて、個々の戦況では一進一退になりかけていた。

こうした状況のなか、新潟開港問題が局外中立問題にからみあってくる。

前述したように、新潟は、一八六八年一月一日に開港予定であったが、準備不足から三ヵ月延期されていた。しかし、その後の内乱発生により、新たな開港期日であった四月二一日（慶応四年三月九日）の段階で、新潟は、新潟奉行から米沢藩に引き渡され、さらに奥羽越列藩同盟結成により、仙台藩ほかの同盟軍が進駐していた。新政府は、一八六八年七月七日（慶応四年五月一八日）、外国人の新潟への通行禁止を駐日各国代表に要請し、イギリス公使パークスなどもこれに応じようとしたが、駐日外交団の足並みは揃わなかった。

内乱発生により、横浜向け生糸の原産地である甲州や上州地方が戦場となったため、品不足となり、廻送されたとしても価格が異常に高騰していた。そのため、イタリア商人などは生糸産地の後背に位置する新潟からの調達を主張して、開港再延期に反対したのである。新潟上陸を強行した商人もいた（石井孝『増訂　明治維新の国際的環境』、同『戊辰戦争論』吉川弘文館、一九八四年ほか）。

さらに、局外中立を無視して、新潟で列藩同盟側との武器取引をもくろむ商人もいた。巨額の武器取引をおこない、さらに同盟の参謀的な役割を果したエドワード・スネルは有名である。

新潟は、列藩同盟によって開港されたのも同然だったのである。こうした状況は、新政府が新潟を占領する一八六八年九月一五日（明治元年七月二九日）まで続いた。新潟が正式に開港されるのは、一八六九年一月一日（明治元年一一月一九日）のことである。江戸も同日に開市された。

榎本軍の箱館占領と局外中立解除問題

新政府は、一八六八（明治元）年秋までに、列藩同盟側の諸藩を降伏させ、東日本を平定した。そして、同年一二月九日（明治元年一〇月二六日）、外国官知事伊達宗城が駐日各国代表に対して、国内平定を宣言した。しかし、それでも諸外国は局外中立を解除できなかった。

江戸開城にあたり、榎本武揚率いる旧幕府海軍は、武装解除を拒否して品川沖を脱走した。その後、仙台藩領松島沖に長期碇泊し、東北戦線の推移を静観していたが、同盟の敗北をうけて北上、蝦夷渡島半島に上陸、新政府軍との戦闘に勝利し、箱館（一八六八年一二月九日＝明治元年一〇月二六日）・松前（一八六八年一二月一八日＝明治元年一一月五日）・江差（一八六八年一二月二八日＝明治元年一一月一五日）と半島一帯を占領していった（保谷徹『戊辰戦争』吉川弘文館、二〇〇七年）。

榎本軍には、新政府への恭順をよしとしない、板倉勝静《いたくらかつきよ》（前備中松山藩主）・小笠原長行（唐津藩前世嗣）・松平定敬《まつだいらさだあき》（前桑名藩主）ら旧幕府方の藩主クラスや、大鳥圭介（旧歩兵奉行）が率いる旧幕府陸軍伝習隊、さらには北越や東北戦線で新政府軍と戦った多くの敗残兵が含まれていた。そればかりではない。旧幕府陸軍伝習のため来日したフランス人教官団のうち、J・ブリュネ大尉ほか五名が、自分の教え子たちを見捨てることはできないとして、本国政府の帰国命令を無視して脱走、榎本たちに合流していた。

この時、徳川家処分は既に確定していた。徳川宗家は田安亀之助《たやすかめのすけ》（のちの家達《いえさと》）を後継者として静岡藩七〇万石に移封されていた。したがって、蝦夷に向かった徳川家家臣団は、命令に逆らった脱走家臣でしかなく、既に大勢に影響はなかった。

そのため、新政府も榎本たちを自ら鎮圧するのではなく、彼らの主君である徳川慶喜、あるいは静岡藩主となった徳川亀之助に兵力を与えて討伐させようとした。しかし、慶喜の影響力が政府内部で懸念され、また亀之助については幼少であることから静岡藩が反対して実現しなかった。そして、冬の季節を迎えたこともあり、蝦夷鎮圧は翌年春に持ち越されることになった。

新政府は、まず駐日各国代表に対して局外中立の解除を求めていった。他方、榎本たちは、自らの蝦夷支配にいかに正当性があるのか主張すべく、いくつかの工作をおこなって対外的支持を得ようとした。

28　榎本武揚

榎本たちは箱館貿易と外国人居留地の安全を保証していたが、条約国代表たちは、必ずしもそれを信用していなかった。

なぜなら、同時に榎本たちが、交戦団体として蝦夷支配の承認を求めるかのような態度をとり、箱館に入港する船舶の臨検を実施していたからである。

榎本軍の箱館占領時、条約国の軍艦は停泊していなかったため、現地外国人の安否について、横浜に届く情報が錯綜した。そこで、英仏代表は、自国海軍に要請して、箱館にサテライト号（英、艦長ホワイト）とヴェニュス号（仏、艦長ロウ）を派遣し、監視活動を継続させた。また、監視船の艦長たちは、それぞれが榎本と会談を命じられていた。さらに、パークスは箱館駐在領事のユースデンにも榎本たちとの面会を命じた。

オランダに留学し、国際法に関する知識もあった榎本は、自分たちが国際法上の交戦団体であり、蝦夷を支配する事実上の政権（国際法の定義する「デ・ファクト」）に相当すると主張した。そして、箱館在住外国人の安全を保証すると述べたという。

これには、萩原延壽『遠い崖』（第七巻）が指摘するように、おそらくブリュネらのサポートがあったと思われるが、榎本が戦時国際法の知識を持ち出したことに、ユースデンたち現地の外国人たちは驚いたようである。ただし、それは一時的なことにすぎず、パークスに指示によって駐日公使館付書記官フランシス・アダムスが派遣されていた現地イギリス領事館は、きわめて冷静な状況分析をおこなった。

榎本たちは、自分たちがあくまで徳川家家臣であることを強調し、天皇政権を否定するものではなく、恭順する意志があると伝えながらも、今後の生活のため蝦夷を開拓することを求めていた。榎本たちの主張には微妙な矛盾が生じていた。しかし榎本は、この主張をユースデンたちにも繰り返し、新政府に自分たちの主張を記した公文の伝達公布を依頼したのである。これは、一八六八年一一月二五日（慶応四年一〇月一二日――日付は『復古記』に拠る）、「徳川脱藩海陸軍一同」の名で奥羽追討平潟口総督四条隆謌《しじょうたかうた》にあて、蝦夷開拓を求めたものと同じであった（不受理、徳川宗家に返却扱い）。

その一方で榎本たちは、箱館を実効支配する権力として、船舶の臨検を強行しようとしていた。ユースデンたちは、このことに注目した。榎本たちは、天皇政権を認めながらも、一方で自分たちを蝦夷政権だとしてその存在を国際的に容認しろという。そのためには、国際法的に交戦団体として承認されることが必要である。しかし、その実情は、もはや行き場のなくなった榎本たちによる、生活手段の保証を求めた延命工作であり、また予想される新政府の進軍を回避するための時間稼ぎにすぎない。そして、船舶臨検を示唆するのは、自分たちの主張を新政府に取り次がせるための脅迫ではないかと考えたのである（萩原延壽『遠い崖』第七・八巻）。

なお、榎本たちの主張を記した公文は受領され、横浜の駐日各国代表を通じて新政府に手交された。その内容に関して駐日外交団は何の意思表明もしなかった。当然、新政府はこれを黙殺した。

しかし、榎本たちの処遇をめぐる問題は、予想外の展開をみせていった。

「デ・ファクト」の政府？

局外中立の解除を求められた駐日各国代表は、榎本たちの主張が伝わるや、その見解に対立が生じてしまう。

駐日各国代表は、一致して、榎本たちを公式には「デ・ファクト」の政府だとみなさなかった。しかし、「デ・ファクト」とは認められないが、榎本たちに同情して、現状では蝦夷における「事実上の政権」に相当するかのような感情的意見を表明した一部の駐日代表たちが、局外中立の解除に反対したのである。

反対者は、南北戦争が終結して間もないアメリカ公使ファン・ファルケンバーグ、いまだ国家が統一されていないイタリア公使デ・ラ・ツールや北ドイツ連邦公使マックス・フォン・ブラントたちであった。特に、ファン・ファルケンバーグは、南北戦争に北軍の将軍として参加した人物であり、箱館駐在領事ライスや自国海軍には、厳正中立と、非公式には榎本たちを「デ・ファクト」の存在として扱うように命じていた（石井孝『増訂　明治維新の国際的環境』、萩原延壽『遠い崖』第八巻ほか）。

他方、イギリス公使パークスは、新政府寄りの態度を明確にし、対日貿易発展のために局外中立解除を主張していた。また、フランス公使マキシミリアン・ウートレーは、本国政府からイギリス協調を命じられていたにもかかわらず、榎本軍に合流しているブリュネたちの存在もあって明確な態度を表明できなかった。かといって、パークスと対立関係にあったわけではなく、板挟み状態になっていた。

こうした対立状況は、箱館駐在領事たちの対立にも発展していた。アメリカ領事ライスやプロシア副領事ゲルトナー、さらに（外交権を有する）ロシア領事ビューツォフは、榎本たちとも接触したが、現地に廻航した前述のサテライト号、ビュニュス号の艦長たちは訪問しなかった。他方、英仏領事たちは、フランス人脱走士官たちの存在もあって、榎本たちとは限定的にしか接触せず、米普露領事の対応を批判した。

当時の箱館には、イギリス人やフランス人は数名しか在住しておらず、ほとんどがアメリカ人、プロシア人、およびロシア人であった。ところが、箱館周辺で活動できる海軍力を保有していたのは、イギリスとフランスだけであった。しかし、榎本軍が保有する艦数以上の軍艦を現地に廻航させるだけの余裕はなかった。もしそうした行動をおこせば、榎本軍を刺激することになる。また、青森に撤退した新政府にも、直ちに箱館を攻撃する軍事力はなかった。

結局、強硬意見を展開したファン・ファルケンバーグやブラントたちも、箱館居住の自国民やその財産を保護する手段がない以上、公式に榎本たちを「デ・ファクト」の政府、交戦団体とまでは主張できなかったのである。

しかし、箱館周辺、蝦夷地の権力が空白状態になっている以上、駐日各国代表は、箱館貿易の維持と居留民保護のためにも、榎本たちを、「デ・ファクト」ではないが、便宜的に「事実上の権力」と容認して状況を傍観するしかなかったのも事実であった。

これに対して榎本たちは、「徳川家来」である以上、自分たちを交戦団体と認められないと、サテライト号艦長ホワイトたちから通告されながらも、「デ・ファクト」の政府として認められたかのような態度をとり続けた。「デ・ファクト」は、榎本たちのプロパガンダになっていたのである（萩原延壽『遠い崖』第八巻）。

そして、これを裏付けるかのように、一八六九年一月二七日（明治元年一二月一五日）、榎本たちは蝦夷平定を宣言し、総裁・榎本武揚、副総裁・松平太郎（旧幕府陸軍奉行並）以下の暫定体制を発表した。公選（入札《いれふだ》）によって決定されたものといわれている。

この体制には、疑問が残る。公選によって榎本が総裁に選ばれたことである。佐々木克が説くように、榎本は軍事面の実権を掌握していたが、板倉勝静たち藩主クラスの要人をさしおいて、なぜ榎本が総裁に選出されたのか。榎本にそれほどの人望があったとは思われない。しかし、新政府に対して恭順の意志と蝦夷開拓を請願したことからもわかるように、この時期の榎本軍に徹底抗戦の意志はなかった。ゆえに、徹底抗戦を主張して新政府に恭順しなかった板倉たちではなく、榎本を集団の長としたのではないだろうか。佐々木説に賛同する（佐々木克「榎本武揚」同編『それぞれの明治維新』吉川弘文館、二〇〇〇年）。

榎本政権とは、あくまで、新政府に自分たちの生存を主張する場当たり的な姿でしかなかったよう

29　ストーンウォール号
The Photographic History of the Civil War. Vol. 6.The Review of Reviews Co. 1911. p. 297. より。

に思われる。そして、そのために諸外国との交渉の過程で生じたデ・ファクトであるかの誤解を、意図的にプロパガンダとして利用したといえる。彼らを蝦夷共和国（政権）かのようにみなすことは、誤った俗説でしかない。

局外中立問題には、さらに旧幕府が、一八六七（慶応三）年にアメリカで買い付けたストーンウォール号（甲鉄艦）の引渡問題が絡み合っていた。ストーンウォール号（一三五八トン）は、船体鉄製の中古装甲艦である。当時の東アジア海域に展開した軍艦の多くは木造であったため、アメリカ公使ファン・ファルケンバーグは、その帰属が内乱の帰趨に影響を与える可能性があると考えた。そして、局外中立を理由に、横浜に到着したストーンウォール号の引き渡しを拒否していた。

他方、新政府にとってみれば、海軍力においては、旧幕府海軍の多くを引き継いでいる榎本軍のほうが優位であり、蝦夷奪回作戦のためにも、その引き渡しを主張していた。

しかし結局は、一八六九年二月九日（明治元年一二月二八日）、条約国代表は局外中立の解除を宣言する。局外中立の解除に反対していたファン・ファルケンバーグも最後には同意した。ストーンウォール号は、一八六九年三月一五日（明治二年二月三日）に新政府へ引き渡された。

そして、同年五月二〇日（明治二年四月九日）、新政府軍の主力部隊が蝦夷に上陸、榎本軍を撃破し箱館を奪回した。一八六九年六月二七日（明治二年五月一八日）、榎本軍は降伏し、ここに内乱は終結したのである。

第六章　明治政府をめぐる国際関係の展開

開国和親と万国対峙

明治政府は、王政復古クーデタと、その後の内乱（戊辰戦争）に勝利することで成立したとみてよい。しかも、国内旧政治勢力（大名・公家ほか）の存在を容認するどころか、旧政治勢力に「公議政治」、つまり国政参加を建前上促したことからもわかるように、天皇を戴いたとはいえ、権力の絶対的な基盤が存在しなかった。また、財政的には旧幕領地（当初は畿内のみ）と戊辰戦争で没収した一部の旧藩領地のみに依拠しており、つねに財源不足の状態であった。さらに、天皇の権威に依拠した政権は直接の軍事力を保持しておらず、戊辰戦争を諸藩の兵力に頼って戦わざるをえなかった。

そのため明治政府は、政権成立の必然性を、日本がおかれた国際的位置に求めようとした。そこには、政権成立当初から頻発した、外国人殺傷事件の不可を国内に示すという動機もあったが、開港以降の激変した日本をめぐる国際環境のなかに、国家として存立していくためには、諸外国に信任されることが必要だと訴えたのである。そして明治政府は、一八六八年二月八日（慶応四年一月一五日）、対外和親の詔（外交に関する布告）を発した。

外国交際の混乱は、先帝（孝明天皇）が憂慮したにもかかわらず、これを無視した幕府の失政が原因であるが、政権交代にあたり、朝議によって「断然和親」「条約被取結《とりむすばれ》」ることを決定したので、国内社会は一致して「兵備ヲ充実シ国威ヲ万国ニ光耀《こうき》」するようにせよというのである（『日本外交文書』第一巻第一冊、九七文書）。

ただし、旧幕府が結んだ条約の問題点については「利害得失公議之上御改革」する意向を表明し、外国人との交際については、「宇内《うだい》之公法」（＝国際法）をもってあたることにするので、その点を心得るようにと付言している。

だが、なぜ条約を「御改革」（＝条約改正）云々なのか。これについては、真意不明といわざるをえない。かつての学説は、これをもって後年の条約改正問題と直結させる傾向があったが、とりあえずの宣言と理解すべきであろう。また、万国公法（国際法）による外国交際という文言は、当時の日本人の誤解（国際法は欧米世界の習慣法であり、決して成文化されたものでない）を示すものにほかならないが、漠然たるものであるがゆえに、国内社会にアピールするには十分な表現であったといえる。

対外和親の詔は、一八六八（慶応四）年初頭に発生した一連の外国人襲撃事件（神戸事件・堺事件・パークス襲撃事件）を受けて発せられた攘夷禁止（＝外国人殺傷禁止）の布告（慶応四年三月七日＝

一八六八年三月二〇日）とセットでだされたものとみなしてよい。

しかし、いくら攘夷禁止の布告とともに発せられたものとはいえ、西洋の存在を外夷とみなしてきた国内社会における多くの階層と、自らの伝統的慣習と利害を維持するため明治政府の傘下に入った諸藩の多くが、そのまま対外和親のスローガンを受けいれることは難しかった。したがって、明治政府には、国内社会を懐柔するために、もうひとつのスローガンが必要となった。それが、万国対峙（論）である。

万国対峙論は、将来的に西洋諸国と双肩できる国家建設を目指すというものであり、そのためには開国和親の方向でなければならないとする、まさに国内を融和させるためのメッセージである。あたかも幕末に政治戦略として繰りひろげられた攘夷論と共通するものがある。

開国和親と万国対峙は一見調和するようで、その実は相反するスローガンにほかならない。しかし、結局のところ、政権基盤の不安定さゆえ、将来の方向性も定まらない明治政府ならではの方策だったのである（永井秀夫『明治国家形成期の外政と内政』北海道大学図書刊行会、一九九〇年、藤村道生「万国対峙論の登場――維新外交の理念」『日清戦争前後のアジア政策』岩波書店、一九九五年）。

こうした明治政府を、欧米諸国や駐日各国代表は、必ずしも好意的に思わなかった。むしろ、不信のまなざしでみていたとさえいえる。それは、政権運営の理念に対してというわけではない。政権交代当初、明治政府による対外政策の多くが、総じて場当たり的なものであり、特に外国貿易に関して、駐日外交団が嫌悪した貿易統制・貿易独占行為を展開したからである。

明治政府と外国貿易

明治政府は、幕府時代に禁止されていた銅や米（余剰がある場合のみの公売）の輸出を認め、また俵物の取引制限も解除するなど、その貿易政策においては自由貿易的な姿勢もみられた。また、開市場であった大坂も、通関手続きの煩雑さ（密貿易対策でもあった）を考慮して、一八六八年九月一日（慶応四年七月一五日）、みずから開港場に変更している。

しかし、主要輸出品である茶や生糸については、御用商人を通した取引独占を試み、そこから得られる利益を政府の財源にしようとした（商法司政策）。当然、これは外国商人や各国外交団の抗議となり外交問題に発展していった。また、生糸については、品質検査のための改料《あらためりょう》（手数料）名目で商品に三〜五％課税したため、同様に外交問題となっている（拙著『幕末維新期の外交と貿易』第六章）。

貿易独占は、自由貿易の理念に反し、生糸改料の徴収は二重課税行為に該当する。いずれも条約違反にほかならなかった。しかし、こうした問題は容易に解決することがなかった。由利公正《ゆりきみまさ》（三岡《みつおか》八郎）が越前藩の専売制度をもとに建言したといわれる商法司政策は、ほどなく失敗に終わるが、後任の財政担当者となった大隈重信らが始めた通商司政策も、国策的に設立した通商会社（日本商人は半強制的に参加を求められた）を通して貿易活動の利潤を国家財政に吸い上げようとした点で同様だったからである（新保博『日本近代信用制度成立史論』有斐閣、一九六七年）。

こうした国家による貿易統制・独占行為に、日本商人たちの多くは、抵抗するどころか、「国益」に奉仕することを是とし、進んで協力したのであった（藤田貞一郎『国益思想の系譜と展開』清文堂出版、一九九八年）。これでは、外国商人や駐日代表たちの抗議にも限界がある。

明治初年の外国貿易は、幕府時代とは異なる様相をみせながらも、日本側による統制という、本質的に変化のない展開をみせていったのである。

明治政府の西洋化政策をめぐって

⑴条約継承と権利・債権の付与・回収

明治政府は近代国家建設を目指した。ここでいう近代国家と西洋化は同義である。一般書や歴史教科書ばかりでなく、数多くの研究書は、当然のようにこうした表現で叙述している。また、当時の政府指導者たちも、後年にそのようなことを述懐している。結果からいえば、日本は近代化を達成した。それゆえの歴史表現なのだろうか。

しかし、当時の明治政府がおかれた状況を考えると、これは前述した開国和親と万国対峙論を集約させた歴史認識にすぎない。むしろ、明治政府の国家ビジョンには、西洋化しか選択肢がなかったといってもよいだろう。

とはいえ、当時の明治政府に、明確な西洋化の方針があったのだろうか。あったとしても、それが政府全体の総意だったのだろうか。実際の歴史は、必ずしもそうとはいえない事実を物語る。

成立当初の明治政府が直面した対外的課題は、条約継承にともなう外交関係の樹立であったが、そこには旧幕府時代における諸外国との負債や諸協定、さらには契約類の数々も含まれていた。これらの多くを明治政府は引き継いだが、一部はナショナリズム的観点から拒否したものもある。

例えば、長崎・高島炭鉱の経営権を、明治政府は外交問題に発展することを覚悟のうえで、回収している。

長崎湾の高島は、良質な石炭を産出することが予想され、長崎港近傍にあることから、外国人に注目されていた。そして、一八六八年六月三日（慶応四年閏四月一三日）、高島を領有する肥前藩（佐賀藩）は、同鉱開発のため、グラバー商会との共同経営を始める。しかし、グラバー商会は倒産し、その債権がジャーディン・マセソン商会、さらにオランダ貿易会社（オランダ東インド会社の後継）へと引き継がれた。オランダ貿易会社は、高島炭鉱の直接経営に乗り込む意向を表明したため、これを明治政府が問題視し、イギリス公使パークスやオランダ公使ファン・デル・ウーヘンの斡旋などもあって、一八七四（明治七）年までにその債権を回収している。その後、明治政府は高島炭鉱を後藤象二郎に払い下げるも経営に失敗、後藤の債権者ジャーディン・マセソン商会が経営権を掌握したため、福沢諭吉の提言もあって、設立まもない岩崎弥太郎の三菱商会が買収したのは有名な話である(杉山伸也『明治維新とイギリス商人』)。

また、一八六九年三月三一日(明治二年二月一九日)に、榎本武揚たちが、箱館プロシア副領事R・ゲルトナーに与えた、郊外の七重村三〇〇万坪の農業利権(契約期間・九九ヵ年)は、一旦、成立まもない開拓使によってその契約が継承される。しかし、植民政策の弊害になることから、一八七一年一月三〇日(明治三年一二月一〇日)に、六万二五〇〇ドルを開墾費名目の賠償金を支払い、前年度付で契約を破棄している(下村富士男『明治維新の外交』大八洲出版、一九四八年)。

このほか、王政復古クーデタ直後の一八六八年一月一七日(慶応三年一二月二三日)に、旧幕府の外国事務総裁・小笠原長行が、アメリカ代理公使アントン・ポートマンに与えた鉄道の建設・経営利権(監督権は日本、経営権はアメリカ)も拒否したが、これについては後述する。

(2)インフラ政策をめぐって

近代国家建設には、立憲政治制度の確立が必要であるが、富国を導く殖産興業のための基盤であるインフラ導入も必須である。そして、日本への近代インフラ導入は、開港以来、欧米資本主義が希求し続けてきた対日利権拡大の好機でもあった。

インフラ導入策は、明治政府が欧米諸国の期待に応えた結果なのだろうか。あるいは、自ら進んで

30　横須賀製鉄所構内（1867年）
横須賀海軍工廠編『横須賀海軍船廠史』第1巻より。

近代国家建設のためのツールとして導入に踏み切ったのであろうか。この点については、後にも詳述するが、少なくとも成立当初の明治政府の場合は、前者の要素が大きい。なぜなら、導入されたインフラの多くは、旧幕府との取り決めだったからである。

例えば、横須賀製鉄所（一八七〇＝明治三年に横須賀造船所として開業）は、幕府時代からの事業を国策的見地から継承した。特に、横須賀製鉄所については、政権交代時、外資の抵当下にあった。しかし、大隈重信が奔走し、イギリス公使パークスの紹介もあり、イギリス系のオリエンタルバンク横浜支店から五〇万ドルの融資を受けることで抵当権の解除に成功している（立脇和夫『明治政府と英国東洋銀行』中公新書、一九九二年）。

また、「江戸協約」において取り決められた、新貨幣発行のための中古鋳造機を、グラバー商会の斡旋により香港から輸入し、大阪造幣寮で稼働させている。

さらに広範な事業であったのが、同じく「江戸協約」において取り決められた灯台建設事業である。既に幕府時代から、御雇い外国人技術者指導のもとで開始されていたが、これを継承している。そのうえで、「江戸協約」規定分以外についても、横須賀製鉄所のフランス人技師に依頼するなどして建設した灯台もあった（『横須賀海軍船廠史』原書房、復刻、一九七三年）。

これらは、いうまでもなく、巨費を投じておこなわれた大事業であった。

また、日本沿岸航海の便宜となる海図作成事業についても、国内政局に配慮して、必ずしも積極的ではなかった旧幕府とは異なり、明治政府は、各国海軍の測量活動を容認する姿勢を表明した。そして、イギリス海軍が、一八六七（慶応三）年末から日本沿岸で活動させていた、測量船シルヴィア号の海図作成作業を全面的に支援している。前述のように、日本沿岸の海図は完成していなかった。対外和親の方針もあり、明治政府は成立当初から、シルヴィア号の活動に便宜を与えたが、一八七二（明治五）年に至って、独自の海図作成を宣言する。しかし、なおも当時の日本人にそれを完遂するだけの技術力はなかった。そこで、技術者養成の目的を兼ねて、シルヴィア号の活動支援を継続したのである。シルヴィア号は、旧幕府が測量を拒否した伊勢湾周辺（伊勢神宮があるため）や、北海道沿岸などの測量を断続的に実行した。各国海軍や日本海軍（旧幕府海軍のものを含む）による成果を合わせて、日本沿岸全域の海図が概ね完成するのは、一八七六（明治九）年のことであった（拙稿「海図と外交」『歴史をよむ』東京大学出版会、二〇〇四年、ビーズリー「衝突から協調へ」『日英交流史』

第一巻、東京大学出版会、二〇〇〇年）。

他方、みずから導入したインフラ事業の多くは、幕末の頃から外国資本が参画を求めたものである。しかし、明治政府はそうした圧力を排して事業を遂行した。例えば、一八六九（明治二）年に東京・横浜間、翌年には大阪・神戸間の国内電信事業を開通させ、一八七一（明治四）年には郵便制度を創業している。また、電話事業も一八七七（明治一〇）年から開設されている。

ただし、鉄道については、旧幕府がポートマンに与えた鉄道敷設契約を、王政復古後であったことを口実にして拒否した。駐日アメリカ公使デ・ロングはこれに抗議したが、明治政府は、自国資本による鉄道建設を主張して、権利回収を宣言する。

しかし、自国資本による建設は現実的に不可能であったため、一八六九年一二月一二日（明治二年一一月一一日）、イギリス公使パークスが推薦した元清国税関長（総税務司）のイギリス人ネルソン・レイとの間に，資金・資材・人材調達に関する契約を結び，同時に官有方式（日本側に所有権・経営権）による鉄道建設事業（東京・横浜、神戸・大坂間）を決定した。しかし、レイとの契約は、ロンドン公債市場での一〇〇万ポンドの資金調達を予定していたが、明治政府はその募集方式に難色を示し、契約解消へと発展していく。

レイは、明治政府に一二％の利息支払いを要求していたが、ロンドンでは九％の利息付与を条件とする公債募集を予定していた。レイにしてみれば、三％は手数料の意図があったのであろうが、もともと、鉄道建設に反対意見が多かったこともあり、明治政府内は、利益操作による搾取だと批判する声があがっていたのである。

結局、一八七〇年六月二九日（明治三年六月一日）、レイとの契約を解消し、イギリス公使パークスの仲介とオリエンタルバンク横浜支店の斡旋により、ロンドンで九分利分付一〇〇万ポンドの公債を募集、その調達費用により、イギリス人技術者を雇用しながらも、自力での建設・経営にあたっていった（田中時彦『明治維新の政局と鉄道建設』吉川弘文館、一九六三年、中村尚史『日本鉄道業の形成』日本経済評論社、一九九八年）。

海外電信事業も、例外的な事例といえた。一八七〇（明治三）年、明治政府は、デンマーク政府から派遣された全権使節シックの推薦もあり、同国資本の大北電信会社（Great Northern Company、ロシア政府からシベリア横断電信敷設権を与えられる）に敷設権を与えたのである。そして、翌一八七一（明治四）年の上海＝長崎間をはじめとして、中国大陸や朝鮮半島向けの海底電線を拡張敷設していった。なお、日本が海底電線敷設の権利を回収したのは、一九四三（昭和一七）年のことである（石井寛治『情報・通信の社会史』有斐閣、一九九四年）。

ここで、留意しなければならない点がある。これらのインフラを利用するのは、多くが外国人であり、当時の日本人にはほとんど無関係の制度・設備だったということである。にもかかわらず、慢性的な財源不足に悩む明治政府は巨費を投じて建設事業を遂行した。

インフラ導入は、伊藤博文・井上馨・大隈重信・前島《まえじま》密《ひそか》といった開明派官僚の建言によって実現したものであり、特に鉄道については、当時の兵部省や多くの国内保守勢力が建設に反対し、深刻な政治問題になったことを見逃すべきではない。しかし、それを乗り越えて、鉄道建設は挙行されたのである。

明治政府のなかで、開明派官僚は少数派であった。しかし、一八七〇（明治三）年創設の工部省は、同様の傾向を帯びていた大蔵省以上に、開明派官僚の牙城であった。伊藤博文が初代工部卿となり、井上《いのうえ》勝《まさる》・山尾《やまお》庸三《ようぞう》らイギリス留学帰りの長州系技術官僚が主導権を握り、鉄道の建設・経営、さらには官営工場などインフラ設備の建設にあたっていった（柏原宏紀『工部省の研究』慶應義塾大学出版会、二〇〇九年）。こうした工部省が、政府内保守派の主たる攻撃対象になったことはいうまでもない。

明治政府によるインフラ導入策は、その損得勘定を度外視して、当時の国際環境・外国資本の希求に応えるために実施したといわざるをえない（拙稿「明治黎明期におけるインフラ事業の性格再考」『社会システム研究』第二三号、立命館大学社会システム研究所、二〇一一年）。結果的に、日本の近代化につながったインフラ制度・設備であるが、明治初年の時点では、実情にあわない（否、無視して）国家理念を優先した政策であったといわざるをえないのである。

明治政府の条約改正志向

明治政府は、対外和親の詔においても、旧幕府が結んだ条約の問題点については、利害得失を協議したうえで改正を志向すると宣言していた。そして、一八六九年二月四日（明治元年一二月二三日）には、外国官副知事・東久世通禧が駐日各国公使に対して、非公式ではあったが、条約改正の意向を表明した。なぜ、そのような態度を表明したのか。また、各国もその真意を理解できなかった。

条約改正が可能となるのは、調印国の条約によって条文の表現が異なるが、一八七二（明治五）年からであり、その一年前に改正意志を相手国に通告することが条件であった。したがって、駐日各国代表は、明治政府の通告が条約規定に適っておらず、その真意もわからないとして、そろってこれを斥けている。明治政府も、それ以上の動きはみせなかった。

明治政府は、成立当初から、なぜそこまで条約改正にこだわったのだろうか。通説が強調するような不平等条約の改正・克服といったものでないことだけは確かである。そもそも、幕末・明治初年において、条約が不平等なものであるとする認識はなかったというのが、近年の研究成果である。後年に問題視された領事裁判制度は、異文化国間の条約では設定するのが常であり、協定関税制度は、当時のアメリカでは保護税制度が導入されていたとはいえ、自由貿易の利益を共有するための協議手段であった。それが当時の常識である。

旧幕府および静岡藩（徳川宗家）から条約書や外交書類を引き継いだばかりの明治政府にとって、

条約国を説得できるだけの大局的な外交戦略はなかったし、それ以上に条約条文の利害を精査できるだけの人材は、ほとんどいなかった。ゆえに、旧幕府で外交実務に従事していた官吏たちや、蕃書調所で翻訳業務などに携わっていた、津田真道《つだまみち》のような学者たちを雇用せざるをえなかった。

また、永井秀夫『明治国家形成期の外政と内政』や藤村道生「万国対峙論の登場」（前掲）が明らかにしたように、明治初年の外交関係を貫いた開国和親と万国対峙のバランスを考えた時、国内向けメッセージとして、あえて条約改正を主張したのかもしれない。ただし、それは将軍の名で調印した条約を、天皇の名に変更することの強調と、それゆえの国内に対する条約遵守を訴えたものだったというべきであろう。

いずれにせよ、明治政府が条約条文の利害得失を勘案のうえ、戦略的にその改正を主張するのは、やはり一八七二（明治五）年の条約改正期限以降を待たなければならなかったのである。

新条約の調印

明治政府は、条約改正の意向とは矛盾するかのように、成立当初から、新たな国との間と条約を調印していった。それらは安政条約をほぼ踏襲しただけでなく、外国側の要求に応えるかたちで、開港以降の問題点を解決すべく、内容を補完したものでもあった。

古典的な評価は、明治政府の無知さゆえに、諸外国との間で新たな不平等条約を結んだとか、外交部門に雇用された旧幕吏たち（幕末条約の履行者）の提言によるものだと指摘する。この時期の条約国調印交渉については、必ずしもその過程が究明されていないところがあるとはいえ、果してそういってよいものだろうか。

明治政府が結んだ新条約には、まず、スウェーデン＝ノルウェー連合王国（一八六八年一一月一一日＝明治元年九月二七日調印）およびスペイン（一八六八年一一月一二日＝明治元年九月二八日調印）とのものがある。これらは、安政条約以降の諸条約を微修正し、これに「江戸協約」の内容を盛り込んだものであるが、開国和親を国是とした明治政府が、オランダ公使ポルスブルックの斡旋、さらに、プロシア公使フォン・ブラントやイギリス公使パークスの対日環境改善勧告もあって、調印にふみきったといえる。

翌年になると、さらにプロシア公使フォン・ブラントの求めにより、成立したばかりの北ドイツ連邦王国との条約に調印した。日本・北ドイツ連邦修好通商航海条約（一八六九年二月二〇日＝明治二年一月一〇日）である。同条約は、スウェーデン＝ノルウェーやスペインとの条約内容に加え、現状の貿易環境における問題点を是正したものである。

さらに、一八六九年一〇月一八日（明治二年九月一四日）には、オーストリア＝ハンガリー帝国（ハプスブルク家）全権ペッツ男爵との間で、日澳通商航海条約に調印している。これは、明治初年に日本が結んだ条約のなかでは最も著名なものであり、後年、井上馨外務卿時代の条約改正会議において交渉の基準とされたほど、整備されたものであった（稲生典太郎『条約改正論の歴史的展開』小峯書店、一九七六年、拙稿「「不平等条約体制」と日本」）。

日澳条約調印交渉は、イギリス公使パークスのもと、同国駐日公使館が最大限のサポートをおこなっている。その調印交渉の過程については、なお究明すべき点があるが、内容的に、「江戸協約」の内容を盛り込んでいるだけでなく、開港以来の一〇年間で懸案となった諸問題や、既存の諸条約で異なる条文解釈も統一させており、一八六九年時点における対日条約の完成版であった（拙稿「「不平等条約体制」と日本」）。

諸外国にとっての条約改正問題

パークスが情熱を注いだ「江戸協約」や日澳条約の調印によって、対日関係がいくらかの変化をみせたとはいえ、対日条約の骨子は、一八五九（安政六）年の開港以来、基本的に不変であった。ゆえに、条約じたいが、現状にそぐわなくなっていた。

こうした現状を不満に思うのは、駐日外交団だけでなく、各開港場在住の外国商人たちも同様であった（以下、拙著『幕末維新期の外交と貿易』第七章に拠る）。

例えば、来日外国人の数も増えたが、それ以上に激増したのが中国商人である。俵物や茶取引をめぐっては、彼らと明治政府や税関（運上所）役人との癒着・不正行為が問題となり、欧米商人たちは不満を募らせていた。

明治政府による貿易統制も、政権交代の混乱と社会変化のなかで、外国人からみればエスカレートしているように思われた。中国商人の例がそうであったが、明治政府は前述したように、通商会社を通して内外御用商人（日本商人だけでなく、明治政府と癒着関係にあった外国商人も少なからずいた）に貿易取引上の利権を与える傾向があり、頻繁な外交問題へと発展していた。また、対日貿易に開放されるならば、多大な利益になると思われた北海道の資源供給は、開拓が思うように進まないため限定的であり、また物産も場所請制の旧慣が残り、輸出品になる時には、さまざまなプレミアムが転嫁され、総じて高価なものであった。

日本海側の開港場に指定された新潟は、正式に開かれてみると、居住する外国商人はほとんどおらず、また港湾の不備もあって、貿易は途絶状態であった。日本経済の中心地として、外国貿易への参加が期待された大阪も、現地商人はほとんど関心を示さず、こちらも土砂の堆積する港湾上の不便さが重なって、衰退の一途をたどっていた。開市場として開かれた東京（築地）は、周辺に明治政府の機関が設けられたりもしたが、居留地には外国人がほとんど住まず、教会やミッションスクールが建てられた程度であり、結局は発展しなかった。

さらに、良質かつ豊富な埋蔵量があると推定されたため、供給が期待された九州北部炭田地帯の石炭も、掘削や精製技術の稚拙さが関係して、それほど流通しなかった。

外国資本導入による国内資源の開発は、前述したように注目されており、アメリカなどの新興国は多大な関心を抱いたが、明治政府は外国人技術者の招聘・雇用こそおこなったものの、その経営は属人主義をとって参加させなかった。

こうした、欧米（商）人たちの指摘する対日関係の問題点は枚挙に暇がない。日澳条約の存在だけでは、もはや限界の様相を呈していたのである。

※開港場の特徴について、横浜・長崎・函館（箱館）と述べた（本書第三章）ので、一八六八（慶応四）年に開港された神戸についても補足的に言及しておく。

開港地に指定された兵庫は狭隘であり、外国人居留地用の地所を確保できなかったので、湊川を挟んで隣接する神戸村に建設され、地所は開港直後から競売にかけられた（『神戸外国人居留地』新版、神戸新聞総合出版センター、一九九三年）。そのため、比較的早い時期から、外国人居留地だけでなく、開港場も神戸と呼ばれるようになった。ただし、神戸とて狭隘な地に変わりはなく、また建設中であるにもかかわらず地所が販売（形式的は永代借地権の付与）されたため、周辺の雑居地（日本人街）での地所・家屋の貸借が開港当初から許可されている。かくして、現在の神戸市中心街（兵庫以西の元町・山手・北野など）が実質的に外国人の定住区域になっていた。前述したように、兵庫（神戸）開港には、一定の期待があったため、やってきた商人たちは、横浜以上に投機的傾向の強い、ならず者（Western Barbarian）であった。国籍的には、イギリス人が最多だが、それに次ぐ存在としてドイツ人の進出が目立ち、兵庫（神戸）が新たな開港場であることを象徴していた。新たに中国大陸から来日した商人もいたが、既に横浜や長崎で活動していた商人もいた。トーマス・グラバーも神戸・大阪に進出している。

神戸外国人居留地には、明治政府が自治権を与えている。新天地を求めた、ならず者たちの暮らす空間で

31　開港直後の兵庫と建設予定の外国人居留地
「イラストレイテッド・ロンドンニュース」1868年3月28日号より。

あったが、その偏屈さが、逆に一つの団結心を生み出し、彼らが結成した消防隊などの自治組織は、同じく自治権を与えられた大阪・川口居留地とともに、新条約が実施される一八九九（明治三二）年まで続いている。神戸と大阪以外、外国人による居留地自治は失敗しているので、特筆に値する。

開港当初の神戸貿易は、大阪経済の衰退もあり、横浜や長崎での需要を補完する物産取引が中心であった。そして、ここでも、中国商人による、茶取引などに関して、税関での不正や贈賄行為が問題になっている。小資本の現地欧米商人にとって、開港当初から中国商人の存在が脅威になっていたのである。

神戸がアジア向け貿易によって発展するのは、明治維新期（幕末・明治初年）よりも後の時代のことである。そして、横浜を凌駕し、日本一の貿易港に発展するのは、居留地貿易時代、つまり新条約実施以降、二〇世紀のことである。

では、いかにして現状を改善すべきなのか。

条約改正期限を待つまでもなく、即時に改善すべき問題として、多くの外国商人たちは、①国内旅行の実現、②再輸出に対する便宜、③沿岸貿易（開港場間輸送）の容認などを挙げている。詳しく説明してみよう（拙著『幕末維新期の外交と貿易』第七章に拠る)。

⑴国内旅行

安政条約の規定により、書記官以上の外交官を除いて、外国人は開港場周辺（概ね一〇里四方）でしか活動ができない。そのため、生糸や茶などの商品の買い付けは、日本商人に頼るしかない。かつて外国商人は、日本商人に対する融資（先物取引）によって優位に立っていたかのように理解されていた。しかし、実際のそうした融資は、日本商人の契約不履行などによって焦げつき、不良債権化することが多かった。資本力のある外商であれば、手数料収入などに取引形態を移行することも可能であったが、小資本の商人たち、特に新たな条約国であるイタリア商人などは、確実な商品を確保するため、産地に赴き、直接買い付けることを希望していた。

既に清国では、天津条約（一八五八年）によって、国内旅行が実現していた。ゆえに、外国商人たちの日本国内に自ら赴くことを希望する声が高まっていたのである。

ただし、一般外国人への国内旅行権付与は、条約体制の根幹に関わる重要な問題であり、困難な交渉が予想される。そこで、あえて条約改正の協議事項とするのではなく、明治政府と協定を結ぶかたちで、具体的には、領事が審査のうえで発行する旅券所持者に限るなどの条件によって、国内旅行権を承認することが提起されていた。

(2)再輸出に対する便宜

安政条約では、関税支払後の売れ残り商品に対する便宜措置がなかった。しかし、不安定な対日貿易では売れ残り品も多かった。さらに、売れ残り商品を他の開港場に廻送して積荷を陸揚げする場合、再び関税を支払わなければならなかった。そのため、商品の多くが横浜から廻送される函館での取引では、多大な不利益が生じる結果となっていた。

こうした不便を解消するため、「江戸協約」では、積荷の関税を支払うことなく、一時的に税関施設で保管することができる保税倉庫制度の導入が取り決められた。しかし、実際の貿易で、保税倉庫は、手数料の高さや、倉庫利用をめぐる税関役人と日本商人との癒着関係・不正貸与が公然化しており、外国人の利用はほとんどなかった。

そこで、「江戸協約」調印交渉時にも取り沙汰され、清国で既に導入されている関税払戻制度の採用を求める声が高まっていた。

(3)沿岸貿易(開港場間輸送)

停滞する対日貿易のなかで注目されたのが、外国船を利用した国内貨物の廻送である。幕末・明治初年の日本では、大量の人員や物資を輸送できる日本人所有の大型蒸気船は、政府所有の軍艦や、開拓使などの政府機関が購入した数隻の蒸気船を除けば、ほとんどなかった。また、航海技術も未熟であった。このことは、戊辰戦争時における兵員・物資の輸送面で既に露呈されていた。明治政府は、諸藩が外国船舶を利用した輸送を基本的に禁止したが、薩摩藩のようにそれに従わなかったものもあった。

戊辰戦後も、特に北海道向けの輸送手段において、外国船舶の利用が注目された。北海道への物資輸送が巨利を生むと判断した一部の日本商人たちは、外国船をチャーターして、（多くは新潟から）米穀などの物資を函館ほかの各地に運んだ。

外国商人たちもこの点に興味を示し、開港場間、あるいは開港場・非開港場間で日本人荷主の物資輸送をおこなおうとした。しかし、明治政府は、それを国内輸送とみなして、外国商人にこれを許可しようとしなかった。開港場間輸送は、物資を陸揚げする場合、通関手続き（関税支払い）が必要であり、非開港場への輸送は条約違反だというのである。せめて、関税を支払うことのない開港場間輸送は認めるべきだとして、外国商人の不満は募るばかりであった。

これは条約解釈にも関わる問題であるが、国権拡張に固執し、開港場以外への外国人往来を基本的に認めたくない明治政府は、国内物資の開港場間輸送さえ容認しなかったのである。

結局、明治政府の不安定な政権構造（頻繁な行政改革、人事交代、政府内部の利権抗争）もあって、こうした諸問題の本格的な協議は、やはり条約改正期限を待たねばならなかった。

清国・朝鮮との関係

明治政府の成立は、それまでの伝統的な清国・朝鮮との関係にも転機を促すこととなった。ただし、日清・日朝関係の展開を詳述することは、本書の趣旨ではないので、ここでは欧米諸国との関係を念頭におきながら概観していくことにする。

(1)日清修好条規の調印

繰り返すが、明治初年の日本には、三タイプの中国人がいたといわれる。

一つめは、開港以前から長崎に来航した山東省や福建省出身の中国商人たちである。彼らは、銅や俵物取引に関する独占的便宜を与えられたほか、長崎市街で活動するかぎり、日本の法律に服することを条件に、日本人なみの自由を与えられていた特権商人であった。

二つめは、開港とともに欧米人の従者、店員（Clerk）や買弁《ばいべん》（Comprador）、として共同経営者として来日した中国人たちである。彼らは欧米諸国の保護下におかれたため、法的には欧米人と同待遇である場合が多かった。

三つめが、こうした中国人たちの地縁・血縁を頼って来日した集団である。当時の日本に公式な外交関係はなかったため、彼らは無条約国民と位置づけられた。すなわち、条約上は保護されることがない、日本人と同待遇の存在であった。しかし、時の経過とともに、この三つめの集団が、日本に在住する最大の外国人集団となっていったわけであり、法的に日本人扱いだとはいえ、彼らを統制することは容易ではなかった。

そのため次第に、第三の中国人たちによる、貿易取引上の不正行為や混乱する社会のなかでの犯罪行為が顕著なものとなっていった。

清国との条約締結が求められたのは当然の成り行きであった。かくして、明治政府は一八七〇（明治三）年に日清修好条規を締結する。欧米諸国にとってみても、日清条約の成立は望ましいものであったといえる。

ただし、問題はその内容であった。歴史教科書などでは、日清修好条規が、日本にとって最初の対等条約であったかのような評価がある。たしかに、内容的には相互が欧米諸国との間で結んだ条約（領事裁判や協定関税など）の内容をそれぞれ認め合っているが、正確には「不平等条約」を相互に承認しあった対等条約とでもいうべきものである。

しかし、日清修好条規は、対日条約の調印をもって欧米諸国との外交関係に制約を与えようとした清国側全権・李鴻章《りこうしょう》たちの思惑を、日本側全権・伊達宗城たちは把握しきれず、一見すると対等を強調するような形式での条約を結んでしまったというのが実情であった。

特に、同条約第二条において、有事の際の日清提携が規定されていることに、欧米の外交団たちは、攻守同盟ではないかとの疑念を抱いた。

明治政府にしてみれば、そもそも在日中国人の行動統制・取締を可能とするために条約調印を望んだのであり、清国への領事裁判権の付与は想定外の結果であった。他方、中国大陸で活動する日本人など、当時はほとんどいない。またもとより、明治政府にとって、欧米諸国が疑念を抱くような対等条約を調印する意図はなかった。結果として、全権・伊達宗城は調印の責任を問われ、失脚することになる。明治政府は、日清条約の批准拒否を含めて、清国に対して条文の修正を求めて交渉していく。

日本にとっての、もう一つの条約改正交渉の始まりであった。しかし、清国側の交渉全権であった李鴻章は、条文修正を求める日本の姿勢を非難し、また琉球島民の台湾遭難・殺害事件や琉球帰属問題がさらに絡み合うことで、日清関係は険悪なものになっていく。

明治政府にとってみれば、安政条約の条約改正期限の到来、すなわち欧米諸国との条約改正を同時並行しておこなう難業を意味し、しかも岩倉使節の欧米歴訪という政府要人の大半が日本を不在にした状態での交渉だったのである。

清国との条約交渉は、そのまま欧米諸国との条約改正交渉に影響を与えるため、明治政府は用意周到な対応をおこなったが、一八七三（明治六）年に日清間の問題を棚上げにしたかたちで、日清修好条規を批准することになる。

そして、あらためて清国に対する条約改正交渉の方針を確定したが、交渉は難航した末に頓挫してしまう。日清間で新条約が結ばれるのは、日清戦争を待たねばならなかった（以上、五百旗頭馨『条約改正史』有斐閣、二〇一〇年に拠る）。

この間、欧米外交団は、日本および中国大陸における各自の利権との関係をふまえながら、日清両国の交渉経過を傍観していった。

(2)朝鮮問題と日朝交渉

日本の開港により、東アジアのなかで欧米諸国との国交関係がないのは朝鮮だけになっていた。しかし、通商面で朝鮮半島は魅力に乏しく、あえて条約交渉のための使節を派遣しようとする国はなかった。ただし朝鮮には、清国との国境を越えて密入国したキリスト教宣教師たちが長期にわたって活動していた。しかし、朝鮮の大院君《テウォングン》政権は排外主義の政策を堅持しており、キリスト教信者や宣教師たちを逮捕・殺害した。これに抗議するため、フランスやアメリカは朝鮮の首都・漢城に通じる漢江河畔の江華島周辺に軍艦を派遣して交渉を試み、現地砲台と抗戦する事態に発展していた。一八六六年六月に、朝鮮側が奇襲したアメリカ商船ゼネラル・シャーマン号事件（同号は沈没）、同年一〇月の丙寅洋擾《へいいんようじょう》（フランス軍艦ゲリエール号ほか三隻との戦闘）である。

朝鮮との交渉ルートは清国政府を経由するしかないが、成果が期待されないため、フランスなどは徳川幕府に仲介を求めたこともあった。

徳川幕府と朝鮮王国には、日常的な関係はなかったが、対馬藩を介して通信（国交）関係があり、将軍の代替わりに、朝鮮から通信使が派遣される習慣があったことは周知の事実である。欧米諸国にも、日本と朝鮮との間に国交関係があることは知られていた。フランス政府の要請を受けて、徳川慶喜政権は、外国事務総裁平山敬忠《ひらやまのりただ》の朝鮮派遣を計画したが、大政奉還により中止になっている。

一八六八（慶応四・明治元）年、政権を掌握した明治政府は、朝鮮に政権交代の事実を通告し、新たに国際法に基づく対等な国交関係の樹立を企図し、対馬藩を介してその旨を通告させようとした。

偏狭な離島である対馬藩は、一〇万石の石高を有していたが、実際の収穫高は三万石程度にすぎず、朝鮮国王との間にも朝貢関係を有することで得られる貢歳米三万石によって、なんとか藩内の生計を可能としていた。そのため、対馬藩内には、朝貢の形式に適わない政権交代通告に躊躇する意見もあったが、結局、明治政府が財政補塡をおこなってくれるものと期待して、その通告に踏み切った。

交渉窓口であった釜山の東莱府《トンネ》は、通告書が朝貢に用いる書契（＝書式）に反するとして、これを受理しなかった。特に、天皇の文字が問題視された。清国と宗属関係にある朝鮮にとって、「皇」は清国皇帝のみを意味する文字であったからである。

以降、日朝国交交渉は難航する。朝鮮側は、対馬島民以外の日本人入国を認めていなかった。また対馬藩も、日朝間メッセンジャーとしての特権的立場に固執して、自藩による打開策を模索し続けたからである（沈箕載『幕末維新日朝外交史の研究』臨川書店、一九九七年）。

しかし、一八六九（明治二）年の版籍奉還により、対馬藩は厳原《いずはら》藩となり、さらに一八七一（明治四）年の廃藩置県によって同藩は廃止された。その間、明治政府は外国官から外務省へと行政改革をおこなって外交機構を確立させた。それでも、旧対馬（厳原）藩士たちの運動や彼らを保護した木戸孝允の存在などもあって、日朝交渉は旧対馬藩士たちの手に委ねられていたが、外交機構の確立にともない、本来、対馬藩の私貿易活動のために付与されていた釜山・倭館に、対馬出身者以外の外務省吏員を派遣することで、東莱府との交渉を試みていった。しかし、対馬関係者以外の入国に東莱府は態度を硬化させ、交渉は再び中断してしまう。

その後も、交渉はさまざまな内外情勢に影響されながら、懐柔と模索が繰り返されたが、打開の糸口さえ見いだせなかった。そうしたなか浮上してきたのが、朝鮮の忌避する西洋式の軍事力（蒸気軍艦）を利用した威嚇交渉である。これは、政府内での特権確保に固執する旧対馬藩士の影響力が衰退するにつれて、次第に具体的なものになっていった。また、倭館での長期交渉を経験した外務省官吏たちが、最後に辿り着いた結論でもあった。これこそ、後に征韓論と表現された具体的な交渉術であった（石井孝『明治初期の日本と東アジア』）。

俗説では、士族を動員した軍事行動こそ征韓論だと表現する。しかし、それは一八七三（明治六）

年前後の不平士族や新聞雑誌が政府批判のために主張したものにすぎないので注意を要する。

また明治政府が、朝鮮との国交交渉を泥沼化させていく間、一八七一（明治四）年にアメリカ海軍のロジャース艦隊（コロラド号ほか五隻）が、江華島砲台を攻撃・占領する事件があった（辛未《しんみ》洋擾）。こうした行動が、明治政府による征韓論（軍事的威嚇交渉）に影響を与えたことはいうまでもない。

とはいえ、欧米諸国が朝鮮半島を具体的な行動の舞台とみなすのは、日本の北方海域で英露関係が緊張する一八七五（明治八）年頃からのことであり、なおしばらくの時間が必要であった。欧米諸国は、明治政府による交渉の推移を静観することを基本姿勢とした。

幕末・明治初年の日露関係と樺太国境問題

日本が開港した一八五九（安政六）年以降の、ロシアの対日政策は独特なものであった。ロシア海軍が箱館と長崎を寄港地化し、艦船を長期逗留させたことは既に述べた。他方、ロシアの対日貿易への関心は、沿海州への物資供給などが中心であり、外交拠点（総領事館）も、一八六七（慶応三）年までは箱館に設けられ、英仏のような積極外交をおこなうこともなかった。一八六一（文久元）年のポサドニック号事件は、むしろ例外的な出来事である。

他方、サハリン島（樺太）における日露国境問題は依然として未確定であった。

一八五九（安政六）年に東シベリア総督ムラヴィヨフが来日して、国境確定交渉をおこなったが不調に終わった。一八六二（文久二）年には、幕府遣欧使節が、ロシアの首都セント・ペテルスブルクを訪れて交渉をおこなったが、ここでも幕府側がロシア政府の譲歩案を容認できず決裂した。その後、一八六五（慶応元）年頃から、ロシアはサハリン島への入植を積極的に展開したが、文化習慣などの違いもあって、現地で日本人との紛争が続発した（秋月俊幸『日露関係とサハリン島』）。

そのため、一八六七（慶応三）年に箱館奉行・小出秀美らがロシアに派遣され、再びセント・ペテルスブルクで交渉をおこなったが、やはり国境確定に至らなかった。ただし、ここで暫定的な妥協が成立する。サハリン島を日露両国領有の雑居地とすることで合意したのである。かくして、一八六七年三月三〇日（ロシア暦・一八六七年三月一八日、慶応三年二月二五日）、日露間樺太仮規則（ペテルスブルク協定）が調印された。

この協定は、日本にとって致命的な不利益を生じさせるものであった。なぜなら、協定上、サハリン島は日露両国民が対等に活動できる雑居地ということであったが、当時の日本人は、夏期に役人や商人が、南部アニワ湾周辺に一時滞在するにすぎなかった。他方、サハリン島を沿海州の防衛拠点と位置づけ、さらに政治犯を入植させて資源開発に使役させようとした、ロシア側の積極的な政策と比べても、あまりにその領有観念が違いすぎた。このことは、両国の国力差を合わせて考えた時、さらに顕著な格差を生じさせたのは必然の結果であった。しかも、程なく日本では政権交代がおこり、続いて内乱へと突入する。日本社会が混乱している間、ロシアは、ペテルスブルク協定に基づき、それまで自重していたサハリン島南部への入植をも実行していった。そして、アニワ湾周辺を除けば、サハリン島は実質的にロシアの領土となっていた（石井孝『明治初期の日本と東アジア』、拙稿「イギリスからみたサハリン島問題」『学習院大学文学部研究年報』第五〇輯、二〇〇四年）。

明治政府は、一八六八年六月一四日（慶応四年閏四月二四日）、箱館府権判事・岡本監輔（徳島藩士、現地視察経験あり）の建言をうけ、サハリン島（樺太）への移民入植を決定する。そして、同年六月（旧暦）、岡本は、江戸（東京）からの移民（失業者や貧民家族で構成された、いわば「棄民」）三〇〇名を率いて樺太・クシュンコタンに上陸し、旧幕府庁廟を公議所と改称して入植指導にあたった（秋月俊幸『日露関係とサハリン島』ほか）。

入植民たちに厳寒地の越冬知識があるはずもなく、また明治政府から支給される物資も乏しく、さらに集住も許されず、陣地取りのように分散居住を命じられた。そして、多くの入植民は、餓死するか凍死する運命をたどっていった。明治政府の樺太植民政策は、ロシアへの対抗心から、現実を無視しておこなわれた無謀なものだったのである。しかし、明治政府は、樺太が日本の領土であるというナショナリズム観念にこだわり、容易に政策を変更しようとしなかった。

こうした状況に介入してきたのが、アメリカ駐日公使デ・ロングである。デ・ロングは、合衆国政府に日露間の調停を依頼するように提案した。岩倉具視ら明治政府の要人たちは、一八七〇年三月一五日（明治三年二月一四日）、このデ・ロングの言葉を信じて、合衆国政府に調停を正式に依頼した。しかし、合衆国の反応はなかった。デ・ロングの行動は、功名心に拠るものであり、合衆国政府の同意を得たものではなかったのである。

かつて、北極海域で友好関係を維持した米露両国も、一九世紀末には同海域の漁業権益をめぐって対立傾向にあった。そうしたなかで、合衆国政府が調停に応じる可能性はなく、ロシア政府の意向を確認した程度にすぎなかった。合衆国政府の態度が判明したのは、明治政府の依頼から約九ヵ月後、一八七〇年一二月二五日（明治三年一一月四日）のことであった。

この間、ロシア政府はサハリン全島領有の方針を表明し、日本に対しては、いくらかの譲歩をおこなうための交渉意志を伝えていた。しかし明治政府は、皮肉にも合衆国政府に一縷の望みを託し続けていたのである（麓慎一「維新政府の成立とロシアのサハリン島政策」『日本とロシアの研究者の目から見るサハリン・樺太の歴史〈I〉』北海道大学スラブ研究センター、二〇〇六年）。

明治政府が樺太（サハリン島）に固執することの危険を訴え続けたのが、イギリス公使パークスである。パークスは、常々、ロシアのサハリン島南下政策の延長に北海道（蝦夷地）侵略があるのではないかと疑っていた。当時の国際世論も、同様の傾向にあった。

またイギリス海軍も、沿海州の軍港ウラジオストック（ロシア太平洋艦隊の拠点）などの視察を名目に、一八六〇年代末からたびたびサハリン島にも軍艦を派遣し、ロシアによる入植政策の実情をイギリス本国や駐日公使館に伝えていた（拙稿「イギリスからみたサハリン島問題」）。

特にパークスは、徳川幕府が結んだペテルスブルク協定が、いかに日本に不利であるのかを正確に理解していた。そして、明治政府に対しても、早くは一八六九年九月六日（明治二年八月一日）の時点で、サハリン島の大半が実質的にロシアの領土となっている現実をふまえて、何らかの譲歩、例えば、サハリン島の日本人入植地に相当する土地を、他のロシア領有の島嶼群と交換するか、または金銭的保証を条件に、日本が領有権を放棄することで問題を解決するよう勧告していた。

こうした意見は、北海道（正式には一八六九年九月二〇日＝明治二年八月一五日に蝦夷地から改称）開拓を優先すべきと考えていた黒田清隆など、明治政府関係者にも広がっていくが、政府首脳たちは、暫時その決断ができなかったのである。

合衆国政府の調停に期待する明治政府は、当初、パークスのサハリン島放棄勧告に耳を傾けることはなかった。しかし、合衆国政府の態度が判明するや、いよいよ覚悟を決め、一八七〇（明治三）年には外務大丞《だいじょう》・丸山作楽《まるやまさくら》を樺太・パッコトマリに派遣し、さらに翌年には外務卿・副島種臣《そえじまたねおみ》がポシェット湾に赴いて、東シベリア総督府と交渉をおこなったが、ロシア側の強硬な態度に妥協点を見いだせなかった。

明治政府が、榎本武揚を特命全権公使としてセント・ペテルスブルクに派遣し、ロシア政府と直接に交渉する方針を定めたのは、一八七四（明治七）年のことであった。交渉は難航をきわめたが、翌一八七五（明治八）年五月七日に千島樺太交換条約（ペテルスブルク条約）が調印されたのであった（『日本外交年表竝主要文書』上巻、石井孝『明治初期の日本と東アジア』）。

これにより日本は、日露両国雑居地と定められていた樺太（サハリン島）の領有権を、ウルップ島以北のクリル諸島（北千島諸島）と交換、両国政府の財産は補償され、また現地に残留を希望するものの財産や営業活動の権利も保証された。このほか、オホーツク海およびカムチャツカ半島沿岸の漁業操業に関する最恵国待遇などを獲得している（『日本外交年表竝主要文書』上巻、秋月俊幸『日露関係とサハリン島』）。

※なお、交換両地の先住民（アイヌ）は、東京で協議され、一八七五（明治八）年八月二二日に追加調印された「条約附録」において、日露いずれかの国籍を三年後に選択することになっていた。しかし、明治政府は、同年一〇月、樺太アイヌ八四一人を北海道に強制移住させている（樺太アイヌ史研究会編『対雁《ついしかり》の碑』北海道出版企画センター、一九九二年）。

明治初年の日本沿岸

一八七〇年代、すなわち明治初年の極東情勢は、日本からみた場合、日清間の対立、日本の台湾出兵、また日朝国交交渉の難航、江華島事件さらにはサハリン島（樺太）をめぐる日露両国民のトラブルなどの緊張関係が目立つ。しかし、欧米諸国との関係からみた場合、比較的穏やかなものといえ、前述したアメリカ艦隊の朝鮮・江華島攻撃などは、むしろ例外的な出来事であった。

貿易は、銀貨の下落もあり、収支面からみれば相対的な不振傾向にあった。しかし、対日貿易は、中国―日本、さらには太平洋横断航路が開設されるなど、船舶の活動が活発化したことで安定化した時代でもあった。

英露だけでなく、欧米各国海軍の艦船や数多くの民間船が頻繁に日本沿岸を航行するようになっていった。日本各地の開港場には、欧米各国の軍艦が停泊し、居留地には各国の兵站を置いて物資や武器を備蓄（安政条約の規定上、問題がない）し、また、石炭貯蔵庫を確保したりしている。横浜の英仏駐屯部隊も、大幅に兵員数を削減したが、駐留を継続させていた。さらに、長崎対岸の稲佐は、居留地外であったが、幕末からロシア海軍の関係者が定期的に滞在する場所として容認されていた。そして、ロシア海軍は、民間人と契約して物資保管場所を借用していた。

32　長崎稲佐のロシア正教会礼拝堂
悟真寺・ロシア人墓地内。明治期の建設。現在の礼拝堂は戦後に再建されたもの。著者撮影。

一八七三（明治六）年になると、ロシア太平洋艦隊は、契約更新にあたり、稲佐の借用地を拡張して、同地にドックを建設しようとする。明治政府は、隣接地に日本海軍の管轄用地があることからこれを問題視したが、日露間の外交交渉を経て、隣接しない旧庄屋・志賀親憲所有地の借地契約に、ロシア海軍のドック建設を認めた。

子供までもがロシア語を話したといわれ、またロシア人将校と現地女性との契約結婚が有名であった稲佐のなかでも、イギリス海軍などにも知られたロシア太平洋艦隊のドックは、特異な存在であった。そして、志賀親朋《ちかとも》（親憲の息子、幕府および明治政府のロシア語通訳、榎本武揚に随行したロシアへも赴任した）および日本政府との間で数度の契約更新がおこなわれ、一八九六（明治二九）年まで存在した（拙稿「長崎稲佐のロシア海軍借用地」『歴史評論』第六六九号、二〇〇六年）。

外国艦船の活動が活発化すればするほど、長い沿岸を有する日本に、開港場が大阪を含めて六ヵ所しか設定されていない条約上の不備が顕在化していくことになる。そのため、外国艦船は、悪天候や物資欠乏を理由として、しばしば非開港場に避難（寄港）した。このうち、開港場間移動が長距離となる、横浜―神戸、函館―新潟、新潟―長崎では、鳥羽、加太《かだ》（和歌山）、酒田、下関などに、しばしば外国船が寄港している（拙稿「明治維新史研究と国際関係の視点」）。

明治政府は、こうした事態を問題視した。緊急避難のための非開港場寄港であっても、例えば、下関のように、現地商人との間で石炭などの物資購入、すなわち商業取引が恒常化する傾向にあったからである。そのため、明治政府は現地官憲による監視を強化し、非開港場における外国船舶との物資取引にさまざまな制約を課したが、届出は事後になることが多かった。現実的に、不定期にしか起こりえない事態を恒常的に取り締まることは困難であった。

しかし、これが外国軍艦の非開港場寄港となると、事情が変わってくる。イギリス海軍は、日本沿岸に艦船を常態的に配置していたことから、定期的な訓練のために、洋上・陸上での演習場所を必要としていた。また、悪天候などにより長期碇泊する場合は、開港場／非開港場を問わず、訓練のために演習を実施することもあった。そして、複雑な海岸線が多い日本沿岸には、そうした軍事演習に適当な場所が数多く存在したのである。国際法上、こうした外国軍艦（公船）の行動は、条約外の権利として保証されているため、明治政府が容易に規制することはできなかった。

なお、外国軍艦の非開港場寄港・軍事演習についての妥協が成立するのは、一八七七（明治一〇）年のことである。これは、イギリス公使パークスの仲介によるものであり、事前・事後を問わず日本側に通告することを条件として、明治政府は容認したのであった。ただし、こうした妥協が成立するためには、後述する、外国人国内旅行の実施、および外国人に関する銃猟取締（免許制）規則の成立が必要であった（拙稿「明治維新史研究と国際関係の視点」）。

一八七〇年代における、日本をめぐる国際環境は確実に変化していたのである。

岩倉使節派遣と明治政府の交渉方針

一八七二（明治五）年の条約改正期限を控え、前年の一八七一（明治四）年、明治政府は外務省内に条約改正掛《がかり》を設置した。

同掛には、外国事情に通じていたことから、津田真道や神田孝平《かんだたかひら》、田辺太一・渡辺洪基《わたなべこうき》といった、旧幕府外国方や蕃書調所出身で、政府に出仕していた官吏をそろえ、諸条約の問題点や改正方針に関する調査をおこなわせた。しかし、条約改正掛は、①外国総領事の職務外国内旅行の不可、②日本地方官による居留地規則・港湾規則の作成、③領事裁判を双務的にあらため、民事訴訟は混合裁判とする、④最恵国条款を双務的なものとする、といった改正点を挙げたものの、関税率の問題には言及せず、総じて各条約の問題点を指摘するのみで、改正方針についての具体的な答申をおこなわなかった。

改正掛の提言のうち、②のように、明確に国内行政権を確立する意志が読み取れるものや、④のように、安政条約問題点の核心を衝いたものもある。

しかし、安政条約における片務的最恵国条款の存在を考えた場合、一方的に日本側の都合だけで条約改正を要求しても、実現には困難が予想されるだけでなく、逆に欧米条約国の要求に抗しきれないことが予想された。

それでも明治政府は、各条約国に対して、改正交渉を希望する意向を通告している。岩倉具視のように、暫時三年間の条約改正延期を含めた交渉を主張する意見もあったが、政府内の見解は錯綜しており、戦略的な交渉方針が確定できなかったのである（石井孝『明治初期の国際関係』、下村富士男『明治初年条約改正史の研究』吉川弘文館、一九六二年）。

そもそも、安政条約の何を改正すべきなのか。通説は、安政条約が包括する問題点として、法権と税権の不平等性を指摘する。しかし、こうした交渉方針が明確になるのは、岩倉使節の帰国後、寺島宗則が外務卿に就任して、関税自主権の確立（俗に「回復」といわれるが、そうした表現じたいが戦略的）を目標とした交渉方針を打ち出して以降のことである。

領事裁判権の存在にしても、幕末の段階では、相互の慣習を尊重するための手段として受容されていた。これが、明治になると、国内行政権確立のための関連立法を起草・施行しようとした時、外国人に対しての適用範囲が問題視された。領事裁判権が存在するからである。

ただし、このことは、通説が説くような治外法権の問題ではない。これは、後年に、日本の知識人やメディアが意図的に誇張したものであり、条約改正問題に対する曲解にすぎない。それはともかく、明治初年から、行政権確立に対する領事裁判の弊害は是正課題と認識され、外交交渉による妥協が求められていたのであった。

さらにいえば、交渉には相手国の意向が関係するのであり、こうした税権・法権の問題を、ただ一方的に主張すればいいというものではない。相手国の意向をふまえつつ、戦略に優先順位をつけた改正点に関する交渉を展開していくことは当然のことである。

日本人の歴史認識には、こうした至極当然なことが、とりわけ条約改正交渉史に関しては軽視されている傾向があるといわざるをえない。かつて、法学者の池井優はこうした点をふまないと、「政府の「売国的方針」に対する民間の「愛国的闘い」といった単純な図式で捉えることになるので注意を要する」（『増補　日本外交史概説』慶応通信、一九八二年）と喚起したが、まさにその通りである。

とにかく、明治政府は岩倉使節派遣の時点で、戦略的な条約改正交渉方針をうちだせなかったのである。ところが、それでも、条約改正期限の一年前にあたる一八七一年五月（明治四年四月）、とりあえず各条約国に対して改正を希望する意向を通告した。

条約改正掛が、明確な交渉方針を打ち出せなかったにもかかわらず、権力闘争を顕わにする政府内の各部署は、それぞれの思惑から改正の要望を主張していた。その結果が、明治政府による改正意向だったともいえるのである。

最初に要望を上申したのが、大蔵省である。一八七一年八月（明治四年七月）の廃藩置県断行により、漸く中央集権国家の体を構築することができた明治政府であったが、慢性的な財源不足に変化はなかった。財政担当部署である大蔵省にとってみれば、条約改正は増収（増税）を実現させる手段にほかならず、見逃せなかったのである。

もちろん、輸出税・輸入税ともに増税を希望しても、イギリスを始めとした条約国の反対は必至である。また、新貨幣として導入した銀貨の円を、東アジアの国際通貨である銀貨のメキシコドルに等価（一円＝一ドル）でリンクさせることで、貿易活動の利益を国内に環流させようとする経済政策をとっていたこともあり、必ずしも適当な方針ではなかった。そこで、日本の貿易構造を考えた時、取扱の多くが主要輸出品の生糸や茶であることに注目して、これらを低税率もしくは無税化することで貿易振興をも企図し、その一方で輸入品の関税を高額に設定すれば、国内産業に対する欧米製品の脅威を保護できると考えた。すなわち、保護税構想を上申したのであった。保護税は、アメリカ合衆国で採用されていたこともあり、欧米諸国も一致して反対しないであろうと見込んだのである。

ただし、大蔵省の要望は、条約の法的解釈に照らせば曖昧な要素があった。大蔵省は増収手段を企図して、条約改正に増税を望んだが、それは新条約によって関税自主権を獲得することで実現するのか、協定関税を増額するのかが明確に意識されていなかったのである。

※この問題は、後年、寺島宗則外務卿時代の条約改正交渉に悪影響を与えた。交渉の延引を懸念した大隈重信大蔵卿が、ヨーロッパ駐在公使たちと謀って、新条約調印による関税自主権獲得を目指した寺島の交渉方針を無視して、各条約国との補足協定によって増税を実現させようと暴走したのである。その結果、政府内に亀裂が生じ、寺島が失脚する結果となったことは、あまり知られていない（五百旗頭馨『条約改正史』）。

大蔵省の見解は、使節派遣に対する正式な勅旨が発せられる直前の段階で、大使に内定していた

33　岩倉使節団全権
左から大久保利通、伊藤博文、岩倉具視、山口尚芳、木戸孝允。Charles Lanman eds, The Japanese in America. University Publishing Company. 1872. より。

岩倉らの要請によって上申されたものであった。

大蔵省は、太政官に「内国税改正見込書」「租税及関税改正並《ならび》ニ輸出入ノ利害ニ関スル説明書」を添付して、省としての条約改正案を提示した。そしてその改正案には、「輸出ノ税ヲ軽ス」る代わりとして、「輸入ノ税ヲ重クス」ることが明記されていたのであった。

しかし、この改正案は、岩倉使節派遣の勅旨には記されなかった。これは、使節に対しては、後に述べる下関賠償金残額一五〇万ドルの支払い放棄交渉を命じており、その代償として、関税額の軽減もしくは無税化が提起される可能性があったからである。

そのため、岩倉使節に与えられた「特命全権大使の使命に関する勅旨」（一八七一年一二月一五日〈明治四年一一月四日〉付）には、「列国条約及税則ヲ審考シ、国ノ権利ト利益トヲ失ハザル事ニ注意シ」つつも、国際慣行に応じた交渉をおこなうべきと、曖昧な内容しか記されず、税額問題に関する交渉についても、明確な方針が記されなかった。ただ、同時に発せられた「別勅旨」のなかでは、下関賠償金残額支払い放棄交渉との関連で、「無税又ハ減税等ノ談判ハ受クヘカラス」と記されるのみであった。

ところが、「別勅旨」（『日本外交文書』第四巻、八九文書）には、岩倉使節の条約改正交渉方針が明記されていた。それは、以下のようなものであった。

・「三府五港」（＝東京・大阪・京都、函館・新潟・横浜・神戸・長崎）での内地雑居（外国人定住）を許可する。この場合、定住外国人の姓名・住所・職業を把握するため登記を実施する。
・免許状発行を条件とした外国人国内旅行を許可する。日本政府が雇用したお雇い外国人については、その限りではない。
・日本国内居住の外国人は日本の法律に服すること。日本法廷においては、裁判長は日本人とするが、各国の法律に精通した外国人裁判官を加える。東京に設置する大裁判所も同様とする。
・裁判所設置にあたっては外国領事の干渉を排除する。
・裁判に適用する民法・刑法は、選ばれた日本人および外国人の協議によって法律案を起草し、政府が審議のうえでこれを公布する。

これらの交渉方針は現実的である。政府内部における行政権確立の動きにも合致している。そして、「三府五港」において内地雑居を認める代わりに、外国人の法的立場を踏まえた裁判制度（混合裁判制度）を創設することで、領事裁判を撤廃しようと企図したのである。

もちろん、これはあくまで方針である。実際には、外国人取締規則や混合裁判制度の詳細について、当時の政府内に具体的な方針が確立されていたわけではなかった。そのため、岩倉使節の随行員には、欧米諸国だけでなく、エジプトやトルコ（混合裁判制度を実施していた）の制度調査が命じられていた。

大蔵省の見解、「別勅旨」の見解、一見するとそれぞれ筋が通っているが、結局は構想でしかなく、政権交代間もない日本の実情を考えれば、各条約国が耳を傾ける可能性は低かったといえる。

ところが、アメリカに渡った岩倉使節は各地で大歓迎をうけ、首都ワシントンにおいて、合衆国国務長官ハミルトン・フィッシュから正式な条約改正交渉を持ちかけられる。前述のように、条約改正を待望していたのは、明治政府だけではない。欧米各国は、さまざまな対日関係の問題是正を、岩倉使節との交渉に期待したのである。

アメリカは、岩倉使節による最初の訪問国である。合衆国政府は、この点に注目し、最恵国条款の効力を活用して、他の欧州諸国よりも有利な対日条約の改正を画策したのである。

この時、大使の岩倉具視が、最恵国条款の存在を知らなかったことは有名である。また、フィッシュから交渉のための全権委任状を交付されているかどうか確認されたが、使節は所持していなかった。そのため、副使の大久保利通と伊藤博文が交付のために日本に一時帰国する事態となり、元来一枚岩ではなかった岩倉使節の団結に亀裂を惹起させることにもなった（石井孝『明治初期の国際関係』年、下村冨士男『明治初年条約改正史の研究』）。

しかし、そうした懸念も気がつかなくなるほど、岩倉使節は合衆国において歓待を受けたのである。

さて、条約改正交渉の経過については、後ほど詳述することとして、ここでは、そうした歓迎ムードの背景に、下関賠償金返還問題という、アメリカ合衆国ならではの対日問題が関係していたことについて言及してみたい。

アメリカ国内の下関賠償金返還運動

一八六四（元治元）年の下関戦争に、アメリカ海軍はジェームスタウン号の乗員が、傭船ターキャン号に大砲一門を搭載して参戦した。アメリカ兵たちは、少数ながらも上陸作戦に参加して奮戦した。しかしその後、下関賠償金三〇〇万ドルの配分がイギリス・フランス・オランダ・アメリカ、四ヵ国の協議によって決定すると、合衆国内では、それが不当利益にあたるのではないかとする意見が、連邦議会で持ち上がる。一八六三（文久三）年に長州藩から自国艦船が砲撃を受けた、フランス、オランダ、アメリカの分配額は七八万五〇〇〇ドルであった（イギリスは、艦船の被害がなかったので六四万五〇〇〇ドル）。

南北戦争後のアメリカ社会は、戦場となった南部復興のため、数多くの投資がおこなわれたが、逆にそれが腐敗を生み出す結果にもなっていた。そうした風潮から、一部の国内世論は、直接国益に関係するわけでもなく、わずかな兵員の戦闘参加だけで獲得した下関賠償金の受領は、政府の失態ではないかと真剣に問題視する動きがあった。

もちろん、こうした主張には、反対意見も提起されたため、合衆国国務長官ウィリアム・シューワードは、日本から得た下関賠償金を公債化して「下関賠償金基金」とすることを指示し、一八六八年一月になると、下院に対してその処分（使用）方法について審議をはかった。また、「下関賠償金基金」は金塊であったため付加価値が生じ、さらに公債であるために利息が付加され、年ごとに金額が増加していった。

この「下関賠償金基金」について、対日貿易に関係した実業家たちのうち、開港前後の混乱や戊辰戦争に巻き込まれて損失を被ったとして、明治政府を相手にした訴訟を合衆国内で起こしたものがいた。例えば、一八五五（安政二）年、下田に入港したウィルミントン号の積荷商品が幕府の過失により水漏れで損害を被ったとして賠償を求めていた貿易商ブラウン、開港前の箱館で、領事身分での貿易活動を旧幕府が認めなかったとして、損害賠償を求めていた元外交官のエリシャ・ライス（前述）、一八六六（慶応二）年の横浜大火時における賠償を「下関賠償金基金」から得ようとしていた元横浜領事フィッシャー、一八六七（慶応三）年に福井藩とヴァレッタ号の売買契約を結んだにもかかわらず、その後、同藩が契約を破棄したため賠償を求めていたケース商会、戊辰戦争時の一八六九（明治二）年、所有するペイホー号が明治政府の抑留を受け、後に沈没したことに対する賠償を求めていた貿易商バチェルダーたちは、「下関賠償金基金」から損失を取り戻そうと目論み、ロビイストを雇用して、議会での下関賠償金返還法案に対して圧力をかけていた（Payson Jackson Treat, The Shimonoseki Indemnity. *Diplomatic relations between United States and Japan.* Vol. 2. Stanford University Press. 1963. Reprint.）。

そうした渦中の一八七〇（明治三）年、ワシントン・スミソニアン博物館の初代理事ジョセフ・ヘンリーが、下関賠償金を日本の教育制度、（大学）図書館の建設費用とすることを条件に返還してはどうかとする意見が、議会図書館の共同委員会で提案された後、第四二議会で法案化され、これが大きな反響をよんだ。議会図書館共同委員会は、教育関係のロビイストが活躍する公共の場として知られていた。その後、合衆国内では、著名な教育者たちが、日本の教育に使用することを条件とした下関賠償金返還運動を展開していった。

ヘンリー提案の背景には、日本の近代教育制度の創設に情熱を注いだ、初代駐米公使森有礼《もりありのり》が関与していた。また、この提案を最初に発案したのは、国務長官フィッシュその人であった。

元来、フィッシュは下関賠償金を日本に返還するのであれば、それを教育関係の費用とすべきだと考え、第四二議会に提案していた（Ivan Parker Hall, *Mori Arinori*. Harvard University Press. 1973.）。フィッシュに可愛がられていた、若き駐米公使の森は、この発案を実現させるべく、知己のチャールズ・ランマンに相談した。ランマンは、アメリカ留学時における津田梅子の面倒をみた人物としても知られる。ランマンは、教育界に影響力のあるヘンリーに提案を依頼することで、教育費としての返還を実現させようと演出したのであった。事実、返還運動を推進した人物のなかには、後に日本の文部省が招聘するラトガーズ大学教授デイヴィット・マレーもいた。多くが森の友人であった（拙著『幕末維新期の外交と貿易』第九章）。

かくして、日本の教育費としての返還案は、法案化され下院を通過した。しかし、上院の審議は難航した。これは、前述したように、「下関賠償金基金」からの賠償金獲得を画策する連中が、ロビイストを雇用して法案通過の阻止を画策したからである。

焦った森は、フィッシュに相談する。しかし、フィッシュは駐米公使の森が合衆国の国内問題に介入することに警告を発した。森はこれ以降、返還問題から距離を置かざるをえなくなる。結局、第四二議会中に法案が成立することはなかった。

とはいえ、こうした合衆国内での下関賠償金返還運動に、明治政府が多大な関心を寄せたことはいうまでもない。

アメリカ国内各地における歓迎振りそのものが演出（議会が予算承認）であったが、これに下関賠償金返還運動という一つのブームが加わり、さらには親米的態度が顕著であった森有礼や伊藤博文に押し切られるかたちで、岩倉使節は全権委任状の到着を待つことなく、合衆国政府との条約改正交渉を開始してしまったのであった。

下関賠償金残額支払い放棄の画策

今少しく、下関賠償金問題について詳述しなければならない。

徳川幕府は、下関賠償金三〇〇万ドルのうち、半額の一五〇万ドルを支払った時点で崩壊し、明治政府が残額を引き継いだ。

下関賠償金は、徳川幕府の支払い延期要請とその代償をめぐり、条約勅許・兵庫開港問題・「江戸協約」調印と、いくつかの外交問題に発展してきた。成立間もない明治政府にも、三ヵ月ごとに五〇万ドルの支払いを履行する能力はなく、当然のように支払い延期を模索した。

そして、一八六九年六月一日（明治二年四月二一日）に、英仏蘭米の四ヵ国と協議の末、「江戸協約」第二条に規定された、茶・生糸関税額の再議条項（従量税算出のための平均価格設定交渉を規定――関税額は一八六六〈慶応二〉年当時の過去三年分平均価格に基づいて算定されたが、物価高騰を考慮して三年後の再議が規定されていたが、日本国内の物価はさらに高騰したため、増税が見込まれていた）によって推計される増税額分を代償とすることで、一八七二（明治五）年の条約改正期限まで延期が認められていた。

しかし、条約改正期限を控えた一八七一（明治四）年になっても、明治政府に下関賠償金残額を支払う余裕はなかった。というよりも、意図的に下関賠償金残額の支払いを放棄しようとした。その背景には、アメリカにおける下関賠償金返還運動の存在があった。そして、その動静をふまえて、支払い延期ではなく、支払い放棄を画策したのである（以下、拙著『幕末維新期の外交と貿易』第八章に拠る）。そのためには、四ヵ国政府を納得させるだけの理由が必要となる。

下関賠償金が、日本（徳川幕府）に自由貿易的姿勢を堅持させるため、あえて支払い不可能な金額が設定された経緯だったことは、前述した通りである。明治政府は、この主旨をあえて利用しようとした。すなわち、政権交代以来の対外策や対外環境を指摘して、

①外国貿易促進のため、一〇〇万ドル超の灯台建設費用を要した。
②外国貿易の便宜として、大阪を開市場から開港場に変更した。
③（従量税採用により）日本政府の輸出入税が実質的に軽減した。
④陸揚げ・積荷料の廃止。
⑤保税倉庫制度の設立。

の事実を指摘し、それがいかに自由貿易的姿勢であったのかと主張することにした。明治政府による開国和親の方針が、自由貿易的姿勢だというのである。

しかし、これらの主張は、対英交渉の際、駐日公使パークスによって、悉く反駁される。パークスの指摘は、概ね以下の通りである。

①灯台建設は日本人にも利点となっており、また灯台税が徴収されている。

②大阪の開港場変更は、江戸・新潟の開市・開港延期の代償に相当する。

③従量税の採用は、むしろ日本政府の税収を安定させている。

④「江戸協約」による陸揚げ・積荷料廃止は、関連する贈賄行為が横行していた日本税関の不名誉な習慣をやめさせたにすぎない。

⑤保税倉庫制度は、現状で外国人の便宜になっていない。

パークスが指摘するように、明治初年の対外関係・貿易状況を考えれば、政権交代以来の対外政策を代償として強調したとしても、欧米諸国にとってみれば、それは必ずしも説得力あるものではなかったのである。

それはともかく、アメリカ議会が下関賠償金の返還を決議した場合は、状況に変化が生じ、他の三ヵ国の動向に影響を与えるかもしれないと考え、外交ルートを通じての交渉ではなく、欧米諸国を歴訪予定であった岩倉使節に交渉を命じたのである。また、支払い期限が条約改正（期限）とリンクしている点をふまえて、具体的な交渉方針も岩倉使節に委ねたのであった。

条約改正交渉の現実

一八七二年七月二二日（明治五年六月一七日）、大久保利通と伊藤博文が留守政府から全権委任状を持参して、ワシントン滞在中の使節に再合流した時、岩倉たちは既に合衆国政府との改正交渉を中止していた。

合衆国政府の方針は、各条約国が希望していた日本国内旅行や沿岸貿易参入に加え、日本経済への外資参入や日本人との共同経営権承認などを、最初の交渉国として、アメリカ合衆国に有利な方向で実現させることにあった。そのため、最恵国条款の存在を考えると、欧州諸国との交渉でも、さまざまな要求が予想されるので、これ以上の交渉継続は不利だと、岩倉たちは判断したのであった。

これ以降、岩倉使節は、欧州条約国との具体的な条約改正交渉を断念し、改正意向の表明と相手国の交渉方針照会にとどめる本来の立場に戻った。しかし、欧州条約国政府は、そうした岩倉使節の姿勢を許さなかった。最初の欧州訪問国であるイギリスでは、賜暇帰国中の駐日公使パークスらが国内各地を案内するなど、アメリカ同様に熱烈な歓迎を受けたが、ヴィクトリア女王が夏期休暇からロンドンに戻った一八七二（明治五）年秋以降に開始された日英交渉では、イギリス側が、逆に下関賠償金問題を巧みに利用しながら、有利な条件での条約改正を実現させるか、それと同等の代償を獲得しようとしてきたのである。

その背景には、用意周到な戦略を用意した駐日公使パークスの存在があった。

条約改正期限にあたり、日本在住の外国人たちが、国内旅行の実現に期待したことは既に述べた。パークスの賜暇帰国（一八七〇年）直前、在日外国人社会や駐日外交団の間では、生糸の至急買い付けなどを希望する商人たちの要望をふまえ、条約改正を待つことなく、しかし日本の国内法権に服することもなく、外国人国内旅行を実施する方法として、素行優良な外国人に各国領事が身元を保証した旅券（パスポート）を発行することが提案されていた。しかし、旅券の発行条件などについては各国に見解の相違があった（石井孝『明治初期の国際関係』）。

パークスは、日本の法権に服することのない外国人国内旅行を明治政府が認めるとは考えていなかった。また、下関賠償金問題についても、明治政府が支払い放棄を画策していることについて批判し、必ず代償が必要であると指摘していた。パークスは、この二点をグランヴィル外相に伝えていた。そして、岩倉＝グランヴィル会談に先立つ事前折衝をおこなった際、同席した寺島宗則駐英大弁務使（公使に相当）の強硬な態度に、いっそうその念を強くしている（以下、拙著『幕末維新期の外交と貿易』第八章に拠る）。

寺島は、明治政府が明治政府成立以来の開明策をもって、下関賠償金残額の支払いを免除される資格があると主張したからである。

34　参議・外務卿時代の寺島宗則
1874年。『寺島宗則関係資料』上巻より。

岩倉＝グランヴィル会談には、寺島とパークスも同席した。岩倉は、条約改正の意向を表明する程度に留め、同時に政権交代以降、明治政府がいかに条約を遵守し、自由貿易を履行してきたのかを強調して、下関賠償金残額の支払い免除を求めてきた。また、交渉案件として指示されていた、横浜駐屯陸軍部隊の撤退も要請し、日本国内でのキリシタン配流（弾圧）についての正当性もあわせて主張した。

しかし、グランヴィルは、明治政府による政権交代以来の対外姿勢は、必ずしも開明的とも自由貿易的ともいえないとして、具体的な代償が提示されないかぎり、下関賠償金残額の支払い免除は認められないとし、また支払い延期には代償が必要であると主張した。そして、例えば、懸案の外国人国内旅行を認めることこそ、開明的姿勢ではないかと指摘した。また、横浜駐屯部隊については、パークス帰国後の判断に委ねた。さらに、キリスト教弾圧についても明治政府の姿勢を批判した。

これに対して、寺島は、覚書の形式で認めていた、明治政府の開明的姿勢・自由貿易履行の事実として、前述した灯台建設などの数項を披露した。これに対してパークスは、明治政府に支払いを放棄する資格はないと批判し、寺島の提出した覚書を逐一反駁した。イギリス側は、外国側の意向をふまえた条約改正、または外国人国内旅行の実現こそ開明的姿勢であり、下関賠償金支払い延期の代償に相当するという弁法をとったのである。

日英会談は合計三回おこなわれたが、結局、双方が同じ主張を繰り返しただけであった。下関賠償金残額支払い問題は、パークスの日本帰任後の協議に持ち越された。

翌一八七三(明治六)年、岩倉使節が訪問したフランス、オランダでも、岩倉はイギリスでの場合と同様の主張をおこなった。そして、フランス・オランダ両国政府もまた、イギリス政府と同様に岩倉の主張に反駁した。条約改正問題、下関賠償金残額支払い問題、ともにアメリカ合衆国を含めた四ヵ国政府は情報を共有し、共同歩調をとっていたのである。

かくして、岩倉使節は欧米諸国の共同歩調姿勢に抗しきれず、条約改正交渉・下関賠償金支払い放棄(延期)交渉、ともに完膚なきまでにその主張を斥けられた。そして、下関賠償金残額支払い問題は、岩倉使節の帰国とパークスの日本帰任までの暫時延期だけが合意されたのであった。

外国人国内旅行の実現と下関賠償金残額支払い問題の解決

パークスは、日本での外国人国内旅行は実現不可能とみていたが、彼が離日していた間に状況は変化していた。それは、副島種臣外務卿の存在である。副島は、岩倉使節外遊中の留守政府のなかで、国権外交を標榜して、清国・朝鮮問題へ積極的に関与したほか、マリア＝ルス号事件(マカオからペルーに向けて出航した同号の横浜寄港時、乗船の清国人苦力〈契約労働移民〉が脱走して解放を主張したのに際し、奴隷船と認定して主張を認めた事件――その後、ペルー政府の抗議でロシア政府の仲裁裁判にまで発展するが、日本の裁定が承認される）を国際社会に知らしめたことでも知られている。

漢学者出身の副島は、欧米商人たちが要望する国内旅行についても、彼らの主張に大義名分があるとして容認する態度をとっていた。総じて、副島は一部の欧米外交団からは、理解力のある人物（＝筋の通った主張さえすれば、何でも受け入れてくれる外交の素人）として歓迎されていた。しかし副島は、一八七三（明治六）年一〇月、いわゆる明治六年政変で下野してしまう。

新たに外務卿となったのが寺島宗則である。寺島は、岩倉使節随行時にも、岩倉たちが知らなかった最恵国条款の意味を正しく理解し、またイギリスでは下関賠償金支払い放棄（延期）の代償をめぐって、パークスとの間で論戦を繰りひろげた、明治政府内部でも西洋世界の知識に秀でた人材であると同時に、強烈なナショナリストでもあった。

イギリスから帰任した寺島は、妥協しかけていた、旅券発行を条件とする外国人国内旅行に反対を表明した（石井孝『明治初期の国際関係』）。寺島は、外国人国内旅行が、欧米諸国に対する新たな権利の付与になり、条約改正の弊害になると危惧したのである。

一八七四（明治七）年、パークスは寺島の態度を批判し、既に支払い期限の過ぎた下関賠償金残額の支払いを要求する意向を示唆した。ここに再び、ロンドンでの舌戦が再現されることになる（以下、拙著『幕末維新期の外交と貿易』第八章に拠る）。

寺島は、政権交代以来、明治政府がいかに開明政策を遂行し、条約を履行し続けてきたかと再び強調し、パークスはこれをいちいち反駁する。そして、条約や協定を履行することは当然のことであり、下関賠償金残額支払い問題や横浜英仏駐屯軍の駐留継続は、日本側の政権交代後も本質的に変わらない対外姿勢にこそ原因があると批判した。

寺島とパークスの論争は、数度にわたって繰り返されたが、主張がかみ合わなかったことはいうまでもない。

しかしこの間、寺島は他国代表たちと冷静な交渉もおこなっており、旅券制度による外国人国内旅行を容認する方向に姿勢を転じようとしていた。そして、パークスとの論争も、これ以上は時間の無駄であるとみて、下関賠償金残額の支払いを決定した。

かくして、一八七四（明治七）年八月から、外国公館発行の旅券所持者に対する日本国内旅行（審査のうえ査証を発行）が実施されることになったのである。

また、下関賠償金残額は、一八七四（明治七）一月、アメリカ合衆国を除いた関係三ヵ国の駐日代表に対して支払いを通告し、同月三一日・四月二九日・七月三一日の三回にわたって、それぞれ一二万五〇〇〇ドルが支払われた。

その一方で、明治政府は、アメリカ合衆国内の下関賠償金返還の動きをふまえて、新駐日公使ジョン・ビンハムには支払い通告をおこなわなかった。しかし、ビンハムは何の意思表明もしなかった。国務長官ハミルトン・フィッシュは、イギリス外務大臣ダービー卿からの共同歩調要請を受諾し、その旨をビンハムに訓令していた。何の意思表明もおこなわないアメリカ公使館の動向に、明治政府もこれ以上問題を延引させないほうが得策と考え、下関賠償金残額の支払いを通告したのであった。そして、六月二九日に合計二回分として二五万ドル、七月三一日に一二万五〇〇〇ドルが支払われている。

これにより、幕末以来の下関賠償金問題は、不透明な状況で推移するアメリカ議会の動向を除いて、一応の解決をみたのであった。

※返還問題は、その後、日本公使館との親密な関係を維持していたランマンが弁護士（ロビイスト）を雇用して、私的に法案通過を画策する。森の後任・吉田清成駐米公使は、ランマン個人を経由することで、駐米公使館からの間接的な資金援助をおこなう。

しかし、その後も下関賠償金返還法案は容易に成立しなかった。逆に、日本公使館の関与（ロビー活動）が問題視されることもあった。そのため、日本公使館はランマンを解雇し、ロビイストとの関係を否定する。しかし、日本公使館は、あくまで体面的なものにすぎないことを強調し、個人的な日本への支援には何らかの報酬があるだろうことを示唆したため、ランマンや彼に雇用されたロビイストたちは、その後も返還運動を継続した。

結局、下関賠償金返還法案が成立したのは、法案通過に圧力をかけているバチェルダーらとの個別賠償に応じた後の一八八三（明治一六）年のことであった。成立した法案では、利息を含めない元金七八万五〇〇〇ドルのみの返還が認められた。しかし、使用条件が付されていなかったため、明治政府は教育費ではなく、横浜築港の費用に充当している。

また、日本国内に対しては、下関賠償金が「日米友好の証」であることを強調するため、当時の井上馨外務卿が、中上川彦次郎《なかみがわひこじろう》や福地源一郎といった財界・マスコミ界の要人に対して、世論操作を依頼している。そして、日本国内のメディアは、アメリカ合衆国による下関賠償金の返還を賞讃した。

日本にとっての下関賠償金返還問題は、これで終わらなかった。ランマンやロビイストたちが報酬を求めて、駐米公使館（日本政府）との関係を曝露する態度にでたため、その後も折衝が続いた。当初、日本政府は、断固としてロビイストたちの要求を拒絶する態度をとったが、ランマンには日本政府からの功労金を、ロビイストの関係者にはいくらかの謝金を払うことで問題を決着させている。それは、二〇世紀（一九〇五＝明治三八年）のことであった（拙著『幕末維新期の外交と貿易』第九章）。

横浜の英仏駐屯部隊も、一八七五（明治八）年一月二七日に、英仏公使から、日本国内の治安平穏化を理由とした突如の撤退が通告された。そして、同年二月二五日には英仏両軍の将校が、両国公使とともに宮中に招待されて、明治天皇による謁見式がおこなわれ、同年三月二日には部隊の撤退が完了している（洞富雄『幕末維新期の外圧と抵抗』校倉書房、一九七七年）。

あたかも、これらの問題解決に応じるかのように、明治政府がキリスト教信仰については黙認の姿勢に転じたこともあり、欧米諸国の批判は終息していった。

転機としての一八七五年

岩倉使節が帰国した一八七三（明治六）年からの数年で、幕末以来の懸案であった欧米諸国との問題は、条約改正問題を除けば、ほとんどが解決された。これまでとりあげてきた問題のほかにも、外国人猟銃所持問題も、一八七六（明治九）年に、日本国内の法規遵守を条件にした、外国人に関する銃猟規則（免許制）の合意が成立し、翌年一月から外国人銃猟免状取扱条例が施行された。

もちろん、外国人国内旅行にせよ、外国人銃器所持問題にせよ、その施行にあたっては、なお多くの矛盾をはらんでいた。旅券審査の基準は曖昧な要素が残されていた。明治政府も、民間人の国内旅行を歓迎せず、京都や奈良など多くの場所への訪問を制限、または拒否した。外国人銃猟規則にしても、前述したように、外国軍隊兵員への免許交付は現実的に困難であった。

しかし、こうした矛盾も、取り決めをとにかく施行しようとする日本の役人たち、および駐日外交団の運用努力によって、グレーゾーンを包含してはいたが、それほど深刻な問題に発展することはなかったことを、ここでは強調しておく。

これらの制度の実態については、なお究明されていない点が多いといわざるをえないが、それはともかく、日本と欧米諸国との関係は、条約改正問題を除いて安定化していったのである。

アジア問題との交錯

欧米諸国との関係が安定化したことは、難題であったロシアおよび朝鮮との問題解決を促すことになった。

一八七五（明治八）年、セント・ペテルスブルクでの日露国境確定交渉は難航していたが、パークスは秘密裏の交渉に疑問を呈し、何らかの密約が結ばれようとしているのではないかと疑っていた。

特にこの頃、パークスは、外国新聞が書き立てた、日露両国による朝鮮半島分割占領が約束されたのではないかと考えていた。また日朝交渉が行き詰まるなか、明治政府内部では、武力による威嚇を背景とした交渉、いわゆる征韓論がもちあがっていた。こうした示威行動については、当時の新聞雑誌などが政府批判のため書き立てたこともあり、政府を批判する一部の士族層がこれを具体的な軍事行動だと誇張解釈し、それに同調する動きをみせていた。もちろん、徴兵令を施行した明治政府が、士族を軍事行動に徴用する意志はなかった。しかしパークスは、明治政府が国内融和のため、そしてロシアとの領土確定交渉における譲歩案として、朝鮮分割占領を画策したのではないかと考えたのである（石井孝『明治初期の日本と東アジア』）。

パークスの疑念は、ロシア問題の解決を強く主張していた北海道開拓（使）長官・黒田清隆がこれを否定し、日露間の合意が近いと伝えたことで解消される。そして、次は朝鮮問題を解決する意志があるとする黒田の態度に、パークスは支持を表明したのであった。

この頃のパークスは、上海・長崎間で船舶遭難事故が発生した時、潮流の関係で朝鮮半島南部に漂流されるケースがあることに着目し、自国民保護を理由に、朝鮮政府との接触を試みようとしていた。ところが本国政府は、もっぱら財政面の理由から、朝鮮に使節を派遣する意志はなく、日朝交渉の推移を注視することだけを命じていた。

しかしパークスは、ロシアの南下策を抑止する措置が、極東情勢には必要だとの見解であった。ゆえに、明治政府が軍事的示威行動をもってしてでも朝鮮を開国させる意志が確認できるのであるならば、この機会に乗じて、かねてから良港として注目していた、朝鮮半島南部の孤島である巨文島の占領を計画した。しかし、極東海軍はパークスの計画を支持したが、本国政府は巨文島の占領行動を認めなかった（石井孝『明治初期の日本と東アジア』）。

※その後、パークスらによる巨文島占領計画は、一八八五（明治一八）年に実行される。占領は、一八八七（明治二〇）年まで継続されて国際問題に発展した。

ただし、パークスの巨文島占領計画に限らずとも、一八七五（明治八）年九月に、日本海軍の雲揚艦が江華島事件をおこした時、朝鮮沿岸には何隻かの欧米諸国軍艦が測量に従事し、あたかも日本の示威行動に協力するかのような結果になっていたという。

一八七六（明治九）年になると、黒田清隆を全権とする使節が江華島に派遣され、日朝修好条規が結ばれた。日朝修好条規は、新たな日朝関係の始まりを意味したが、それは欧米諸国との関係にもあ

35　江華島の草芝鎮《チョジジン》砲台跡
著者撮影。

てはまることであった。

欧米諸国が朝鮮と条約を結ぶのは、さらに六年後、一八八二（明治一五）年の米朝修好通商条約からのことである。パークスのような存在を除けば、欧米諸国は朝鮮との関係をそれほど重要とはみていなかったこともあり、日朝関係の枠組みへの参入で十分と考えたからである。

また、日朝修好条規も、そうした点に配慮していることを見逃してはならない。例えば、第六款では、難破船・漂流民の保護・欠乏品供与を、第七款では、朝鮮沿岸安全航行のための測量推奨を規定している。当面は、これで十分だったのである。

ただし、朝鮮半島周辺、そして日本北方海域におけるイギリスの対露警戒姿勢が緩和されることはなかった。そして、英露の関係は、一八八〇年代後半から、再び極東で緊張するのである。

一方、日清関係についてはは事情がまったく異なっている。一八七〇年代における日清両国それぞれと欧米諸国との関係は、比較的安定したものであったが、前述したように、日清修好条規批准や琉球帰属問題をめぐって対立し、さらには、一八七四（明治七）年の日本の台湾出兵によって険悪な状態になる。

琉球遭難民殺害事件の報復を口実にした台湾出兵は、そもそも鹿児島県士族によって提起されたものであるが、具体的な軍事行動に発展するのは、一八七三（明治六）年のことである。これには、明治政府からの多大な利益供与を目論んだ欧米人たちの提言があった。同年には、イギリス海軍の払い下げ旧式艦船（下関戦争にも参加したタータ一号）をチャーターして、長崎に鹿児島県士族が終結するに至る。しかし、イギリス公使パークスを始めとする駐日各国代表の強く反対したことに加え、徴兵令施行後でもあり、軍人以外による出兵を明治政府も認めなかった（石井孝『明治初期の日本と東アジア』）。

その後も、西郷隆盛遣韓大使派遣問題（明治六年政変に発展）との交錯もあり、台湾出兵は実行されなかった。しかし、翌年に再び出兵計画が浮上し、元アメリカ厦門《アモイ》領事ル・ジャンドル（陸軍出身のフランス系アメリカ人）を顧問に迎え、長崎に遠征本部として蕃地事務局を開設した大蔵卿・大隈重信らの支持もあって、陸軍中将・西郷従道《さいごうつぐみち》たちが出兵を強行したのであった。大久保利通ら政府首脳は、軍の指揮官が関与し、また徴兵された兵士も参加していることをもって、遠征を事後承認してしまったのである。

大隈ら蕃地事務局の要人たちは、士族授産などを考えてか、台湾占領まで企図していたようである。また出兵を非難した清国に対して一部の陸軍首脳は全面戦争まで主張したため、遠征は長期におよび、講和全権として北京に出張した大久保利通らの交渉は難航をきわめる。明かに国際法を無視した明治政府の台湾出兵を国際社会は批判し、清国に同情的であった。

こうした強硬態度の明治政府、そして大久保ら交渉使節を懐柔し、講和に導いたのは、極東貿易への影響を懸念した駐清公使トーマス・ウェードらイギリスの存在であった。

しかし同時に、当時の日本海軍の航海知識では無謀に近かった台湾出兵を扇動し、そして実行させたのは、極東世界のなかで一攫千金の利益を求めて、大隈重信ら明治政府の要人に近づいていったル・ジャンドル始めとした欧米人たちだったということも、われわれは認知すべきである。

このことは、日本が、東アジア世界のなかで欧米的価値観に依拠した独自の国際関係を展開できるようになるのには、なおしばらくの時間が必要であった証にほかならない。これも一つの、万国対峙論の実態（現実）であったといえよう。

総括

明治維新の国際舞台とは何であったのか、簡単に総括してみたい。

いかなる歴史的評価であろうと、いかなる表現を使用しようと、明治維新の歴史が、国際社会による刺激のなかで展開したことに間違いはない。それを「外圧」と表現するかどうかは歴史認識の違いにすぎない。日本は、その刺激に促されて欧米型の国民国家創出を目指したとする理解も、その通りであろう。

そして、そこから近代日本の国家・社会の形成が始まると高く評価する歴史理解こそ、明治維新（史）の古典的な歴史理解にほかならない。

一九世紀後半は、世界のさまざまな枠組みが変化し、おぼろげながらも一つにつながろうとした時代である。それは決して西洋世界の論理が極東ほかの世界各地を凌駕した結果だと理解するのは、あまりに単純といわなければならない。

明治維新期の日本をめぐる国際環境を、欧米資本主義や国際法・条約関係・領事裁判制度、さらに欧米諸国の軍事力だけから説明しても、それらは必ずしも完備されたものではなかったため説得力に欠ける。そうした欧米諸国によるプレゼンス、すなわち国際環境もまた、新たに参入した日本などとの関係のもとで紆余曲折の変遷を遂げながら、一つのシステムになっていたのである。多くの日本史研究者は、このことが理解できない。欧米諸国の存在を「外圧」と表現するように、受けとめる側の問題としか理解しない傾向があるからである。同様に、明治維新期の国際環境をテーマとする研究者も、例えば、「不平等条約」「国際法」「領事裁判」といった、古典的な当該期のイメージに沿った素材のみを提供しつづけてきたことの弊害を認識すべきである。

国際環境とは、複雑にからみあう要素であると同時に、アクティブ（動態的、あるいは臨機応変といってもよいであろう）に変化し続けるものである。そして、国際環境を動かしたものは、システムそのものというよりも、国家を超えた人の交流やモノの移動であった（ただし、この点を本書では詳述できておらず、後日に期す）。

たしかに、明治維新とは、そうした国際環境を受けとめる側の歴史表現にほかならないが、もはや古典的理解にすぎないのではないだろうか。動態的な国際環境の実態をふまえたとき、日本の為政者は、社会経済は、民衆はいかなる変化をみせ、その結果、いかなる国家変革がおこなわれたのか究明していくべきではないだろうか。本書は、そうした新しい歴史認識のために綴られた、一つの試みなのである。

では、本書が描いたような、動態的国際環境をふまえて、日本はいかなる変化を遂げたのか。たしかに、きっかけ（一因）は条約締結や貿易開始であった。そして、国際環境の変化を対外的圧力と認識した日本の為政者たちが、さまざまな国家・社会の変革を試みたことで、国内社会は混乱した。そのなかで、実質的な国家主権者である徳川幕府と諸藩、さらに朝廷という独特な複合的支配体制をとる日本社会において、徳川幕府は、その体制維持のために新たな対外関係（国際環境）を受容した。

しかし、為政者たちの世界観が均しく国家的危機意識を抱いたかといえば、必ずしもそうではなく、その意識も決して一様ではなかった。そもそも、条約調印問題と時を同じくして、忘れかけられていた天皇の存在がクローズアップされ、政局の中心が朝廷に移動していったとはいえ、そこに参画できる為政者たちは限られており、むしろ彼らの多くが志向したことは体制維持か、維持のための変革にすぎなかったのである。

例外的存在であったのが、徳川慶喜という有能な為政者を中心とした徳川幕府の開明層であり、そして、政治抗争のなかで彼らと対立した薩摩藩や長州藩であった。しかし、彼らとて同様であったといえる。彼らは、新たな対外関係（国際環境）を政治的議題としてもちだし、政敵攻撃に利用しようとした。それが、条約遵守であり、それに対立する戦略としての攘夷である。ただしそれは、新たな時代への模索というよりも、それぞれの体制維持が主たる動機であった。政治的課題の一方で、幕府による条約違反の貿易独占策や、薩摩藩や長州藩による密貿易や密航留学生派遣は、まさにそのことを物語る。特に、薩摩藩や長州藩による外国交際の志向は、大きく誤解されている。新たな国家体制への模索がないわけではなかったが、なお幕府の存在は圧倒的であり、京都政局における慶喜の政治力に優るものはいなかった。

外国貿易は、開港当初から不安定なものであり、さらに外国人殺傷事件や幕府の貿易統制が重なることで、将来の見通しさえ失われかねない状況であったといえる。ゆえに、欧米各国代表は、貿易を維持するために、例えばロンドン覚書といった譲歩を重ねたが、最後は自由貿易を守るために、一致して下関における軍事行動を決断したのである。また、その結果として幕府に課した下関賠償金三〇〇万ドルは、あえて表現するならば、軍事行動以上の強大な「外圧」であったといえよう。これを利用して、欧米諸国は、日本を決して逆戻りできない国際環境のなかに導いたのである。

下関賠償金の存在を利用して調印された江戸協約により、諸藩による貿易参加の方途が開け、貿易は取扱量にこそ伸長傾向を辿る。しかし、欧米各国代表が中立姿勢を意識しながら、貿易拡大のため幕府や諸藩への接近を試みたことで、国内社会の混乱に拍車をかけたことを否定できない。今なお残る、フランス政府が幕府に接近し、イギリス政府が薩長に接近したかのような俗説（正確には流言）はその典型であろう。日本をめぐる国際環境は、古典的な歴史認識が説くような絶対的なものではなく、逆に日本社会によって変転していったことも事実である。

そして、幕末における国内政治抗争の結果が、薩長の一部藩士や公家たちによる王政復古クーデタなのであった。岩倉具視・大久保利通・木戸孝允といったクーデタ首謀者たちの国家構想は、天皇を頂点とすることでは一致していたものの、細部においてはまちまちであり、総じて漠然としたものでしかなかった。しかし、王政復古クーデタの首謀者たちは、外国人殺傷事件の頻発などもあり、国際環境の求めに応じた体制の維持（「開国和親」）が不可欠と考えるようになっていった。しかし同時に、欧米並みの国家とはいかなるものか、正確なビジョンがあったわけではないにもかかわらず、国内向けに「万国対峙」の理念を標榜したことは、クーデタの実態を物語っているといえる。

なぜなら、戊辰の内乱を経て、諸藩が新政府に恭順した動機は、藩体制の維持であり、日本をめぐる国際環境の実態を正しく理解していたわけではない。鉄道や電信などのインフラ導入をめぐる国内の反対は、まさにその典型であろう。そうであるからこそ、明治政府もまた「公議」「公論」政治を宣言したにもかかわらず、激烈な政府内部の権力抗争を経て、版籍奉還により藩権力を剥奪し、そして廃藩クーデタを決行した。その結果、のちに不平士族たちが表した「有司」専制的な政権構造を呈していく。その後、国内ではさらなる内乱（士族反乱）が待ち受けるが、これは本書が描く時代後のことである。

明治政府が、国内の批判を排除してまで、国際環境のなかに存立することを決意できた背景には、その必要性を自覚した、伊藤博文や大隈重信といった開明派官僚たちの存在もさることながら、開港以来、既に日本社会が国際環境のなかに確固として存立しており、もはや一部の狂信的な排外主義者を除けば、誰もが歴史の逆行を考えなかったことこそ強調すべきであろう。

明治政府のおかれた国際環境は、朝鮮・清国との関係が加わり、さらにロシアとの国境問題が泥沼化したことで、旧幕府時代以上に複雑なものであった。また、貿易環境の変化や航路整備を、欧米人たちは新たな対日利権拡大の機会ととらえたが、明治政府はみずからの利になるような方策しか構想できなかった。条約改正期限にあたり、明治政府が、欧米諸国の要求に難色をしめす一方で、交渉に値するべき改正案を提示できなかったことは、国際環境は変化するということを理解できなかった証拠でもある。

結果として、明治政府は欧米諸国との関係のなかで、インフラ導入や内地旅行の条件付き容認といった現場対応的な譲歩（それはそれで意義あるものであったが）を繰り返すことしかできなかった。

これが、明治維新期の国際舞台（国際環境）において繰り返された日本の社会変革であり、「万国対峙」（近代国家成立）のためには、なお時間と国際環境の変化が必要であった。

そのためには、本書が描いた時代に続く一八八〇年代から一八九〇年代の歴史的展開、すなわち日本の関与によって変化していくアジアの国際情勢と、その一方で停滞していく対日貿易をうけた欧米諸国との関係の変化、そして整備されていった憲法をはじめとする日本国内の諸制度について詳述しなくてはならない。だが、著者はこの時代を明治維新期とは考えていない。あまりに時代状況が違いすぎるからである。

とはいえ、明治維新の歴史は国際舞台のなかで展開された。このことだけは、いかなる歴史認識においても共有すべき事実なのである。

おわりに

著者は、なぜ明治維新史を志したのであろうか。もともと外国人（世界）からみた近代日本を分析してみたいという動機はあったが、それがなぜ明治維新史に没頭することになったのか。その動機など忘れてしまうくらい、明治維新史研究と闘ってきた。

かくいう著者も、思い起こせば明治維新史の物語に魅惑された一人であったことに違いはない。ここまで古典的・保守的な学問史がそびえ立っていたとは知らなかったが。

ナショナリズムや郷土愛を感化させるだけの小説やドラマが描く幕末・維新史には、当時も、そして今も関心はないが、興味なくして歴史学が専攻できるほど、著者は優秀ではない。ひねくれ者のなせる成果が本書なのであろうか。

そんな著者であるから、尊敬する先学をあげよといわれると、返答に窮する。かつては、石井孝氏の研究を再検討しているにすぎないとレッテルを貼られそうになり、また石井氏を尊敬しているのかと勝手に誤解されたこともあった。石井氏の業績が、必ず参照すべき先行研究であることはいうまでもないが、同氏の研究に憧れがあったわけではない。

あえて挙げよというのであれば、萩原延壽氏の名前をだすことがある。その大著『遠い崖』のなかで、アーネスト・サトウを始めとした登場人物の描写、幕末・維新期の日本だけでなく、それをとりまく国際環境を、イギリスを中心に見事に再現している。引用する史料は、今でもかなりが未刊行の一次史料である。その忠実な歴史の再現力と客観的な歴史評価に、とても感動したことを覚えている。

しかし、萩原氏の学問は、明治維新期の分野にとどまらない近代日本の思想史である。たんなる明治維新史家ではなかった。馬場辰猪《ばばたつい》・陸奥宗光《むつむねみつ》・東郷茂徳《とうごうしげのり》などの評伝でも知られる萩原氏が、サトウやウィリスの希望と屈折に満ちた姿、日本に対する期待や失望を、激変する日本社会や日本人との関わりのなかで、生き生きと、その一方で冷静に描いたように、著者も明治維新期の国際環境を再現してみたいと思う気持を常に抱いてきた。

しかし、明治維新史研究としての国際関係・交流史は、そのようなものではないようである。伝統的な明治維新史研究のなかで、国際社会・外国人の存在は、極限すれば「外圧」でしかなかった。そうした分析視角のなかで、明治維新期の国際環境・外国人たちの動向が究明されてきたと、とある大家は言い切っている。こうした学問傾向は、現在においてもそれほど変化はない。

対外関係史であるならなおさら、「外圧」「ウェスタンインパクト」といった言葉を並べなければ、明治維新史研究として評価されないことも少なくない。本書でも、歴史認識の系譜を伝えるため、

「(半)植民地化の危機」といった隔世の感がある問題にも言及してきた。しかし、学問の世界では、否、一般書どころか歴史教科書にすら、明治維新期の歴史については、同様の表現が使用されている。必ずしも隔世の感がある表現ともいえないのである。

しかし、これでは学問が硬直化するのも当然である。幕末政治史(研究)のように、再び盛んになった分野がある一方で、幕末・維新期の対外関係史研究が遅滞気味なのは、まったく肯けることなのである。

現状の通説・学説に甘んじて、それに合わせる実証研究をおこなうことは、きわめて容易なことである。史実究明という点で、高く評価されるかもしれない。しかし、著者はこの硬直化した学問に逃げることなく闘ってきた。硬直化した議論を打破することなく、多様な研究を提示しても、明治維新期の対外関係史(研究)に未来はないと思わずにはいられないからである。硬直化したアカデミズム――著者にとっては、それこそ「外圧」である。そのような圧力に躊躇していては、本書を上程することもできなかったであろう。

本書は、たとえピエロといわれようとも、学問的強弁者を貫いた著者による明治維新期の対外関係史像であり、世間に対しては、国民の物語として定着して久しい伝統的な明治維新史叙述を、国際環境の実情から批判したもうひとつの物語なのである。

こうした強弁はさておき、本書ではとりあげなかったものが多数ある。例えば、その一つが、明治政府や府県、そして藩によって雇用された御雇い外国人たちの存在である。

本書は、もっぱら日本（徳川幕府・諸藩・明治政府）と欧米諸国および欧米人たちとの関係を、外交・軍事・貿易の視点から描いてきた。すなわち、国家や国民が叙述の基軸であった。

しかし、明治維新期の日本をとりまいた国際環境は、こうした明快に表現できるような要素だけで構成されているわけではない。

欧米人でありながら、日本の近代化に貢献した御雇い外国人たちの存在は、まさにその典型であろう。日本は、例えばハワード・デニソンのように、日本のためにその半生を捧げることになった、いくつかの例外的存在を除けば、彼らを「生きる機械」として使い捨てにした。しかし、御雇い外国人たちにしてみても、日本の魅力にとりつかれたものもいたが、ほとんどは法外な高給に魅惑され、短期契約でまず更新されることのないことを覚悟したうえで、割り切って日本のために働いた。彼らは、近代国家建設・西洋化社会を目指した日本の国際舞台におかれた装置であったといえる。そして、彼らは自らそのことを自覚していたのである。

本書では、日本史（明治維新史）の固定観念にとらわれることなく、一八六〇～七〇年代（幕末・明治初年）の日本が、近代化を目指して歩んだ国際舞台（国際環境）がいかなるものであったのかを描いてきた。結果的に、日本が近代化を達成したことから、日本、そして日本人の成功物語《サクセスストーリー》と讃美され、そして顕彰されて後世に語り継がれてきた。これこそ、「明治維新の物語」である。

しかし、歴史はそんなに都合のよいものではない。わかりやすいものでもない。ましてや、全く自分たちと異なる文化や伝統を有する欧米人たちの創りあげた価値観に基づいた、それまでの歴史にはなかった新しい国家・社会を創成しようとした日本と、それをとりまいた欧米人たちの思惑が、簡単に融合することなどなかった。

そうした苦難・紆余曲折の歴史こそ明治維新史なのであり、さまざまな必然や偶然がなせる舞台装置を提供したのが、欧米諸国、欧米人たちの存在だったのである。

参考文献

1　史料文献（題目順）

※一般に閲覧が難しい一次史料は掲げていない。また、日本語の史料文献は、文中で明記または引用したものを中心に掲げている。

（邦訳史料）

アーネスト・サトウ（坂田精一訳）『一外交官の見た明治維新』岩波文庫、一九六〇年
アルジャーノン・ベルトラン・ミットフォード（長岡祥三訳）『英国外交官の見た幕末維新――リーズデイル卿回想録――』新人物往来社、一九八五年、のち講談社学術文庫、一九九八年
ローレンス・オリファント（岡田章雄訳）『エルギン卿遣日使節録』雄松堂書店、一九六八年
中井晶夫訳『オイレンブルク日本遠征記』全二巻、雄松堂書店、一九六九年
F・A・リュードルフ（中村赳訳／小西四郎校訂）『グレタ号日本通商記』雄松堂出版、一九八四年
ジャパン・クロニクル紙ジュビリーナンバー（堀博／小出石史郎共訳、土居晴夫解説『神戸外国人居留地』新版、神戸新聞総合出版センター、一九九三年
ラザフォード・オールコック（山口光朔訳）『大君の都』岩波文庫、一九六二年
マックス・フォン・ブラント（原潔・永岡敦訳）『ドイツ公使の見た明治維新』新人物往来社、一九八七年
クリストファー・ペンバートン・ホジソン（多田実訳）『長崎函館滞在記』雄松堂出版、一九八四年

フィリップ・フランツ・フォン・シーボルト（中井晶夫ほか訳）『日本』全九巻、雄松堂書店、一九七七〜七九年）
エンゲルベルト・ケンペル（今井正編訳）『日本誌』改訂増補版、全二巻、霞ヶ関出版、一九八九年
フレデリック・ヴィクター・ディキンズ（高梨健吉訳）『パークス伝』平凡社東洋文庫、一九八四年
ウィリアム・ウィリス（大山瑞代訳）『幕末維新を駆け抜けた英国人医師——甦るウィリアム・ウィリス文書——』創泉堂出版、二〇〇三年
マリオ・E・コンセザ編（坂田精一訳）『ハリス日本滞在記』全三巻、岩波文庫、一九五三—四年
アルフレッド・ルサン（樋口裕一訳）『フランス士官の下関海戦記』新人物往来社、一九八七年
フランシス・L・ホークス編『ペリー艦隊日本遠征記』全二巻、復刻、オフィス宮崎、二〇〇九年
サミュエル・ウィリアムズ（洞富雄訳）『ペリー日本遠征随行記』雄松堂書店、一九七〇年
ジョン・レディー・ブラック（ねずまさし・小池晴子訳）『ヤング・ジャパン』全三巻、平凡社東洋文庫、一九七〇年

（**英文史料**）

A. B. Mitford, *Tales Old Japan*. C.E. Tuttle. Reprint. 1966.
Nicholas Belfield Dennys eds., *The treaty ports of China and Japan: a complete guide to the open ports of those countries, together with Peking, Yedo, Hong Kong and Macao: forming a guide book & vade mecum for travellers, merchants, and residents in general*. Trübner and Co. 1867.

（**日本語史料**）

春畝公追頌会編『伊藤博文公伝』上巻、原書房、復刻、一九七〇年

円城寺清編『大隈伯昔日譚』明治文献、復刻、一九七二年
福地源一郎『懐往事談』行人社、復刻、一八八五年
大隈重信撰『開国五十年史』全二巻、原書房、復刻、一九七〇年
日本史籍協会編『川勝家文書』東京大学出版会、復刻、一九七〇年
公爵島津家編纂所編『薩藩海軍史』中巻、原書房、復刻、一九六八年
佐々木克編『史料　公用方秘録』サンライズ出版、二〇〇七年
横浜開港資料館編『史料でたどる明治維新期の横浜英仏駐屯軍』横浜開港資料館、一九九三年
下関文書館編『資料　幕末馬関戦争』三一書房、一九七一年
末松謙澄『修訂　防長回天史』柏書房、復刻、一九八〇年
渋沢栄一編『昔夢会筆記』平凡社東洋文庫、復刻、一九六六年
井上馨侯伝記編纂会編『世外井上公伝』第一巻、原書房、復刻、一九六八年
東京大学史料編纂所蔵「大日本維新史料稿本」――東京大学史料編纂所データベース（http://wwwap.hi.u-tokyo.ac.jp/ships/db.html）から利用可能
日本史籍協会編『徳川昭武滞欧記録』全三巻、東京大学出版会、復刻、一九七三年
渋沢栄一『徳川慶喜公伝』全四巻、平凡社東洋文庫、一九六七年
長崎県史編集委員会編『長崎県史』［対外交渉編］、吉川弘文館、一九八六年
外務省編『（大）日本外交文書』第一巻～第一六巻、日本国際（連合）協会、一九三六～一九五一年
外務省編『日本外交年表竝主要文書』上巻、原書房、復刻、一九六五年
函館市編『函館市史』第二巻、函館市、一九九〇年
田辺太一『幕末外交談』東京大学出版会、復刻、一九七六年

フォス美弥子編『幕末出島未公開文書――ドンケル・クルチウス覚え書――』新人物往来社、一九九二年
福沢諭吉（富田正文校訂）『福翁自伝』岩波文庫、一九七八年
太政官版（東京大学史料編纂所編）『復古記』東京大学出版会、復刻、一九七四〜一九七五年
森鷗外「堺事件」『森鴎外全集』第五巻、ちくま文庫、一九九五年
横須賀海軍工廠編『横須賀海軍船廠史』原書房、復刻、一九七三年
横浜市編『横浜市史』第二・三（上）・三（下）巻、横浜市、一九五九―六三年

2 日本語文献（著編者順）

青山忠正『明治維新と国家形成』吉川弘文館、二〇〇〇年
――『明治維新の言語と史料』吉川弘文館、二〇〇六年
――「慶応三年一二月九日の政変」明治維新史学会（青山忠正・岸本覚）編『講座　明治維新』第二巻・幕末政治と社会変動、有志舎、二〇一一年
秋月俊幸『日露関係とサハリン島』筑摩書房、一九九四年
家近良樹『幕末政治と倒幕運動』吉川弘文館、一九九五年
――『浦上キリシタン流配事件』吉川弘文館、一九九八年
――『徳川慶喜』吉川弘文館、二〇〇四年
五百旗頭馨『条約改正史』有斐閣、二〇一〇年
池井　優『増補・日本外交史概説』慶応通信、一九八二年
石井寛治『近代日本とイギリス資本』東京大学出版会、一九八四年
――『情報・通信の社会史』有斐閣、一九九四年

石井　孝『幕末貿易史の研究』日本評論社、一九四四年
――『明治維新の国際的環境』吉川弘文館、一九五七年
――『明治維新の舞台裏』岩波新書、一九六〇年
――『学説批判　明治維新論』吉川弘文館、一九六一年
――「列強の対日政策」岩波講座『日本歴史』〔近代1〕岩波書店、一九六二年
――『増訂　明治維新の国際的環境』吉川弘文館、一九六六年
――『日本開国史』吉川弘文館、一九七二年
――『明治初期の国際関係』吉川弘文館、一九七七年
――『明治初期の日本と東アジア』有隣堂、一九八二年
――『幕末開港期経済史研究』有隣堂、一九八七年
――『港都横浜の誕生』有隣新書、一九八八年
――『明治維新と外圧』吉川弘文館、一九九三年
――『明治維新と自由民権』有隣堂、一九九三年
犬塚孝明『森有礼』吉川弘文館、一九八六年
――『寺島宗則』吉川弘文館、一九九〇年
稲生典太郎『条約改正論の歴史的展開』小峯書店、一九七六年
井上勝生『幕末維新政治史の研究』塙書房、一九九四年
――『開国と幕末変革』講談社、二〇〇二年
井上　清『日本現代史Ｉ　明治維新』東京大学出版部（現・東京大学出版会）、一九五一年
――「ふたつの愛国主義と国際主義」『歴史学研究』第一三七号、一九四九年、のち『井上清論集』第一巻、岩

波書店、二〇〇三年に再録

——「幕末における半植民地化の危機との闘争」『歴史評論』第三一号、一九五一年、のち『井上清論集』第一巻、岩波書店、二〇〇三年に再録

——『日本現代史 I——明治維新——』東京大学出版会、一九五一年

井上　勲『王政復古』中公新書、一九九一年

岩下明裕『北方領土問題』中公新書、二〇〇五年

岩下哲典『幕末日本の情報活動』雄山閣出版、改訂増補版、二〇〇八年

上田純子「萩藩幕末文久改革期の政治組織——政事堂の創設と両職制の改編——」『史学雑誌』第一〇九編第一一号、二〇〇〇年

大山　梓『旧条約下に於ける開市開港の研究』鳳書房、一九六七年

鵜飼政志「忠臣蔵が英訳されるまで」『歴史評論』第六一七号、二〇〇一年

——『幕末維新期の外交と貿易』校倉書房、二〇〇二年

——「イギリスの対露情報収集活動——一八六五～六年のサハリン島視察——」『学習院大学文学部研究年報』第四九輯、二〇〇三年、のち、学術文献刊行会編『二〇〇三年度　日本史学年次別論文集』近現代二、朋文出版、二〇〇六年に再録

——「イギリスからみたサハリン島問題——一八六七～七一年——」『学習院大学文学部研究年報』第五〇輯、二〇〇四年・のち、学術文献刊行会編『二〇〇四年度　日本史学年次別論文集』近現代、朋文出版、二〇〇七年に再録

——「イギリスからみた日本の北方海域」『北海道・東北史研究』（北海道・東北史研究会）創刊号、二〇〇四年・のち、学術文献刊行会編『二〇〇四年度　日本史学年次別論文集』近現代、朋文出版、二〇〇七年に再録

――「海図と外交」鵜飼政志ほか編『歴史をよむ』東京大学出版会、二〇〇四年
――「長崎稲佐のロシア海軍借用地」『歴史評論』第六六九号、二〇〇六年
――「イギリス関係史料と明治維新史研究の歩み」明治維新史学会編『明治維新と史料学』吉川弘文館、二〇一〇年
――「歴史のなかの外国人居留地」『はこだて外国人居留地研究会会報』(はこだて外国人居留地研究会)第六号、二〇〇九年
――「イギリス関係史料と明治維新史研究の歩み」明治維新史学会編『明治維新と史料学』吉川弘文館、二〇一〇年
――「海図と測量術」杉本史子編『絵図学入門』東京大学出版会、二〇一〇年
――「ペリー来航前後の内外政治状況」明治維新史学会編『講座　明治維新』第二巻・幕末政治と社会変動、有志舎、二〇一一年
――「明治維新史研究と国際関係の視点」明治維新史学会編『明治維新史研究の今を問う』有志舎、二〇一一年
――「明治黎明期におけるインフラ事業の性格再考」『社会システム研究』第二三号、立命館大学社会システム研究所、二〇一一年
――「「不平等条約体制」と日本」荒野泰典編『日本の対外関係』第七巻、吉川弘文館、二〇一二年
――「明治維新の理想像――決して忘却されない国民の物語――」鵜飼政志・川口暁弘編『きのうの日本』有志舎、二〇一二年
内山正熊『神戸事件』中公新書、一九八三年
大岡昇平『堺港攘夷始末』中央公論社、一九八九年(中公文庫、一九九二年)
大久保利謙編『岩倉使節の研究』宗高書房、一九七六年

大久保利謙『日本近代史学の成立』（大久保利謙歴史著作集・第七巻）吉川弘文館、一九八八年
大塚武松『幕末外交史の研究』宝文館出版、一九五二年・新訂増補版、一九六七年
岡　義武『黎明期の明治日本』未来社、一九六三年
大佛次郎『薩英戦争』北光書房、一九四三年
柏原宏紀『工部省の研究』慶應義塾大学出版会、二〇〇九年
加藤祐三『黒船前後の世界』岩波書店、一九八五年・増補版、筑摩学芸文庫、一九九四年
――――『黒船異変』岩波新書、一九八八年
――――『幕末外交と開国』ちくま新書、二〇〇四年・講談社学術文庫、二〇一二年
上白石実「鎖国と開国」荒野泰典編『日本の対外関係』第七巻、吉川弘文館、二〇一二年
樺太アイヌ史研究会編『対雁《ついしかり》の碑――樺太アイヌ強制移住の歴史――』北海道出版企画センター、一九九二年
北　政巳『国際日本を拓いた人々』同文館出版、一九八四年
――――『近代スコットランド移民史研究』御茶の水書房、一九九八年
木村　汎『日露国境秘史』角川選書、二〇〇五年
楠家重敏『日本アジア協会の研究』日本図書刊行会、一九九七年
サー・ヒュー・コータッツィ（中須賀哲朗訳）「英国艦隊の鹿児島砲撃――サー・L・キューパー提督とニール中佐――」サー・ヒュー・コータッツィ編（日英文化交流研究会訳）『歴代の駐日英国大使』文眞堂、二〇〇七年
サー・ヒュー・コータッツィ（中須賀哲朗訳）「陸海軍の下関作戦」サー・ヒュー・コータッツィ編（日英文化交流研究会訳）『歴代の駐日英国大使』文眞堂、二〇〇七年
佐々木克編『幕末維新の彦根藩』サンライズ出版、二〇〇一年
佐々木克『幕末政治と薩摩藩』吉川弘文館、二〇〇四年

柴田三千雄・柴田朝子「幕末におけるフランス政策――「フランス輸出入会社」の設立計画をめぐって――『史学雑誌』第七六編第八号、一九六七年
篠原　宏『陸軍創設史――フランス軍事顧問団の影――』リブロポート、一九八三年
――『海軍創設史――イギリス軍事顧問団の影――』リブロポート、一九八六年
芝原拓自『明治維新の権力基盤』御茶の水書房、一九六五年
――「明治維新の世界史的位置」歴史学研究会編『世界史と近代日本』青木書店、一九六一年、のち歴史科学協議会編『日本における封建制から資本制へ』下、校倉書房、一九七五年に再録、さらに田中彰編『幕末維新論集1――世界の中の明治維新――』吉川弘文館、二〇〇一年にも再録
――『世界史のなかの明治維新』岩波新書、一九七七年
――『日本近代化の世界史的位置』岩波書店、一九八一年
沈　箕　載『幕末維新日朝外交史の研究』臨川書店、一九九七年
下村冨士男『明治維新の外交』大八洲出版、一九四八年
――『明治初年条約改正史の研究』吉川弘文館、一九六二年
新保　博『日本近代信用制度成立史論』有斐閣、一九六七年
――『近世の物価と経済発展』東洋経済新報社、一九七八年
杉山伸也「グラバー商会」、藤野保編『九州と外交・貿易（Ⅱ）』〔九州近世史叢書　第六巻〕、国書刊行会、一九八五年
――「東アジアにおける「外圧」の構造」『歴史学研究』第五六〇号、一九八六年
――「国際環境と外国貿易」梅村又次・山本有造編『日本経済史』第三巻〔開港と維新〕岩波書店、一九八九年
――『明治維新とイギリス商人』岩波新書、一九九三年

高木不二『日本近世社会と明治維新』有志舎、二〇〇九年
立脇和夫『在日外国銀行史』日本経済評論社、一九八七年
――『明治政府と英国東洋銀行』中公新書、一九九二年
田中　彰『明治維新観の研究』北海道大学図書刊行会、一九八七年
――『幕末維新史の研究』吉川弘文館、一九九六年
田中時彦『明治維新の政局と鉄道建設』吉川弘文館、一九六三年
中條直樹・宮崎千穂「ロシア人士官と稲佐のラシャメンとの〝結婚〟生活について」名古屋大学大学院国際言語文化研究科『言語文化論集』第XXⅢ巻第一号、二〇〇一年
――「ロシア人の見たロシア人士官と稲佐のラシャメンの〝結婚〟について」名古屋大学大学院国際言語文化研究科『言語文化論集』第XXⅢ巻第二号、二〇〇二年
遠山茂樹『明治維新』岩波全書、一九五一年（改版・一九七二年）・岩波現代文庫、二〇〇〇年
――『明治維新』（遠山茂樹著作集　第一巻）、岩波書店、一九九一年
富田仁・西堀昭『横須賀製鉄所の人びと』有隣堂、一九八三年
永井秀夫『明治国家形成期の外政と内政』北海道大学図書刊行会、一九九〇年
中村尚史『日本鉄道業の形成』日本経済評論社、一九九八年
奈良勝司『明治維新と世界認識体系』有志舎、二〇一〇年
――「徳川政権と万国対峙」『講座　明治維新』第二巻、有志舎、二〇一一年
新納元夫『気魄で片付けた薩英戦争』研進社、一九四三年
西川武臣『幕末明治の国際市場と日本』雄山閣、一九九七年
西川武臣・伊藤泉美『開国日本と横浜中華街』大修館書店、二〇〇二年

西澤美穂子『和親条約と日蘭関係』吉川弘文館、二〇一三年
禰津正志（ねず・まさし）「文久元年露艦ポサドニックの対馬占拠にいて」『法と経済』第二巻・二―四号、一九三四年・横山伊徳編『幕末維新論集 7 幕末維新と外交』吉川弘文館、二〇〇一年に再録
羽賀祥二「和親条約期の幕府外交について」『歴史学研究』四八二号、一九八〇年、のち田中彰ほか編『幕末維新論集 2――開国――』吉川弘文館、二〇〇一年、さらに、紙屋敦之・木村直也編『展望日本の歴史』第一四巻「海禁と鎖国」東京堂出版、二〇〇二年にも再録
羽仁五郎「東洋に於ける資本主義の形成」『史学雑誌』第四三巻第二・三・六・八号、一九三二年、のち『明治維新史研究』岩波書店、一九五六年、さらに岩波文庫、一九七八年に再録
原 暉之『ウラジオストク物語』三省堂、一九九八年
母利美和『井伊直弼』吉川弘文館、二〇〇六年
菱谷武平『長崎外国人居留地の研究』九州大学出版会、一九八八年
W・G・ビーズリー「衝突から協調へ――日本領海における英国海軍の測量活動（一八四五～一八八二年）――」木畑洋一ほか編『日英交流史』第一巻、東京大学出版会、二〇〇〇年
日野清三郎（長正統編）『幕末における対馬と英露』東京大学出版会、一九六八年
広瀬靖子「明治初年の対欧米関係と外国人内地旅行問題」『史学雑誌』八三巻第一一・一二号、一九七四年
――「幕末における外国軍隊日本駐留の端緒」『お茶の水史学』一五号、一九七二年
藤田貞一郎『近世経済思想の研究――「国益」思想と幕藩体制――』吉川弘文館、一九六五年
――『国益思想の系譜と展開――徳川期から明治期への歩み――』清文堂出版、一九九八年
藤村道生『日清戦争前後のアジア政策』岩波書店、一九九五年
麓 慎一「樺太・千島交換条約の締結と国際情勢」明治維新史学会編『明治維新とアジア』吉川弘文館、二〇〇一年

――「ポサドニック号事件について」『東京大学史料編纂所紀要』第一五号、二〇〇五年
――「維新政府の成立とロシアのサハリン島政策」『日本とロシアの研究者の目から見るサハリン・樺太の歴史（Ⅰ）』北海道大学スラブ研究センター、二〇〇六年
――「日魯通好条約について」『東京大学史料編纂所研究紀要』第一七号、二〇〇七年
――「日本開国期における帝政ロシアのサハリン島政策」『東京大学史料編纂所紀要』第一九号、二〇〇九年
――『開国と条約締結』吉川弘文館、二〇一四年
福岡万里子『プロイセン東アジア遠征と幕府外交』東京大学出版会、二〇一三年
保谷　徹『戊辰戦争』吉川弘文館、二〇〇七年
松尾正人『維新政権』吉川弘文館、一九九五年
――『廃藩置県の研究』吉川弘文館、二〇〇一年
三上隆三『円の誕生』東洋経済新報社、一九七五年、のち講談社学術文庫、二〇一一年
三谷　博『明治維新とナショナリズム』山川出版社、一九九七年
――『ペリー来航』吉川弘文館、二〇〇三年
宮地正人『幕末維新期の社会的政治史研究』岩波書店、一九九九年
――『幕末維新変革史』全二巻、岩波書店、二〇一二年
宮永　孝『幕末異人殺傷録』角川書店、一九九六年
毛利敏彦『明治六年政変』中公新書、一九七九年
――『台湾出兵』中公新書、一九九六年
森田朋子『開国と治外法権』吉川弘文館、二〇〇五年
山崎渾子『岩倉使節団における宗教問題』思文閣出版、二〇〇六年

山本有造『両から円へ』ミネルヴァ書房、一九九四年
横浜対外関係史研究会・横浜開港資料館編『横浜英仏駐屯軍と外国人居留地』東京堂出版、一九九九年
横山伊徳「一九世紀日本近海測量について」黒田日出男ほか編『地図と絵図の政治文化史』東京大学出版会、二〇〇一年
和田春樹『北方領土問題』朝日選書、一九九九年

3 英語文献

W. G. Beasley. *Great Britain and the opening of Japan, 1834–1858*. Japan Library. 1994. Reprint.
Richard T. Chang. *The Justice of the Western Consular Courts in Nineteenth-Century Japan*. Green Wood Press. 1984.
Gordon Daniels. *Sir Harry Parkes : British representative in Japan 1865–83*. Japan Library. 1996.
Grace Fox. *Britain and Japan*. Oxford at Clarendon Press. 1968.
Ivan Parker Hall. *Mori Arinori*. Harvard University Press. 1973.
James E. Hoare. *Japan's Treaty Ports and Foreign Settlements*. Japan Library. 1994.
Meron Medzini. *French Policy in Japan during the closing years of the Tokugawa Regime*. Harvard University Press. 1971.
Richard Sims. *French policy-towards the Bakufu and Meiji Japan 1854–1895*. Japan Library. 1998.
Shinya Sugiyama. *Japan's Industrialization in the World Economy, 1859–1899*. The Athlone Press. 1988.
Payson Jackson Treat. *Diplomatic relations between United States and Japan*. 3 vols. Stanford University Press. 1963. Reprint.
Masashi Ugai. Relations between Japan and the West after Opening of Japan. *ACTA ASIATICA*. No. 91. The Toho Gakkai. 2007.

Toshio Yokoyama, *Japan in the Victorian mind : a study of stereotyped images of a nation 1850–80*. Macmillan. 1987.

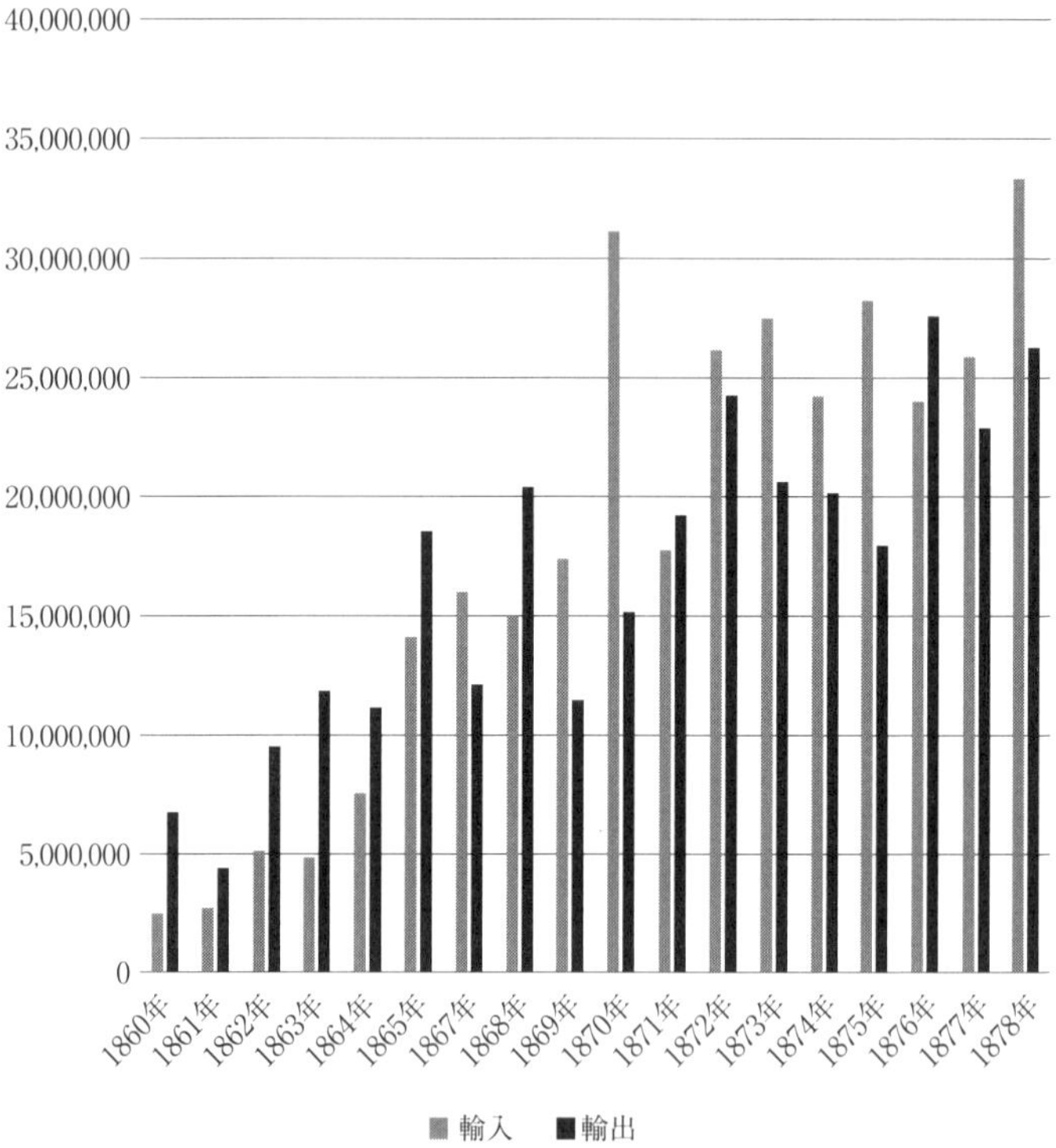
40,000,000
35,000,000
30,000,000
25,000,000
20,000,000
15,000,000
10,000,000
5,000,000
0
1860年
1861年
1862年
1863年
1864年
1865年
1867年
1868年
1869年
1870年
1871年
1872年
1873年
1874年
1875年
1876年
1877年
1878年
輸入
輸出

付録表１　幕末維新期の外国貿易統計

年次	輸入	輸出	合計
1860 年	2,495,152	6,708,861	9,204,013
1861 年	2,711,556	4,365,532	7,077,088
1862 年	5,088,465	9,478,427	14,566,892
1863 年	4,840,731	11,808,217	16,648,948
1864 年	7,509,826	11,151,968	18,661,794
1865 年	14,076,938	18,490,230	32,567,168
1867 年	15,952,388	12,123,674	28,076,062
1868 年	15,000,371	20,435,133	35,435,504
1869 年	17,356,631	11,475,645	28,832,276
1870 年	31,120,641	15,143,246	46,263,887
1871 年	17,745,605	19,148,805	36,930,410
1872 年	26,188,441	24,294,532	50,482,973
1873 年	27,443,368	20,660,994	48,104,362
1874 年	24,226,629	20,164,585	44,931,214
1875 年	28,174,194	17,917,845	46,092,039
1876 年	23,969,004	27,578,851	51,547,855
1877 年	25,900,511	22,866,708	48,767,249
1878 年	33,334,392	26,259,419	59,593,811

備考　単位は、メキシコドル。1866 年の統計は、横浜大火による運上所（税関）焼失のため記録なし。

典拠　*British Parliamentary Papers*. 1880. LXXV［C. 2551］. Commercial Reports by Her Majesty's Consuls in Japan 1878-79. Summary of Foreign Trade in Japan for the Year 1878.
Table I. Summary of Imports and Exprts for Five Years (1860-1864).
Table II. Summary of Imports and Exports for Thirteen Years ending December 31, 1878.

1871年	1872年	1873年	1874年	1875年	1876年	1877年	1878年
8,457,839	8,189,143	7,750,015	5,992,567	5,992,913	14,306,450	10,320,308	9,223,875
2,184,688	1,963,159	3,032,460	731,275	474,921	1,902,271	346,998	682,606
4,651,292	5,445,438	4,398,711	7,792,244	6,915,692	5,427,218	4,409,320	4,412,457
416,630	1,353,545	765,815	559,397	425,160	289,708	828,111	866,384
269,359	669,340	274,529	259,687	201,148	83,496	229,288	107,547
161,834	347,542	377,670	215,642	186,244	177,398	164,977	106,367
138,575	152,879	71,026	119,812	136,073	182,477	240,065	309,972
483,130	573,527	489,278	551,360	858,883	765,726	717,819	857,322
410,034	324,000	716,399	901,583	663,639	922,580	835,660	1,031,355
—	3,122,931	521,709	839,619	17,091	810,760	2,260,936	4,641,653
2,011,424	2,153,028	2,263,382	2,299,399	2,046,081	2,710,767	2,513,226	4,019,881
19,184,805	24,294,532	20,660,994	20,164,585	17,917,845	27,578,851	22,866,708	26,259,419

1871年	1872年	1873年	1874年	1875年	1876年	1877年	1878年
3,609,444	5,933,342	3,357,046	3,575,554	4,057,850	4,151,514	4,088,890	7,560,963
4,402,034	4,131,813	6,436,442	5,533,196	4,893,034	4,890,648	4,264,785	5,178,256
—	—	—	1,074,931	2,393,157	2,263,273	2,373,621	2,779,983
2,056,789	7,572,180	7,304,307	2,244,490	2,383,610	2,011,843	3,004,457	3,013,675
536,291	416,642	451,202	1,131,185	1,043,382	898,531	1,592,052	1,888,006
293,120	83,617	577,645	20,885	44,576	51,954	461,729	296,878
60,340	67,376	146,569	1,152,066	363,669	724,911	424,439	289,207
3,308,549	2,266,880	2,108,855	2,579,406	3,482,588	2,743,820	2,872,148	3,073,282
768,190	—	34,192	14,873	5,579	—	—	—
—	89,694	323,374	292,646	590,032	455,792	602,725	1,856,881
—	—	797,395	1,809,115	3,475,277	806,801	670,537	494,110
2,710,848	5,626,897	5,906,341	4,798,282	5,441,440	4,969,912	5,515,158	6,903,061
17,745,605	26,188,441	27,443,368	24,226,629	28,174,194	23,969,004	25,900,541	33,334,392

失のため記録なし。

まで統計データなし。1874年以降のリンネル製品価額は過小評価されている。

いる。

Majesty's Consuls in Japan 1878-79. Summary of Foreign Trade in Japan for the

ending December 31, 1878.
ending December 31, 1878.

付録表２　幕末維新期の輸出入品目詳細

輸出

品目詳細	1865 年	1867 年	1868 年	1869 年	1870 年
生糸（繭を含む）	14,842,879	5,598,510	10,761,081	5,042,795	5,309,583
蚕卵紙	727,445	2,302,572	4,199,138	2,728,500	3,473,150
茶	1,934,971	2,006,023	3,084,580	2,019,130	3,848,231
銅	—	61,510	—	124,735	461,093
タバコ	12,334	33,140	18,475	21,906	94,112
木蠟	50,865	123,443	254,224	98,420	64,190
樟脳	32,706	97,293	114,489	168,202	228,889
石炭	12,983	262,629	73,584	101,680	159,117
乾魚	95,485	300,375	193,689	183,689	328,391
米	—	—	—	—	—
その他	781,762	1,338,179	1,735,873	986,336	1,176,490
合計	18,491,430	12,123,674	20,435,133	11,475,645	15,143,246

輸入

品目詳細	1865 年	1867 年	1868 年	1869 年	1870 年
綿糸	875,307	1,350,688	1,763,191	2,612,240	3,700,277
綿織物類	4,308,461	4,397,617	2,959,392	2,638,783	3,574,176
唐縮緬（メリンス）類	—	—	—	—	—
毛織物・綿毛交織物	6,701,067	3,184,471	2,610,838	2,010,553	1,995,364
金属	526,864	209,171	693,780	632,255	320,681
武器・弾薬	1,066,822	1,618,840	2,730,651	1,857,625	206,908
綿花	1,159	757,104	783,084	858,940	771,144
砂糖	208,174	1,660,554	345,267	1,597,944	2,482,293
米	—	787,602	1,315,705	2,769,182	12,755,331
灯油	—	—	—	—	—
日本政府関係品	—	—	—	—	—
その他	389,084	1,986,341	1,798,463	2,379,109	5,314,467
合計	14,076,938	15,952,388	15,000,371	17,356,631	31,120,641

備考　単位は、メキシコドル。1866 年の統計は、横浜大火による運上所（税関）焼
日本政府関係品（外国船舶によって日本政府が独占購入した数値）は 1873 年
日本政府による 1873 年以降の金属輸入額は、日本政府関係品にも含まれて

典拠　*British Parliamentary Papers.* 1880. LXXV [C. 2551]. Commercial Reports by Her
Year 1878.
Table III. Synptic Table ofo the Import Trade of Japan for Thirteen Years,
Table IV. Synptic Table of the Export Trade of Japan for Thirteen Years,

あとがき

本書は、著者が明治維新史学会三〇周年記念大会（二〇一〇年六月、駒澤大学）で、「明治維新史研究と国際関係の視点」を報告（明治維新史学会編『明治維新史研究の今を問う』有志舎、二〇一一年に収録）した際、有志舎・永滝稔氏から執筆依頼をうけたことに始まる。永滝氏とは『きのうの日本』（川口暁弘氏との共編著、有志舎、二〇一二年）を引き受けてくださった縁であったが、著者の拙い報告に興味を抱いてくださり、単著の刊行を提案していただいたのである。当初は、近年の外圧論分析などを中心にまとめてはとのご提案だったが、しばらくして、広く明治維新期の対外関係史全般を対象とした通史を執筆してみたくなった。著者のわがままを許してくださった永滝氏に、まずは厚く御礼を申し上げたい。

現在の著者をとりまく学究環境は、容易でないものがある。それでもなんとか書き終えたのが本書である。「はじめに」でも述べたが、本書は一般の読者にも読んでもらうことを視野に入れながらも、明治維新史研究を覆う俗説を排除して、最新の研究成果（といっても既に古典化したものも数多い）をふまえた、明治維新期の国際環境と日本の動きを概観してみた。したがって、注記や参考文献の提示などは、極力、控えるか簡便に努めた。

歴史は、時代の変遷とともに、その解釈（歴史認識）を変化させるものだが、明治維新史研究は、その歴史評価が本質的に不変な学問である。国民・国家・ナショナリズム、郷土や地域、英雄（偉人）といった、おきまりのキーワードのもと、どの時代よりも精緻な研究がおこなわれているといっても過言ではないが、結局は戦前に創造された王政復古史観が、国民的歴史観に姿を変えて今に至っているにすぎない。研究者さえもが維新の物語を再創造しているのである。そして、その対外関係（国際環境）は、物語のために必要な舞台装置としか理解されることがない。国際環境を「外圧」と表現するような姿勢は、まさにその典型である。

こうした保守的な学問とその歴史認識に対して、どれだけの効果があるかわからないが、一石を投じてみたのが本書なのである

世界が日本を変え、日本が世界を変えた。当然のことである。しかし、それを歴史的に概観した時、日本人はなぜか後者の視点が希薄になる。特に、明治維新の歴史については、頑強なまでに一面的な歴史観である。学問が停滞化するのも当然である。著者は、こうした状況を甘受することがどうしてもできないのである。

本書は書き下ろしであるが、いくつかの内容については、著者がこれまでに発表した単著や論文に依拠しているし、それ以上に少なからず先学の貴重な業績に依拠していることを明記しておかなけ

ればならない。また、本書の下敷きになっているのは、学習院大学文学部や早稲田大学文学学術院、早稲田大学エクステンションセンターで担当した明治維新史をテーマとした専門講義である。特に、二〇〇三年から現在に至るまで担当させていただいている、早稲田大学エクステンションセンター（公開講座）の講義は、受講者の学力も意識も高く、また履修者数によっては不開講となることから、つねに一般の明治維新史に対する関心や歴史認識を考えながら、決して自身の専門領域にとどまらない、さまざまなテーマを扱ってきた。学部の講義では経験できないものである。このことが、著者の明治維新史認識、そして本書の枠組みを作ってきたことだけは間違いがない。

エクステンションセンターでの講義を紹介してくださったのは、佐藤能丸・大日方純夫の両先生である。記して謝したい。幅広く歴史を描くことの大切さを、著者は二人の学風から学んできた。

今なお課題は残されている。本書では、必ずしも詳細に叙述することができなかった経済や貿易の問題、世界と日本との狭間に活動した人物の軌跡など、なお世に問うべき歴史像は数多い。本書は概ね一八七〇年代後半までの叙述で止めているが、その後の時代、つまり明治維新期以降の日本と世界の関係がいかに展開したのか、当然、これについても究明すべきである。

さて、これらが可能なのかどうか。著者にその未来はあるのだろうか。あると信じて筆をおきたい。

二〇一四年七月

鵜飼政志

著者紹介
鵜飼政志（うがい　まさし）
1966年1月生まれ　早稲田大学大学院教育学研究科修士課程・
学習院大学大学院人文科学研究科博士後期課程修了
現在、学習院大学ほか非常勤講師　博士（史学　学習院大学）
主要著書
　『幕末維新期の外交と貿易』校倉書房、2002年
　『歴史をよむ』東京大学出版会、2004年（共編著）
　『きのうの日本』有志舎、2012年（共編著）

明治維新の国際舞台

2014年10月5日　第1刷発行

著　者　鵜 飼 政 志
発行者　永 滝　　稔
発行所　有限会社　有　志　舎
〒101-0051　東京都千代田区神田神保町3-10
宝栄ビル403
電話　03(3511)6085　FAX　03(3511)8484
http://www.18.ocn.ne.jp/~yushisha/
DTP　言 海 書 房
装　幀　折原カズヒロ
印　刷　株式会社シナノ
製　本　株式会社シナノ

ISBN978-4-903426-89-1